互聯網金融——新世代的金融革命

目錄

Contents

Contents

目錄

Contents

目錄

Contents

Part 1

繁榮背後：互聯網金融新時代的到來

在很多人看來，二〇一三年可以被視為中國的「互聯網金融」發展的元年，正是二〇一三年六月十三日，餘額寶的橫空出世，引發了中國互聯網金融的一番亂戰，幾乎所有的中國國內網路巨頭都選擇跟隨戰略，通過模仿餘額寶的營運模式，殺入互聯網金融領域。自此，互聯網金融已經成為中國眾多網路企業淘金的新熱點，中國民眾也開始真切地認識到原來互聯網金融就在我們每一個現代人的身邊。

也正是源於網路理財的互聯網金融產業的飛速發展，很多人在銀行存款、股市證券投資和基金投資等傳統的投資選擇之外，又擁有了新的投資管道，它甚至改變了很多人的儲蓄與投資習慣。也正由於此，餘額寶的推出成為中國互聯網金融發展歷程中一項劃時代的創舉，也成為標誌中國互聯網金融真正興起的里程碑式的成就。

作為現代資訊科技與金融的緊密結合的產物，互聯網金融在中國也並非什麼新鮮事物。伴隨著網購盛行而成長的以支付寶和拉卡拉為代表的第三方支付，早已被很多網購達人司空見慣；而以餘額寶為代表的「寶寶軍團」的橫空出世，更成為二〇一三年中國金融發展中的一抹亮色；P2P網路理財在中國一度作為鼓勵創新、引導資本有序流動的一大創舉，然而現在卻逐漸演化為無序的網路傳銷與金融詐騙，P2P泡沫在二〇一四年的次序擊破，也將成為引領中國互聯網金融規範發展的重要契機；作為一種虛擬貨幣，比特幣的產生和演進似乎像一層迷霧，然而，至少在中本聰創造它之後很長一段時間內仍然無人問津，卻忽然在二〇一三年的歐債危機之後比特幣坐上了價格的雲霄飛車，它的暴漲暴跌更是引起了包括中國大媽在內的眾多投資者的關注，從而成為眾多中國資本追捧的對象。

因此，如何理解中國互聯網金融的產生、發展和演進的過程，中國的互聯網金融到底有何特殊的發展規律，這也許是更多朋友所關注的問題。

CHAPTER 1

春風化雨：第三方支付

互聯網金融的幕後英雄

中國互聯網金融中的第三方支付的發展

自一九九八年第一筆通過網路進行的電子商務完成後，網路購物在中國已經蔚然成風，經過十幾年的發展，伴隨著淘寶、京東商城、當當等網路商場的興起，網路購物已經取代大型生活超市、百貨公司，成為現代人購物的首選。現代人只需要輕點滑鼠，在各大網路商場所提供的琳琅滿目的商品中選擇自己喜歡的商品，並點擊確定，就可以坐等自己選中的商品送上家門。這樣的便捷和自由，是很多自命為逛街達人和購物狂人的女性朋友也無法抵擋的誘惑。

現實之中，很多以往的逛街狂人，早已搖身一變，轉變為更為新潮的網購達人。得益於網路購物的興起，曾經的光棍節，十一月十一日，早已被眾多網購企業打造成為網路購物的網購節。每年的十一月十一日前後，關於控制女友或者妻子網購消費的討論，節後眾多網購達人關於剁手族的調侃，媒體對於快遞公司的爆倉的報導，更讓人充份地領略了網路購物在現代生活中的巨大魅力。

二〇一二年十二月十二日，在中國中央電視台的CCTV中國經濟年度人物頒獎典禮上，作為當時的中國首富的萬達集團董事長王健林和穩坐中國網路經濟頭把交椅的阿里巴巴董事會主席馬雲，即興提出了一場億元豪賭，而他們不惜重金所賭的對象只是到了二〇二〇年，中國的電子商務能否在中國的零售市場中佔據百分之五十以上的比率。也正是這場世紀豪賭進一步讓電子商務在中國的飛速發展很快成為各大媒體熱議的話題。

事實上，在網路時代，我們每一個人都在享受著網路購物帶來的便利，也見證著網路經濟的飛速發展。然而，伴隨著網路購物的普及，以「支付寶」、「財付通」、「拉卡拉」為代表的第三方支付雖然在中國的互聯網金融中一直被忽視，卻從來未停止過發展步伐。

在現代生活中，利用支付寶在淘寶上購物，利用拉卡拉為家庭購電、購水，利用各種第三方支付平台給手機充值，信用卡還款，這已經成為很多人生活的重要組成部份。

從很大程度來說，第三方支付正是推動中國網路經濟飛速發展、推動中國網購興旺發達的最為重要的因素之一，也正是中國網路經濟，或者準確地說，正是中國互聯網金融發展中的無名英雄。

第三方交易的規範化發展

二〇一〇年五月，中國人民銀行發佈了《非金融機構支付服務管理辦法》，對第三方支付平台進行了更為嚴格的規範與管理，先後七批頒佈的兩百五十張第三方支付牌照，也成為中國網路第三方支付發展史中的重要里程碑。

然而，這個對於很多第三方支付廠商來說性命攸關的關鍵事件，卻並沒有引起眾多網民的關注。在第三方支付體系中，使用率最高、市場佔有率最廣的支付寶、銀聯商務、財付通、快錢都是第一批獲得第三方支付牌照的廠商。而其他關注到第三方支付的巨大價值的網路巨頭，在做出進入第三方支付領域的選擇之後，也相對順利地獲得了第三方支付牌照。比如百度旗下的百付寶、新浪旗下的新浪支付也都成為第七批獲得第三方支付牌照的網路企業。

從某種程度來說，在網民的網購過程中，購物還是原來的那個網站，結算還是原有的結算體系，一切似乎都沒有變化，只是在此背後的每一家第三方支付廠商不再在無法可依、無規可管的監管真空中營運，它們的頭上多了一個制度的緊箍咒。網路經濟中的第三方支付已經被從制度上納入了中國的金融體系，也必須像其他銀行、證券公司、基金公司一樣，接受中國人民銀行以及其他相關的金融管理部門的監督與管理，這恰恰代表著中國網路經濟開始向互聯網金融躍進的關鍵一步。

被忽視的第三方支付

儘管網路購物中的第三方支付是至關重要的制度設計，在現代中國的互聯網金融中，以支付寶為代表的第三方支付力量的崛起也成為中國互聯網金融發展的堅強柱石，然而，它卻是在整個互聯網金融體系中最容易被人忽視的環節，它不可能像餘額寶、網路理財或者P2P網路借貸這樣，能夠給人帶來實實在在的收益，更不可能像Q幣、比特幣那樣，本身就代表著巨大的經濟價值，它似乎只是中國發展電子商務、推動網購蓬勃發展的幕後英雄。

當眾多網民被淘寶、京東、蘇寧易購、國美網路商場等一個個網路商場的打折促銷刺激得腎上腺素加速分泌，激戰「雙十一」之際；當汶川地震後，透過支付寶向災區捐款，奉獻愛心之際；當我們手持手機，使用打車（叫車）應用程式呼叫計程車之際；當使用支付寶當面付款、使用快錢電子收款、使用眾多網路結算軟體向自己的網路理財帳戶進行資金劃撥之際，很少有人會想到，在所有這些互聯網金融的具體、真實的交易背後，都有著一個個第三方支付企業的默默支持，從某種程度來說，第三方支付的飛速發展及規範營運恰恰是中國的互聯網金融邁步奔向輝煌的關鍵所在。

從網路購物到第三方支付的興起

網購交易背後的第三方支付

通常所謂的第三方支付，其實就是一些為網路活動提供交易支持平台的第三方獨立機構。當我們在一些網路中進行網路購物、網路資金支付等交易時，為了規避由賣家的信用風險給買方造成的支付資金的損失，付款方往往把資金首先支付入具有較強的經濟實力和商業信譽的第三方支付企業的電子帳戶，由第三方支付企業通知收款方完成相關電子商務交易，經付款方確認後，再完成全部付款活動的交易方式。

對於經常進行網購活動的眾多網購達人來說，這樣的模式已經不新鮮了，可是對於一些很少參與互聯網金融活動，甚至很少進行網路購物的人來說，似乎通過第三方支付完成網路經濟交易的模式過於煩瑣，非要在原來的買賣雙方之間硬生生地插入一個第三方支付企業，原本一次就能完成的付款，非要分拆為付款給第三方支付企業，第三方支付企業通知收款方完成交易，收款方完成交易，付款方確認付款，第三方支付企業正式完成全部的付款工作等五個步驟，乍一看上去，把簡單的網路付款活動複雜化了，根本不符合網路經濟的簡單化、扁平化、自由化的基本特徵。然而，這卻是經過網路經濟多年的磨合而確立的、最適合現代網路經濟發展的商業模式，而第三方支付企業也成為現代網路經濟乃至互聯網金融中最為基礎、也最為核心的組織機構。

網路購物與現實交易的巨大差異

真正熟悉網購的人其實是可以清楚地理解支付寶等第三方支付企業在網購過程中的意義。在現實生活中，當我們逛商場的時候，如果我們看中了某件商品，我們是很容易與賣家達成買賣意向的。只要我們掏出錢包，向賣家支付現金，或者在賣家的POS機上刷卡，就可以輕鬆地完成對於賣家的支付，然後，我們就可以攜帶我們剛剛購下的心儀的商品，和賣家說拜拜，繼續我們的購物之旅，或者歡樂地踏上歸家之路。在這整個過程中，最為艱難的過程，往往是挑選商品和討價還價的過程。當我們達成交易意向之後，付款成為順理成章的最為輕鬆的環節。然而，在網路購物過程中，一切都不一樣。

在網路購物中，我們面前的電腦就像可以變出一切我們期待的物品的百寶箱，它可以為我們提供海量的選擇，各種琳琅滿目的商品對於擁有選擇恐懼症的人來說是巨大的折磨，而對於天生購物狂的眾多普通網民而言，網購所能夠提供的自由度和選擇面卻是任何真實的購物中心都望塵莫及的。可是問題在於，在現實的逛街之中，我們可以親眼看到真實的商品，親手去觸摸它的質地，通過試穿、試用、試吃來強化我們對於不同商品的真實感受，以此來幫助我們做出最為理智的購物選擇。然而，在網購過程中，擺在我們面前的只是一張張從各個角度反映商品品質的精美照片，照片固然美輪美奐，然而卻美好得不那麼真實。儘管很多購物網站都會提供此前購買同樣商品的買家，對商品或對賣家的信用評價與使用評價，但對於信用的潛規則，使得我們對那些極盡讚美之詞也同樣缺乏足夠的信賴。日益發達的資訊科技固然有助於我們把全世界都盡收於小小的一張網路中，極大地縮小了人與人之間真實的地理距離，然而，「你永遠不知道網路的另一端是不是一隻狗」的網路遊戲規則，卻無法消除我們對於網路另一端的人的懷疑。這種信任的缺失，其實正是阻礙很多互聯網金融創新，以至於最為簡單的網路經濟的發展的最大阻力。

早期的網路經濟困局

不知道還有多少人記得網路經濟興起之前的網路購物？其實，早在中國改革開放後不久，郵購業務就逐漸在中國興起，這也成為最早的擺脫地理距離的限制的遠程經濟交易的前身。到了二〇〇〇年前後，伴隨著資訊科技革命在美國的持續進展，在各國都吹起了網路經濟的巨大泡沫。也正是在這一時期，在遙遠的東方，網路購物也逐漸產生並興起。然而，阻礙這些早期的郵購業務或者網購業務的最大的障礙，仍然是橫亙於買家與賣家之間的信任。由於早期的網購經濟是由眾多網路經濟先驅所推動，當時的遊戲規則也是由它們所制定，因此，不可避免的結果就是，當時的交易規則是傾向於保護賣家利益的。

在早期的網購交易模式中，當買家在早期全球最大的電子商務網站eBay或者中國的8848、易趣等早期的網路商場選中心儀的商品後，買家需要首先按賣家提供的地址或銀行帳號，通過郵局匯款或者銀行匯款的方式，把相應的貨款支付給賣家。當賣家確認收到貨款後，通常會在第一時間安排相關商品的發貨，通過郵局再把商品郵寄給買方。在這一過程之中，買賣雙方是直接達成交易意向並直接完成貨款的結算工作，而郵局或銀行只是充當完成貨款的跨區域流動的金融中介的角色，來參與此時的網路經濟交易。

很顯然，在上述交易模式中，買方要僅僅根據他們在網路商城中看到的圖片就做出是否匯款的決定，他根本不知道在網路的另一端究竟是一名遵紀守法的合法商人，還是根本沒有貨源，只是虛構了一些交易資訊，利用偽造的實物照片哄騙買方付款，企圖騙取貨款的騙子。

買方在付款的時候顯然明白他可能會面臨三種不一樣的結局：一是他果然收到貨了，貨物也的確很好，他做了一筆性價比很高的聰明交易；二是他還是收到貨了，然而貨物卻並沒有賣家在售貨廣告中所宣稱的那麼精美，儘管不那麼稱心，但至少他還能收到一份不那麼適用的貨物，不至於血本無歸；而最悲慘的第三種結局則是，錢匯出後就如泥牛沉入大海，從此杳無音信，自己望眼欲穿地等待著自己已經付完款的商品，卻根本不可能等到。在這樣的網路購物交易中，買家喪失的不僅僅是自己選擇與等待的時間成本和已經付匯出去的全部貨款，還包括網路購物消費者對於網路賣家和電子商務的僅存的信任。顯然，在這樣的傳統的網路購物模式中，買家的利益是根本得不到保障的，這也限制了早期的電子商務市場規模的擴大。

儘管在上述傳統的電子商務交易模式中，賣方的利益看上去得到了最大的尊重和保護，然而，由於極大地漠視了買方的利益訴求，導致網購市場難以擴張，反而又極大地限制了電子商務賣家的利潤水準和經營規模的擴張。可是，如果反過頭來，政府規定，為了保護買家的利益，當客戶在網路商城選購商品、下了訂單後，賣方必須先安排發貨，等買方收到貨確認無誤後，再由買方完成付款行為，把相應的貨款再給賣方通過郵局或銀行匯過去，這樣的可能會引發巨大的買方違約的信用風險的做法，則是眾多電子商務賣家所不敢想像的。

另一個限制早期網購業務發展的因素就是物流體系建設的不足。那時的網購交易的送貨基本都是通過郵局的包裹郵寄來實現，像現在熟悉的「四通一達」等眾多的快遞物流公司大多還沒有創立，郵寄費用貴且不說，物流的速度還相當慢，一單網購業務從下單、匯款到賣家發貨、郵局送貨、買家收到貨，正常的速度也得一個月左右的時間，有時拖上幾個月也毫不奇怪。也許你在夏初在網路看上一件漂亮的裙子，並立即下單買下，夢想著能夠很快穿上新裙子在男友、老公、閨密等人面前表現一下，結果等收到裙子時才發現，裙子固然很漂亮，只是幾個月過去了，自己已經應該穿棉衣了，無奈只能把新裙子壓在箱底，等待著下一個夏季的到來。這種痛苦的心情想必是很多喜歡網購的漂亮美眉所極為不願意體驗的。而對於一些老饕來說，當自己感覺餓了時，在網路購買了一箱牛奶，等到幾個月後收到時才發現，牛奶已經不是過期的問題了，都快變成酸奶了。這種把牛奶等成酸奶的懲罰，對於眾多饕客而言，也是完全可以被評入「十大酷刑」之列的。在這樣的物流效率和巨大的賣家違約風險下，電子商務在中國產生的前十年間一直故步不前，難以實現突破，也就不足為怪了。

可以想像，由於在早期的電子商務中，買方必須承擔賣方違約的信用風險，如果網路交易的價格與現實市場相差不多，根本不會有人選擇進行網購，這就逼迫電子商務賣家必須不斷地壓低自己網路銷售的價格水準，進而擠壓自己的利潤空間。這反而產生了金融學上所說的劣幣驅逐良幣的逆向選擇。

就好像我們在日常生活的購物過程中，如果你口袋中同時擁有多張新幣和舊幣，那麼在買東西付款時，你往往更傾向於保留新幣，而選擇盡早把那些品相不好的舊幣使用出去，這其實就是最為簡單的劣幣驅逐良幣的過程。

在早期電子商務過程中，市場的發展逼迫賣家不斷地壓低銷售的商品的價格，而正規的商家顯然是無力承擔這種持續的降價銷售的，它們只能被迫選擇退出網路經濟，而對於眾多活躍於網路中的騙子而言，他們可是不吝於報出令買方心動的跌破地板價的地獄價的。於是，一場大浪淘沙之後，真正合法經營的正規商人大多忍痛選擇退出網路經濟，而留在早期中國電子商務市場中的大多是些指望騙一把、撈一筆就走的騙子們。這又進一步加大了電子商務交易的信用風險，迫使賣方必須進一步壓低價格吸引顧客。可以說，早期的以保護賣家利益為基礎的電子商務模式恰恰使得中國的電子商務陷入了一個惡性循環。如果不能打破這樣的營運機制，網路經濟，更不用說今日繁榮的互聯網金融，就將被直接扼殺於搖籃之中，根本不可能得到成長的機會。

第三方支付的創新機制

支付寶的推出

二〇〇四年十二月，馬雲的阿里巴巴集團向眾多中國網民推出了支付寶（Alipay），這也圓滿地解決了此前中國網路電子商務交易過程中的信用風險，從而推動了此後中國電子商務的爆發式發展。正是基於支付寶的成功，馬雲在二〇〇五年的達沃斯世界經濟論壇中最早提出第三方支付平台的概念。此後，這一概念以及支持這一概念的支付寶的運作經驗，開始風靡全國的電子商務領域，並直接推動了全球網路經濟的蓬勃發展。

得益於支付寶的成功，阿里巴巴旗下的淘寶早已經成為中國電子商務的一面標竿，而馬雲更是被眾多中國網民譽為中國的賈伯斯，淘寶和支付寶也成為馬雲手中堪比iPod和iPhone的兩大終極法寶。

至於支付寶的運作流程，想必不用作者多說了。在網購已經極度普及的今天，特別是對於很多年輕朋友而言，沒有過網購經歷，特別是沒有過在淘寶上購物經歷的並不太多。對於曾經親自體驗過淘寶購物的很多朋友而言，支付寶似乎是一個容易被忽視卻又永遠無法被漠視的偉大發明。

今天在淘寶上選購商品時，我們可以用我們存入支付寶帳戶或者餘額寶帳戶裡的自有資金，或者使用關聯在支付寶上的某張金融卡或者信用卡中的資金進行支付。只是支付的資金並不是直接劃撥給賣家，而是凍結在自己的支付寶帳戶中，當買家完成支付後，支付寶將於第一時間通知賣家發貨。而買家收到貨後再向支付寶確認付款，由支付寶完成對賣家的付款交易。

支付寶中的信用機制

傳統的網路購物的最大問題就在於買賣雙方都難以方便、快速地確定交易對手的信譽狀況，都擔心對手的違約給自己造成經濟損失。在資訊不對稱的情況下，這一問題也導致電子商務市場難以得到壯大和發展。

在傳統的經濟交易乃至網路購物模式中，每一個參與市場交易的交易者都必須自己承擔調查瞭解交易對手的信譽水準的責任。在人性本惡的基本假定下，交易者總是擔心自己由於遭遇經濟欺詐而面臨損失。可是，如果每一筆交易都得聘請私家偵探去調查瞭解交易對手的基本情況，這樣的附加成本是一般的交易者所根本無法承擔的。

對於當面錢貨兩清的面對面交易而言，完全可以在交易的同時進行錢貨的檢查與覆核工作，這就可以最大限度地減少調查交易對手信譽的成本。然而，網路交易的基本特質就在於交易雙方在地理位置上是分隔的，如果為了控制信用風險而選擇網路交易、當面交割，又完全違背了網路交易的便捷、自由的基本特性。

支付寶的偉大就在於，它充當一個任何交易者都足可信賴的交易中介而參與到網路交易中，由它扮演交易資金結算的中間人。而當馬雲創造性地設計出支付寶之後，每一個參與網路購物的經濟主體所面對的交易對手，已經不再是其他經濟主體，而是統一面對著支付寶。其他市場主體的信譽對於經濟交易已經不再重要，只要所有參與電子商務的經濟主體都信得過支付寶，願意把錢先存放在支付寶中，並由它負擔最終的付款責任，那麼買賣雙方都可以放心地進行交易了。買方知道，自己付款後，如果賣家沒有發貨，或者貨不對路，自己完全可以向支付寶索回貨款，也就不會遭受損失。而賣家也同樣知道，只要自己按合約約定發了貨，就可以向支付寶索要貨款，哪怕買家要抵賴，企圖要回貨款，在沒有真憑實據的情況下，賴賬也是無法得逞的。

支付寶背後的巨大收益

對於馬雲來說，他的聰明之處不僅僅在於通過設計出支付寶，消除了在淘寶上進行購物活動的交易者對於交易對手的信譽的顧慮，而且獲得了很多至關重要的好處。通過設計出支付寶，馬雲開始掌握了所有在淘寶上購物，甚至後來所有利用支付寶平台從事網路支付活動的結算管道。這可是非常重要的資源。

我們可以想像，在網路商業領域，商品與服務的供應方和需求方是兩個極為重要的團體。在中國電子商務發展的早期，由於不能有效地消除它們之間的信用徵信的成本，導致這兩個團體被嚴格地分隔開了，從而限制了它們之間的合理的經濟往來和經濟活動。支付寶的出現就好像在這兩個團體之間修建了一條道路，從此，商品和勞務都可以從這條康莊大道上順利通過。

要想富，先修路。當大量經濟交易都通過支付寶這條大路進行結算之後，掌握支付寶這條道路的營運權的馬雲當然也就能賺得盆滿缽盈了。當然，免費、共享的網路思想很難接受像徵收過路費這樣的簡單的收費模式，但是擁有巨大物流規模公司的馬雲也完全可以從其他管道獲得收益。可能大家最容易想到的就是在支付寶的支持下，淘寶迅速壯大以後，馬雲從眾多淘寶賣家處獲得的各項管理費收益。其實，更值得我們關注的是，每天沉澱在支付寶中的巨額資金的收益。

根據支付寶的運作流程，當買家在淘寶上選定貨物、完成結算之後，錢款是先打入支付寶的，而只有等賣家發貨、買家收到貨後，支付寶才會把這筆貨款交付給賣家。而無論是賣家的發貨，還是貨物在途的物流都是需要一定的時間的，這也意味著每一筆淘寶的交易款項通常至少都得在支付寶的帳戶中沉積二至三天。

截至二〇一二年十二月，支付寶的註冊帳戶已經超過八億，日交易額峰值超過兩百億元人民幣，日交易筆數達到一億零五百八十萬筆。二〇一三年的「雙十一」天貓購物狂歡節，支付寶的成交額更是創造了三百五十億一千九百萬元的新紀錄。而僅僅二〇一四年上半年，阿里巴巴半年的總營業額就已經接近一兆元的天文數字。可以想像，如此巨額的資金沉積在支付寶中，可以為馬雲創造多大的經濟價值。且不說其他，光是按當前餘額寶的收益水準，每天支付寶節約的利息支付就達數百萬元之巨。這樣巨額的資金，對於任何一個企業甚至任何一個國家的金融體系而言，都是無法忽視的力量。

特別是伴隨著互聯網金融的發展，像支付寶這樣的第三方支付體系已經不再滿足於充當網路購物的信用保證的中介角色，像信用卡還款、生活繳費、網路理財投資、線上支付等其他功能也開始逐漸被消費者所接受，它所創造的市場價值更是在以無法想像的速度持續膨脹。

正如我們所看到的，在馬雲的支付寶之後，中國的其他電子商務巨頭也紛紛模仿支付寶建立起了多個網路購物資金結算體系，但是無論騰訊的財付通，抑或京東商城的線上快捷支付，都無法與最早進入網購第三方結算體系的支付寶相媲美，這恰恰反映了支付寶利用它的先入為主的先發優勢，鞏固並發展了它在中國第三方支付領域的領導地位。但是，眾多第三方結算體系的建立，更為中國的網路電子商務，乃至此後的互聯網金融的發展奠定了極為堅實的基礎。

行動支付的興起

可能很多人難以想像，電腦在剛剛研製的時候，足足需要三個大房間來容納其龐大的身軀。得益於蘋果和IBM的創新思維，電腦從當初只能應用於軍事領域的龐然大物，開始以個人電腦（PC）的角色，進入尋常百姓人家。更沒有人想到的是，從二十世紀八九〇年代美國的資訊高速公路建設以來，僅僅二十多年，電腦和網路已經從只有極少數專業人士才有可能接觸到的高精尖端科技，轉變為與人們的日常生活息息相關的生活必需品。

新世紀以來，伴隨著智慧型手機的出現，我們每一個人手中的手機早已變為一台台功能極為強大的電腦。藉助於3G甚至4G網路的建設，現代的我們已經可以利用我們手中的智慧型手機，執行幾乎所有桌上型電腦可以執行的任務。通過手機通信網路，我們可以閱讀新聞、處理文件、進行郵件溝通、線上聊天，通過一個個設計精妙的APP程式，我們可以從事很多娛樂活動，或者獲得眾多的線上網路資訊服務。藉助於無線通信技術和行動網路技術的發展，我們也渴望利用手機從事更多的經濟活動，以此擺脫對於傳統的電腦硬體的約束，而行動支付恰恰是手機行動通信技術發展的重要領域。

在傳統的經濟交易中，我們往往需要攜帶大量現金或者金融卡，通過當面交易或者金融體系統一結算交易完成資金的結算，交易過程煩瑣，而且通常會受到地理位置或者硬體設施的極大限制。而行動通信技術的成熟，使得人們可以使用一些行動終端，擺脫地理與硬體設施的限制，便捷地實現無接觸的電子支付，不但方便了我們的支付活動，而且極大地降低了資金結算的成本。

二〇〇七年，美國的Square公司最早開始了行動支付的嘗試，通過手機APP、E-mail、手機信用卡讀卡器等多種途徑嘗試利用手機進行資金的結算與支付，最早揭開了行動支付的面紗。短短幾年時間，行動支付之風也颳入中國，以拉卡拉為代表的手機刷卡技術，逐漸得到越來越多的消費者的青睞。

行動支付的中國模式

作為一種新興事物，行動支付在中國的興起也同樣伴隨著激烈的對市場的門派之爭。二〇〇九年中國移動最早研發了2.4GHz技術標準，此後，中國銀聯又推出了13.56MHz技術標準。為了爭取更多的消費者支持，兩種技術標準之間展開了激烈的市場爭奪。這也推動了中國人民銀行於二〇一二年十二月正式發佈行動支付系列技術標準，對中國的行動支付提出了明確的技術要求和技術規範。

二〇一四年以來，伴隨著「快的打車」和「滴滴打車」兩大叫車應用程式的市場補貼之爭，對於手機行動支付市場氛圍的普及和行動支付客戶的追求的爭奪也進入白熱化。在阿里巴巴和騰訊兩大網路巨頭的燒錢大戰背後，更是一場行動支付市場的激烈爭奪。利用手機APP進行線上資金結算與支付也蔚然成風，中國行動支付市場初見端倪。

儘管網路第三方支付與行動支付的技術原理存在著巨大的差異，然而，二者都是建立在資訊科技在商業領域的開發與應用的基礎之上。無論是眾多網路巨頭在第三方支付發言權領域的廝殺，還是對於行動支付體系的爭奪，都反映了它們對於資訊科技未來的開發和應用的提前預判，行動支付也由此成為未來網路經濟和互聯網金融發展的重要領域。

CHAPTER

2

異軍突起

：餘額寶

神秘崛起的餘額寶

互聯網金融元年的餘額寶

之所以二〇一三年能夠被稱為中國互聯網金融元年，很大原因就在於正是在這一年，阿里巴巴集團聯合天弘基金共同推出了天弘增利寶貨幣基金，也就是大家所熟知的餘額寶業務。可能連馬雲自己都沒有想到，自己的這個小小的創新舉措，居然掀起了中國互聯網金融領域的一場腥風血雨，更是引發數十家網路企業甚至實體企業跟風模仿自己進入這個領域，催生了數十個名目繁多、業務內容大致相近的網路理財領域的寶寶軍團。可能更令包括馬雲在內的所有人都想不到的是，這麼簡單的網路與傳統金融的結合，居然引起了中國銀行業的極大危機感，甚至可以把它看成推動中國利率市場化和銀行業經營自由化的最為有力的推動力。

二〇一四年六月，天弘基金發佈的《餘額寶一周年報告》公佈，短短一年時間，餘額寶已經擁有超過一億名用戶，這個數字甚至超過了很多經濟大國全國的人口數量，餘額寶也成為當之無愧的全球客戶數量最多的基金產品。在中國的十三億多人口中，如果除去老人和小孩，可能大部份社會中堅力量都在使用餘額寶，這樣的普及程度和發展速度不得不令很多傳統的金融機構汗顏。

截至二〇一四年五月二十六日，餘額寶的總規模達到五千七百四十二億元。可是有多少人知道，從資產結構來看，餘額寶其實並不神秘，從本質上而言，它只是一款簡單的貨幣基金產品而已。馬雲的創舉似乎只是把賣基金的平台，從此前的證券公司或者銀行，轉向了網路，充份發掘了支付寶在中國第三方支付領域的領導作用。

可能更少有人知道的是，早在二〇〇三年十二月三十日中國的第一支貨幣基金華安現金富利上市時，總融資規模僅有四十二億元，連當前餘額寶投融資規模的百分之一都達不到。而且，當初貨幣基金推出之時，並沒有引起像餘額寶這麼大的關注，更不可能獲得像餘額寶這樣的市場追捧。直到二〇〇五年，中國的貨幣基金規模才首次超過一千億元，就在餘額寶推出半年之前的二〇一二年底，我們的整個貨幣基金市場的總規模才首次超過五千億元。大家可要知道，餘額寶推出僅僅半年時間，僅它這一支基金產品的規模就已經超過此前整個產業的規模。這樣迅猛的增長速度，更是令人難以想像。

正是得益於餘額寶引發的中國民眾對於貨幣基金的追捧，到二〇一四年初，中國的貨幣基金總規模預計已經超過一兆元。二〇一四年四月，中國一百六十六支貨幣基金的總規模已經達到一兆五千四百億元，與二〇一三年八月底三千六百二十五億八千八百萬元的規模相比，僅僅不到一年時間，其規模增長接近一兆兩千億元。中國的貨幣基金市場在經歷了長達十年的蟄伏期之後，也開始了一輪飛速擴張，迎來了自身發展的春天。到了二〇一四年春中國的「兩會」，互聯網金融已經成為眾多「兩會」代表所熱議的話題。

適逢其時的推出時機

餘額寶之所以能夠在推出之後很快得到市場的認可，進而引發自身發行規模的迅速擴張，當然得益於它在投資的收益率和流動性方面所具有的優越性了。然而，如果認真研究餘額寶的發行時機，我們會發現，它的成功在很大程度上得益於它選擇了一個最佳的發行時機。

可能很多朋友會質疑筆者的觀點，哪有那麼複雜，我們之所以選擇餘額寶，不就是因為它能夠提供更高的回報率嗎？的確，餘額寶在發行後不久，收益率就連創新高，一度甚至達到百分之七的高收益率。要知道，與此同時，投資者如果把資金存入銀行活期帳戶，能夠得到的活期利率可只有百分之〇・三五。即使投資者選擇犧牲資金的流動性，把自己的錢存入一年期的定期帳戶，能夠得到的利率也僅有百分之三・二五，幾乎連處於高位時餘額寶收益率的一半都不到，那麼眾多投資者選擇把資金存入餘額寶也就毫不奇怪了。

可是想必很多餘額寶的投資者也會發現一個最為簡單的基本現象，那就是餘額寶的投資收益率在進入二〇一四年以後，突然掉頭向下，開始了一路下跌，在短短幾個月時間內，就連破百分之六和百分之五兩個心理關口。到了本書寫作時的二〇一四年七月，餘額寶投資的年化收益率已經逼近百分之四大關。正是由於餘額寶收益的持續下跌，餘額寶對於投資者的吸引力也一落千丈，自二〇一四年春節後，就陸續有投資者選擇贖回自己此前存放於餘額寶中的資金，而把資金重新轉向銀行理財產品或者P2P等其他投資方式。

對於理財產品而言，百分之七左右的收益率與百分之四左右的收益率的差別是相當巨大的。儘管當二〇一四年初，寶寶軍團持續壯大時，很多金融業內人士也承認，按當前主要以貨幣基金進行資產配置的資產結構形式來看，眾多互聯網金融產品並不能長期支持百分之六以上的收益水準，貨幣基金的正常收益率水準應該在百分之四左右。然而，在僅僅幾個月後，餘額寶的收益就從接近百分之七的高位下跌到接近百分之四的悲慘現實，真是令人詫異。我們可以想像，如果餘額寶在推出之後，收益率一直保持在百分之四左右，是絕對不可能獲得現實這樣的突飛猛進的大躍進式的發展的。

當然，不能完全排除像阿里巴巴等網路巨頭在推出互聯網金融產品之初，可能會通過自有資金來補貼這些金融產品的高收益率，以實現讓渡收益、換取市場的戰略性經營策略。然而，以今天餘額寶這樣龐大的資產規模，哪怕是像阿里巴巴這樣的中國網路行業的領導者也不可能有足夠的經濟實力長期利用自有資金補貼其高收益，決定它的收益水準的永遠只能是這些金融產品運作時的市場收益率。這恰恰是本書所提出的餘額寶的推出適逢其時的理由。

錢荒之中的餘額寶

可能很多關注中國宏觀經濟的朋友對於餘額寶發行時的中國資本市場中的錢荒還記憶猶新。二〇一三年六月，也正是阿里巴巴推出餘額寶的那個月，中國的資金供應日益趨緊，銀行體系內的資金日趨緊張。正當銀行把開閘放水、向市場注入流動性的希望全部寄予央行之上時，中國人民銀行卻再三向市場重申不會放鬆貨幣政策的態度。畢竟二〇一三年五月，中國M_2總量達一百零四兆兩千一百億元，同比增長百分之十五・八，這樣的貨幣供應本來就不應該被市場誤讀為貨幣政策從緊。中國的流動性本應很充裕，即使考慮到一些專家所提出的銀行信貸擴張導致的資金供求不平衡、季末因素以及準備金繳款和財政繳款因素，也不應該出現大面積嚴重的錢荒。

然而，事實上，就在這一時期，我們卻見證了多年難得一見的錢荒。錢荒的嚴重程度，從當時中國資本市場的利率水準的變動就可見一斑。即使沒有學過經濟學，也應該能夠理解，利率其實就是資本供應的價格，當中國資本市場有足夠的資本供應時，錢多了，就像我們通常所說的那樣，錢也就毛了，不值錢了。可是如果中國資本市場資本供應不足呢？顯然，資本市場的利率水準也會急速上升。二〇一三年的錢荒恰恰反映在銀行同業拆借利率的飆升上。

大家知道，我們平時缺錢時，可以向銀行貸款，而通常的貸款利率肯定要高於儲戶在銀行儲蓄時，銀行向他們支付的存款利率。對於發展水準相對不高的中國銀行業而言，存貸款利差正是銀行利潤的主要來源。在利率市場化水準較高的歐美國家，由於銀行之間的激烈競爭，通常銀行的存貸款利差大概只有三百個點，也就是百分之〇・三左右。而在中國，由於長期的政策保護，中國的銀行業一直躺在政府的政策庇護之下，獲得其他國家銀行業難以想像的政策紅利，存貸款利差通常在百分之三以上，差不多是外國銀行的存貸款業務利潤水準的十倍。這也就可以理解為什麼中國的銀行業沒有積極性像歐美發達國家的銀行那樣以提高客戶的滿意度為宗旨，通過多樣化的創新，去更好地滿足客戶的需求，卻僅僅通過低層次的吸收存款和發放貸款，獲得毫無技術含量的存貸款利差。這也才形成了當前備受詬病的中國銀行體系。

我們個人缺錢時，可以向銀行申請貸款，貸款的利息其實就是我們為了得到貸款所付出的代價。同樣的道理，當銀行缺錢的時候，其實也是可以向其他銀行申請貸款的，這就是通常所說的同業拆借。通常所說的同業拆借就是在銀行業中，不同銀行之間相互進行短期資本的拆借。當某家銀行臨時性出現資金不足時，就可以向其他銀行提出，先借點錢周轉一下。這種銀行間的因為資金周轉不靈而產生的拆借的期限通常都很短，有些時候只是一個晚上，因此才被稱為隔夜拆借。因為在同業拆借市場上每一個參與者都是銀行，這次你求我借錢給你，不知道哪天我遇到資金周轉不過來的時候，也可能得向你再拆借點錢，大家低頭不見抬頭見，彼此都得給點面子，所以同業拆借利率往往比銀行發放給客戶的貸款利率更低。從很大程度上來說，同業拆借利率也成為確定市場貸款利率的基本依據之一。

一般情況下，中國的銀行間隔夜拆借利率都會遠低於市場貸款利率，基本上不會高於百分之三的水準。而在二〇一三年六月，伴隨著銀行間的資金緊張，越來越多的銀行缺錢，誰都沒有閒錢拿來幫助別人，借給別的銀行應對錢荒，因此，銀行間的隔夜拆借利率開始持續飆升。二〇一三年六月二十日，這個被很多銀行業人士戲稱為應該記入中國銀行間市場發展史冊的日期，銀行間隔夜回購利率居然達到了史無前例的百分之三十，七天回購利率也達到百分之二十八的歷史高位。

可以想像，當銀行自己需要用百分之三十的利率去借入資金的時候，它們還會願意按通常的百分之六至百分之八的貸款利率把錢再貸給普通貸款人嗎？銀行顯然不可能會做這種虧本的生意。而如果向客戶索要超過百分之三十的年貸款利率，更是肯定會讓人罵作搶劫。因此，在這一段時期，很多需要向銀行申請貸款的人猛然發現不管是按流程申請，還是到處找關係，八仙過海，各顯神通，可還是根本無法從銀行貸出款來，整個中國資本市場都缺錢了，這才是錢荒的叫法的來源。

在錢荒之時，銀行居然需要以百分之三十的利率才能從其他銀行借到款，那麼它們當然也更願意以更低的代價從儲戶那裡得到錢。可是二〇〇六年以來，中國人民銀行確定了人民幣存款利率「下限放開，上限管理」和貸款利率「上限放開，下限管理」的格局，也就是說，銀行支付給儲戶的存款利率的最高水準是受中國人民銀行的上限管理約束的。這樣的政策其實是可以理解的，為的就是避免銀行之間大打價格戰，紛紛提高存款利率，從其他銀行處挖資本，撬客戶。然而，這樣的上限管理完全束縛住了銀行在錢荒之時吸引儲戶的方法手段。於是，我們看到很多銀行只能選擇在儲戶到自己銀行存定期儲蓄時，除了承諾給儲戶中國人民銀行規定的統一的利息水準之外，還額外給儲戶比如油、米、洗滌用品等小禮品，通過小恩小惠來爭取儲戶。

也正是在錢荒之際，阿里巴巴推出了餘額寶。有這多年不遇的錢荒背景，餘額寶吸收來的資本，哪怕是以貨幣基金的方式借給銀行，各大銀行肯定也是削尖了腦袋想爭取這個大客戶、大資金，那麼銀行願意支付的利息肯定也少不了。在這樣的特殊時期，餘額寶能夠提供對於投資者有足夠吸引力的收益率也就毫不奇怪了。

理解了餘額寶產生的經濟背景，想必大家都能夠明白它的成功並不僅僅在於傳統金融與網路的合理對接，也不在於馬雲的江湖大老的威望地位，時勢造英雄，也只有英雄才能夠充份利用好時勢，這恰恰是餘額寶成功的秘訣。

網路理財對銀行體系的衝擊

寶寶軍團崛起

正如很多人所看到的那樣，餘額寶一經推出，就以高收益和高流動性打動了眾多投資者的心，很快就得到眾多中國投資者特別是年輕投資者的極大追捧，發行規模持續擴張，天弘基金也從一個註冊資本僅一億元、業績平平的基金，一舉成為全球規模最大的貨幣基金產品之一，上演了互聯網金融圈內的「麻雀變鳳凰」。馬雲更是藉助餘額寶的成功，奠定了自己在互聯網金融領域內的領導地位，確定了自己的網路英雄的形象。

也正是由於看到了餘額寶的成功，網易、騰訊、京東等一干網路巨頭無法再坐視馬雲一人獨享網路理財這一大塊肥肉，也紛紛殺入網路理財領域。網易現金寶、騰訊理財通、蘇寧零錢寶、百度百賺、京東小金庫等一系列網路理財產品寶寶們相繼推出，中國互聯網金融的戰國之勢由此確定。

從營運模式來看，眾多寶寶們幾乎都是從一個模子裡生產出來的，它們大多是由某一網路巨頭與傳統投資理財領域的基金公司合作，設計出理財基金品種，它們的資產結構也大多選擇馬雲在錢荒時所發現的高收益、低風險的貨幣基金品種。眾多寶寶軍團透過在網路發售理財基金產品，從眾多普通投資者處獲得投資資本，然後將其投資於短期的貨幣市場，通過投資諸如國庫券、商業票據、銀行定期存單、政府短期債券、企業債券等短期金融產品，進入銀行間債券及回購市場，以此獲得投資收益。

中國人民銀行的作繭自縛

作為一種傳統的基金產品，貨幣基金並不是什麼稀罕事物，它由於專門投資於銀行間資本市場，因此被認為是安全性最高的基金產品之一。與此同時，它的流動性也堪比活期存款，基金買賣方便，一般基金贖回只需要兩三個工作日就可以到帳。因此，它也得到了眾多厭惡風險的投資者的青睞。但是，也正由於它的低風險與高流動性，也注定了它的投資收益率在通常情況下並不會太高，一般只能夠得到略高於一年期定期存款利率的國債收益率水準。

然而，餘額寶的成功就在於它選擇了一個最為合適的推出時機。如果早一年或者晚一年推出餘額寶產品，它完全不會引起那麼大的市場關注，也不可能獲得如此眾多的市場追捧。然而，在錢荒之際，銀行間拆借市場利率飆升，而針對普通儲戶的銀行存貸款利率卻由於中國的利率管制政策，並不可能出現明顯的調整。

在中國的利率管制制度約束下出現了一個極具諷刺的現象，銀行極度需要籌措資金，希望能夠最大限度地吸引老百姓把錢存入銀行，同時，率先富裕起來的很多中國人，手上也擁有大量經濟資產，然而，由於中國投資市場的欠發達，他們卻不知道該如何安排自己的資產，才能夠保證自己的資產價值穩定，不會隨著通貨膨脹而縮水。由於銀行利率偏低，他們往往不願意按銀行所支付的存款利率把錢存入銀行。

為了維持中國貨幣市場的穩定，中國人民銀行推行了嚴厲的利率管制政策，這是為了防止銀行之間為了追求客戶而實施價格戰，避免銀行為了增加存款規模不斷向儲戶許諾更高的存款利率，而為了增加貸款規模，卻又向貸款者提供更低的貸款利率，進而持續壓低銀行的存貸款利差，擠佔銀行的利潤空間，影響銀行的業績和經營的穩定。

然而，更具諷刺意味的是，中國人民銀行的人民幣存款利率「下限放開，上限管理」和貸款利率「上限放開，下限管理」的管理思維，也導致即使在錢荒之際，銀行也不可能通過提高存款利率的方式吸收普通儲戶的存款，而只能以更高的利率水準，在同業拆借市場中拆入資金，這反而進一步加大了銀行的利率負擔。進一步限制銀行的利率水準，反而成為一種作繭自縛的政策選擇。

相比之下，利率需求遠低於錢荒時的同業拆借市場的貨幣基金，當然成為各大銀行爭相爭取的目標，這也不斷地推高了貨幣基金的收益水準。這又進一步鼓勵各大網路巨頭進軍網路理財市場，推動了寶寶軍團的不斷壯大。

商業銀行的警覺

伴隨著中國貨幣基金的不斷崛起，很快眾多商業銀行就意識到自己犯下了一個很大的錯誤。貨幣基金哪來的錢啊，它可不是眾多網路巨頭自己的錢，這是它們通過組建貨幣基金的方式從資本市場吸引來的資金，這些錢可都來源於千千萬萬個普普通通的投資者。問題在於，在購買寶寶軍團們的網路理財產品之前，眾多投資者的錢可不是壓在自己家的箱子底下，而大多是以活期存款或者定期存款的方式存放於銀行的，也就是說，這些錢本來其實也是都要進入銀行體系的，而且本應該是按利率水準遠低於貨幣基金收益率的活期存款利率或定期存款利率的代價被中國的銀行體系所吸引的社會閒置資本。

當網路理財興起後，眾多商業銀行發現，那些原來能夠以更低利率被自己爭取來的存款資金，現在卻毅然決然地拋棄自己，轉向了網路理財中的各個寶寶軍團，再由各個寶寶軍團以貨幣基金的方式，以更高的利率進入銀行體系。

如果沒有理財寶寶軍團，銀行就能夠以更低的融資成本獲得存款，現在卻完蛋了，自餘額寶誕生後，銀行的存款特別是活期存款的減少已成不可逆之勢。想必眾多銀行高管們用腳丫子也能想到，這些流失的存款其實並不是退出銀行體系或者轉化為居民消費支出，只是轉入網路理財領域，再以更高的利率轉回銀行體系。這麼一來，銀行的融資成本壓力可就持續加大了。銀行如果再支持網路理財的發展，不明擺著就是養虎遺患、給自己添麻煩嗎？

自二〇一四年以來，當眾多商業銀行發現自己銀行的存款搬家日趨增加時，開始坐不住了。如果再坐觀網路理財發展壯大，那麼銀行的生意就沒法做下去了，看來必須給餘額寶們一點顏色看看了。這也使得二〇一四年中國貨幣管理當局對於像餘額寶這樣的網路理財產品的政策管制力度持續加大，最終帶來了一場餘額寶的政策危機。

餘額寶的政策危機

銀行的反擊

儘管二〇一四年「兩會」期間，中國銀監會主席尚福林已經宣佈將在中國推進民營銀行試點改革，而作為餘額寶的老東家阿里巴巴和餘額寶的最大競爭對手理財通的老東家騰訊也的確被納入了十家最早推進民營銀行建設的民營企業發起人之列，但是畢竟傳說中的阿里銀行和騰訊銀行還不是現實，更離鋪遍全國、惠及全國人民還有十萬八千里路。

在當前的形勢下，任何投資資本要想進入餘額寶等寶寶軍團，根本不可能繞過銀行的管道。換言之，作為寶寶們的資金進出的管道，如果銀行對資本的流動不施加任何限制，那麼社會資本當然是可以自由地進出寶寶軍團的，那麼投資者就不會有任何的猶豫，當然會選擇能夠給自己帶來最大回報的寶寶們了。可是銀行要是收緊口子，把原本資本進出寶寶軍團的高速道路變成崎嶇山路，儘管寶寶軍團不對資本的進出設置障礙，但是若銀行紮緊口袋，不讓資本進出得太流暢，無論資金進入寶寶軍團，還是撤出寶寶軍團，回歸銀行體系都得麻煩加上麻煩，在這樣的情況下，很多資金使用比較頻繁的投資者可能就會因為害怕麻煩，而不會選擇把大量資本投入寶寶們，而是把它們留在銀行體系，這當然就稱了銀行的心了。

自二〇一四年三月開始，以中國工商銀行為代表的諸多商業銀行開始制定一系列措施，限制進出餘額寶的資金規模。如中國工商銀行限定每筆銀行卡（金融卡）快捷轉入餘額寶的資金不得超過五千元，每日不得超過兩萬元，每月銀行卡快捷轉入餘額寶的資金規模不得超過五萬元。同時，二〇一四年三月，中國工商銀行還宣佈，改變支付寶快捷支付接口由中國工商銀行多家分行管理的模式，而統一由支付寶所在地杭州分行管理，這也就把通過工行進行餘額寶快捷支付的資金結算端口從原有的五家削減為一家，顯然也就極大地削弱了工行對進出餘額寶的資金結算的處理能力，達到限制餘額寶發展的目的。

二〇一四年三月二十三日，阿里巴巴集團董事局主席馬雲在網路發表了一篇名為〈支付寶，請挺住！〉的文章，公開指責各大銀行是在打壓支付寶，更是大打悲情牌，贏得了網民的一致同情。

儘管在網路中，很多網民激進地把各大商業銀行對餘額寶的限制視為腐朽沒落的金融統治階級對於新興的金融革命勢力的封殺與鎮壓，然而，在當前的運作模式下，新興的互聯網金融勢力仍然無法擺脫對於原有的金融統治勢力的依賴，如果不能得到它們的積極配合，互聯網金融的崛起仍然將會是一個漫長的過程。

互聯網金融政策的不明朗

傳統金融勢力的不配合甚至故意製造障礙，固然對當前中國的互聯網金融的發展產生了極大的負面影響，然而真正制約它的發展的卻是政策方面的不明朗。儘管在二〇一四年「兩會」期間，互聯網金融已經成為「兩會」代表熱議的話題，而且很多相關監管部門和領導也表態將支持互聯網金融的發展，甚至中國人民銀行行長周小川關於「肯定不會取締餘額寶，還將鼓勵和支持類似的創新」的表態一度被民眾視為政策面對於互聯網金融表示支持的集中體現，然而，此後的一系列政策的出爐，仍然讓眾多投資者對於未來互聯網金融的發展產生了深深的懷疑。

三月十一日，中國人民銀行發佈《支付機構網路支付業務管理辦法》徵求意見稿，其中關於「個人支付帳戶轉帳單筆不得超過一千元，年累計不得超過一萬元，個人單筆消費不得超過五千元，月累計不得超過一萬元」的規定，更是被視為政策面對於餘額寶集中打擊的開端。畢竟在網路經濟日盛的今天，單筆轉帳一千元和單筆消費五千元的額度其實已經很難滿足很多網購一族的基本消費需求了。這樣的規定除了限制網路經濟的發展，特別是限制從銀行進入支付寶的金額規模外，似乎並沒有大的意義。

一波未平，一波又起。僅僅三天之後，三月十四日，中國人民銀行又以安全為理由，叫停了餘額寶剛推出的二維碼支付和虛擬信用卡支付的業務，由此開始了一系列針對支付寶的政策組合拳。對於互聯網金融的政策監管，也從最初主要從支付寶的第三方支付職能角度加強管理，蔓延到針對餘額寶理財等其他領域。

很長一段時間以來，為了爭取貨幣基金的資金，銀行針對貨幣基金的資金提供了很多普通消費者無法享受的政策紅利，其中最為重要的一條就是「提前支取不罰息」。在這樣的政策優惠下，貨幣基金完全可以把較大比例的資金以銀行協議存款的方式，以高利息供應給銀行，從而享受到銀行所提供的高額利息。即使在此期間，貨幣基金產品遇到了大規模的集中提現，它們也可以提前提取其未到期的協議存款，而銀行卻不會為此對其進行相應的經濟懲罰，貨幣基金仍然可以按原來的利率獲取利息。

可能很多朋友都有經驗，如果我們選擇把自己的錢存入定期帳戶，這筆錢就等於被凍結了。如果還沒到期，但是由於我們發生了緊急事件，需要用這筆錢，那麼當我們去銀行申請把這筆沒到期的錢提前支取出來時，哪怕離到期只差一天，也只能按活期利率計算利息，我們將損失一大筆利息。但是，對於銀行而言，貨幣基金是它們的優質大客戶，能夠籠絡到它們，銀行的資金供應就有了保障，因此，不同的商業銀行為了追求貨幣基金龐大的資金供應，才想出這條提前支取不罰息的政策優惠。然而，商業銀行永遠不會想到，自己為了吸引貨幣基金所制定的這條優惠政策，恰恰給像餘額寶這樣的網路理財產品提供了可資利用的空間，它們在吸收眾多投資者的資金後，完全可以把絕大多數資金都以協議存款的方式存入銀行，而只保留少量資金用於應對客戶的提現需求，這就可以保證最大限度地獲得銀行的利息支付。即使遇到突發的大規模提現，反正提前支取也不罰息，那也無所謂，大不了向銀行提出提前支取協議存款的申請就可以了。但是對銀行來說，如果經常遇到貨幣基金提前支取協議存款，它們的資金供應就會更加緊張。

正是在眾多商業銀行的敦促之下，三月二十五日，中國人民銀行宣佈不允許存在提前支取存款或提前終止服務，而仍按原約定期限利率計息或按原收費標準收費等不合理的合約條款，明確叫停貨幣基金提前支取不罰息的政策優惠。央行發言人強調，叫停貨幣基金提前支取不罰息的政策優惠並不代表打擊互聯網金融的創新行為，既然網路企業選擇把線下金融業務搬到線上，就必須遵守線下現有的法律法規，必須遵守資本約束。這也意味著寶寶們若再想提前支取在銀行的協議存款，就只能和我們普通老百姓一樣拿到活期利息了，以前享受的貴賓待遇被徹底取消了。

二〇一四年五月四日，中國人民銀行調查統計司司長盛松在《中國金融》發表文章〈什麼是存款準備金管理〉，指出餘額寶等對應的貨幣市場基金存入銀行的存款不繳納存款準備金，而這部份存款的合約性質以及對貨幣創造的影響與一般企業和個人的存款並無不同，並據此提出餘額寶等貨幣市場基金投資的銀行存款應受存款準備金管理，其他非存款類金融機構投資的銀行存款也應參照貨幣市場基金實施存款準備金管理。

在文章中，盛松指出，當前貨幣基金不用像商業銀行一樣交納存款準備金是餘額寶獲得高收益的關鍵。如果餘額寶投資銀行協議存款的款項需繳存百分之二十的準備金，按照百分之六的基金協議存款利率和中國統一的百分之一・六二的法定存款準備金利率計算，餘額寶一年的收益率將下降約一個百分點。

盛松的文章由此也揭開了是否應該針對餘額寶徵收準備金的經濟大討論。一些學者認為他更多地是站在現有的商業銀行的立場上，基於削弱餘額寶的競爭優勢而提出該觀點，也有學者認同他的觀點。這些政策變化，使得二〇一四年火遍中國的貨幣基金的成長面臨更大的政策不確定性。

從取消提前支取不罰息的政策紅利，到擬對餘額寶徵收準備金，這一系列政策導向，使得民眾對於眾多網路理財產品未來的發展打上了一個大大的問號。

CHAPTER

3

野蠻生長：P2P網貸

P2P網貸的前世今生

P2P概念的由來

自二〇一四年以來，伴隨著一大批中國P2P網貸公司的倒閉，越來越多的人開始接觸到P2P這個看上去很專業、很陌生的名詞，並開始關注起P2P網貸行業的發展與風險。可能很多沒有接觸過專業經濟學或者資訊教育的人，只是大概明白P2P類似於一些通過網路手段向投資者許以高額回報而進行非法集資的經濟活動，但是P2P的真實概念，以及它在互聯網金融中的地位與作用，也許並不是很多人都能夠清楚地說明白的。

P2P的英文為「Peer to Peer」，它本是電腦通信領域的專有名詞。如果直接翻譯，一般被稱為對等網路或者對等連接，指的是每個參與者都具有對等能力的通信模式。

在傳統通信模式下，通常需要在局域網中設置服務器，由服務器連接起其他電腦主機。當各電腦需要發起對話時，往往需要把應用命令首先傳導到服務器，再由服務器串聯起其他電腦之間的對話和應用程式，因此，在這樣的通信體系下，服務器與其他電腦主機並不具有對等地位。各電腦主機必須在服務器的串聯下，才能夠實現彼此之間的通信，因此往往處於從屬的地位，而服務器則佔據核心地位。

而在P2P通信模式下，不同電腦構成一個工作組，它們之間可以直接通信，共享資源，協同工作。在對等網路中，各台電腦都具有平等的功能與地位，並不存在主次之分，大家都可以扮演服務器的角色，選擇發起對話，或者向其他電腦共享資源，卻又都不固定扮演服務器的角色。通常情況下，在電腦數量相對較小的辦公室或者機房，我們就可以利用這種模式，串聯起集中空間內的多台電腦主機，實現彼此之間的資訊溝通和資源共享。然而，也正由於缺乏固定的服務器，各台電腦都可以共享資源，這也導致網路安全管理的職責分散，從而會極大地影響網路數據和資訊的保密性。

當然，我們討論**P2P**網貸，並不是關注它們的技術原理和通信模式，通常所說的**P2P**網貸也並不是採用了**P2P**這種新式的通信技術。其實，它之所以被稱為**P2P**網貸，更大的原因在於它的經營模式，類似不設服務器的**P2P**通信模式。在營運中，**P2P**網貸取消了原來需要扮演服務器角色的銀行的中介服務功能，而通過網路技術使得資金的供需雙方直接對話，發起資金的合理流動。

P2P在網路信貸中的應用

大家都知道，傳統的資本市場的資金供需是通過銀行等金融機構串聯起來的，金融機構扮演起很多金融交易的中介角色，因此才通常會被稱為金融中介。而**P2P**的特殊之處，就在於擺脫了金融中介機構的束縛，通過網路平台，直接串聯起資金的供需雙方的聯繫，實現社會資本的有序投向和高效的利用。值得注意的是，除了P2P網貸之外，在P2P網貸模式中所明顯表現出來的這種脫媒性或者去中心化也同樣是其他互聯網金融領域的重要特點。

在日常生活中，很多擁有過剩資本的投資者，通常可以利用自己相對狹小的社交圈子，通過直接借貸的方式把自己的資金借給親戚朋友，實現簡單的一對一的資金供需交易。然而，由於社交圈子的限制，無論是擁有過剩資本的資金供應方，還是迫切需要借入資本的需求方，都沒有太大的選擇餘地，特別是在社交領域，資金的供應更為有限的貸出資本一方往往會具有更多的發言權，由此可以主張更高的資金借貸收益，我們通常所說的高利貸也就由此而生了。我們可以從歷史的發展中清楚地看到這樣的規律，無論是西方的威尼斯商人夏洛克，還是中國更具傳奇色彩的一代梟雄呂不韋，在他們的傳說中都可以清楚地看到高利貸的運作模式。

隨著資本主義經濟的發展，銀行等現代金融中介機構開始在東西方普遍建立。這個時候，人們發現自己可以把多餘不用的資金存入銀行，以獲取穩定的利息收入，而需要借入資本的群體也可以向銀行申請貸款，獲得資本的供應。在這樣的資本借貸模式中，銀行其實就扮演了一個簡單的中介角色，它們集中起眾多儲戶的資金，積少成多，然後匯總起來，再將其貸給需要資本的貸款人，並從中獲得存貸款的利息差，作為銀行串聯借貸資本供需的報酬。在這樣的模式中，銀行一端對接著為數眾多的儲戶，而另一端又連接著同樣數目驚人的貸款人，以此實現了以銀行為核心的多對多的資本供需模式。銀行也就成為整個社會資金供需和資金流動中最為重要的組織機構，其實也就扮演著類似局域網設置中的服務器的角色。

在傳統的以銀行為主體的信貸體系下，儘管我們每一個人都把資金存入銀行，也清楚銀行將會把眾多儲戶的資金匯總起來，然後以發放貸款的方式投放出去，但是儲戶根本不可能知道銀行到底把他們的錢貸給了哪個個人或者企業，也根本不用關心銀行把他們的錢貸出去之後能否順利收回本息。在整個資金流動過程中，儲戶僅僅按約定獲得銀行承諾支付給他們的微薄的利息收入。

然而，很多人都明白，作為獨立核算的經營性單位，銀行還是要追求利潤的，因此，出於控制風險的考慮，它們往往更願意把錢借給更有實力、更有償還能力的貸款人，這就出現了經常被大家所詬病的銀行往往願意錦上添花，卻不願意雪中送炭的由來。大家都抱怨，當你財大氣粗、根本不需要錢的時候，銀行天天過來勸你貸點款，但是當你陷入經營困境、真的需要錢的時候，你再找銀行貸款，卻根本貸不到。這樣的銀行體系很難滿足整個社會對於資金的需求，這才催生了**P2P**模式。

所謂的**P2P**其實就是跳過了中間銀行的中介作用，直接通過網路的方式，促成資金供需雙方的對接。與傳統的民間借貸方式相比，**P2P**的交易模式和交易思維其實並沒有什麼特別的，唯一的創新之處就是通過引入網路技術，它得以擺脫傳統一對一的借貸行為對於個人社交圈子的依賴，擴大了資金借貸的地理範圍，推動了資金在更為廣泛的地理範圍內的不同供需方之間的有效轉移，進一步提高了借貸資本的使用效率。

P2P網貸在國外的興起與發展

二〇〇五年，創立於英國的ZOPA是最早的網路P2P借貸平台。借款人可以在這個網站上發佈自己的借款需求，ZOPA將根據借款人所提供的相關資料，對其進行信用等級的評價。ZOPA網站的眾多註冊會員，也就是眾多投資人在網站上可以看到眾多借款人發佈的借款訊息，並根據網站對各個借款人所做出的信用評價，做出是否借款的決定。如果眾多投資人決定向某一借款人提供借款，他們將參與貸款利率的競標，利率更低者將獲得向借款人提供資金的投資機會。

在國外的P2P運作過程中，P2P網貸平台僅僅提供訊息發佈、信用評估和撮合交易的服務，並不直接參與雙方的交易，只從中收取少量的中介服務費用。與傳統通過銀行進行資本借貸的資本投資活動不同，在P2P網貸平台中投資雙方都能夠得到對方的充份資訊，資本可以直接在借貸雙方之間流動，而不再需要通過金融服務中介進行匯總與重新分配，這樣就有效地減少了資本流動的中間環節，節約了大量的成本費用。

只要保證P2P網貸平台借款資訊的公開、透明和真實，每一個投資者總會關注自己的資本投資的安全性，因此會認真、細緻地研究不同借款者的借款資訊，從中選擇資金投向最為安全、回報率最為豐厚的投資方向，並直接進行投資行為。這也極大地保證了資本利用效率提升，因此，這樣的投資方式很快得到很多國外投資者的歡迎，從而風靡歐美國家。

正如一般的投資規律顯示的那樣，投資者的投資收益往往是和他們所承擔的投資風險成正比的。對於一些風險更大的投資項目，如果融資人不能提供遠高於其他投資項目的風險溢價，那麼就根本不會有任何投資人會對他有投資興趣。既然你要讓別人為投資你的項目承擔額外的風險，那麼你當然就應該對他們的風險提供經濟補償。

次貸危機背後的P2P模式

引爆全球次貸危機的美國次級債券之所以能夠得到美國投資者青睞的原因，能夠為我們清楚地揭示這一規律。因為次級貸款針對的都是無法正常從銀行獲取貸款資格的貸款人士，因此它出現壞帳風險的機率將會遠大於正常的銀行貸款。如果在像當前中國這樣的傳統銀行借貸模式下，貸款的壞帳風險將全部由發放貸款的銀行承擔，那麼銀行當然不願意發放這些高風險貸款了。然而，正是因為這些貸款者不具有貸款資格，因此，他們如果要申請貸款，必然願意承擔更高的貸款利息，這樣的高利息又對銀行產生了致命的誘惑。

在高度發達的美國資本市場的支持下，美國的眾多銀行可以委託投資銀行把自己的高風險次級貸款打包成類似理財產品或者投資工具，然後在資本市場上出售，這樣就可以把次級貸款的壞帳風險轉嫁給眾多購買次級債券的普通投資者。如果借款者無力償還借款，那麼所出現的所有損失都將由購買這些次級債券的投資者承擔。

而對於美國眾多普普通通的投資者來說，次級債券由於存在較高的壞帳風險，因此預期的投資收益率必然高於其他投資產品。因為這些貸款基本都用來購買住房，所以只要美國的房價持續上漲，購房者就沒有理由不歸還房貸，而讓銀行收回價格持續增長的住房。因此，高房價就可以有效地控制住次級債券的信用風險。

而當美國經濟出現危機、房價開始下跌後，購房者無力繼續歸還房貸，因此，銀行所發出的次級貸款就淪為壞帳，引起市場上次級債券的價格暴跌，使得投資者承受更大的損失，由此引發了席捲全球的次貸危機。在上述整個過程之中，恰恰體現了次級債券高收益背後的高風險。

在次貸危機之前，美國的銀行業可以通過發行次級債券的方式，分散自己發放高風險貸款的風險。然而次貸危機後，可以想像，美國的銀行業不再願意向那些不具備穩定還款能力的借款人提供貸款，而把相當多的借款人排除在美國的信貸市場之外。為了獲得資金支持，這些渴求獲得資本支持的借款人其實是願意向資金供應方支付更高的利息的，當然，也會給投資者帶來極大的投資風險。這就推動了美國**P2P**市場的火爆發展。

次貸危機之後，出於刺激經濟的需要，美國政府已經連續推出四輪量化寬鬆貨幣政策。這導致美國資本市場上銀行利率基本保持在百分之一之下，甚至很長一段時間，市場利率已經接近零。相比之下，**P2P**網貸市場中，貸款利率介於百分之五・六至百分之三十五・八之間、違約率介於百分之一・五至百分之十之間的事實，使得眾多擁有閒置資本的投資者紛紛拋棄傳統的銀行市場，而轉向**P2P**市場。加入眾多P2P網貸平台的註冊會員和投資人，甚至轉為一些P2P網貸公司的董事會成員，從而實現自有資產的最大限度增值。

而另一方面，在低利率金融市場中，雖然從美國傳統的銀行體系獲取貸款的成本更低，但傳統銀行體系在審核貸款人資格時的程序非常煩瑣，特別是很多客戶由於缺乏足夠的信用等級和資產保證而被排除在傳統的銀行信貸市場之外，這也迫使更多的借款人投入了P2P網貸市場。

特別是二〇〇八年次貸危機之後，為了抱團過冬，很多歐美國家的金融機構都紛紛收縮流動性，減少對外信貸的規模。不要說個體貸款人，就連很多大公司都很難從銀行體系獲得信貸支持。這也把更多的借款人推向了相對自由度更大的P2P市場，推動了P2P網貸在歐美國家的飛躍式增長。在美國，**P2P網貸更是實現了年增長率超過百分之一百的不可思議的飛速增長**。其中，Lending Club憑藉發放貸款超過三十億美元、支付利息接近三億美元的借貸規模成為美國最大的P2P借貸平台。而截至二〇一三年，另一美國P2P巨頭Prosper也已經擁有超過一百九十萬名註冊會員，累計發放貸款超過六億五千萬美元。

P2P網貸在中國的發展

信用缺乏——中國P2P發展的「阿基里斯之踵」

與其他互聯網金融產品一樣，**P2P**被引入中國後，也很快引起中國投資者的關注，進而受到極大的追捧。二○○七年八月，中國第一家**P2P**網貸平台「拍拍貸」成立，從此揭開了中國**P2P**飛速發展的序幕。到二○一一年，中國的**P2P**網貸平台剛剛超過三十家，而到了二○一二年，這個數量已經超過兩百家，而據一些媒體估計，到了二○一三年末，中國已經擁有超過一千家**P2P**網貸平台，全行業的**P2P**網貸交易總規模已經超過一千零五十八億元，其發展速度足以令很多中小規模的銀行感到汗顏。

援引一些媒體對於九十家**P2P**網貸平台的交易數據的統計，截至二○一三年底，僅媒體關注的九十家網貸平台的總成交量就達到了四百九十億兩千兩百萬元，總成交筆數為五十六萬一千四百九十一筆，綜合利率大概在百分之十九・六七，平均借款期限約為四・七三個月，借款總人數達到十四萬九千三百人，借出資金的投資人總數超過二十萬。作為中國**P2P**的主要代表，網貸平台「人人貸」二○一三年的年報也顯示，其二○一三年的網站成交總金額為十五億七千萬元，同比增長百分之三百四十二。一系列閃亮的數據足以亮瞎眾多傳統金融企業的眼睛，使其他金融機構羞愧不已。

然而，自二〇一四年以來，一些P2P網站關停，P2P投資遭遇詐騙的新聞不時闖入我們的眼簾，似乎中國的P2P在二〇一四年驟然遭遇了寒冬，甚至很多媒體都把P2P視為洪水猛獸，將其直接等同於網路詐騙而大肆批評。

為什麼在歐美國家發展得很順利的P2P在中國卻舉步維艱，甚至淪為眾多詐騙分子欺騙中小投資者的詐騙工具？為什麼在國外違約率相當低下、能夠被視為一種理想的投資方式的P2P，在中國卻演變成為一樁馬氏騙局，淪為一個擊鼓傳花的投資陷阱？也許，需要對P2P在中國的發展與演化做更為深層的思考。

無論在歐美國家還是在中國，P2P網貸能夠取得成功的關鍵就在於能夠有效地控制投資風險。只要控制住網貸項目的違約率，那麼收益更高的P2P網貸投資項目當然就能夠更容易取得投資者的青睞了。而歐美國家極為完備的個人信用評價體系，恰恰為眾多P2P網貸平台降低借款項目信用評價成本、控制借款項目違約風險提供了最為基礎、也最為重要的條件。

長期以來，在歐美國家已經建立起了一整套完備的個人信用評價體系。在西方的信用社會，缺乏個人信用簡直寸步難行。哪怕你在生活中做出了諸如考試作弊、坐車逃票等不講誠信的行為，也會被立即記入你的信用評價體系中。此後，你會發現，由於個人信用不佳，你將很難找到工作，申請不到學校，難以得到銀行的貸款，甚至自己開公司都不會有人願意和你這個不講信用的人談生意。因此，在西方社會中，民眾知道，如果自己違約，不遵守合約，也許可以在短時間內獲得一定的經濟收益，但是從長遠來看，由於自己的信用評價受到影響，自己將終生承擔巨大的額外成本，而如此巨大的成本是任何一個人都不願意承擔的。也正因為此，在西方社會中，即使通過網路這樣的虛幻媒介達成的經濟合約，對於任何一個交易者而言，也是極具約束力的，他們會嚴格履行相關合約。這也保證了P2P在西方國家的低違約率和低風險。

與歐美國家不同，在中國，並沒有完整的信用評價體系。即使在銀行體系中已經初步建立起了個人信用評價，但這樣的信用評價也只是基於相關人員與銀行的各項經濟交易的履行情況而確定的，所考核的因素更窄，也就很難全面地反映個人的信用水準。

在日常生活之中，當需要和陌生人進行經濟交易時，為了防止交易風險，我們也希望能夠調看交易對手在銀行體系內的信用紀錄。然而，長期以來，即使是這種源於銀行的、粗略的信用評價體系，也不會對社會公開，只有眾多銀行有資格查閱個人信用評價紀錄。銀行通常只在客戶申請貸款或者申請信用卡時，才會調閱客戶的個人信用評價紀錄，在其他時間，每個人的信用紀錄只能深深地藏在銀行的信用體系之中。其他經濟主體即使想向銀行申請調看他人的信用紀錄，通常也很難獲准。

正是由於中國的信用檔案封閉、不公開，才導致了它在中國當前經濟中的作用有限。在日常的經濟交易中，沒有人能夠輕易地參考他人此前的信用紀錄，當然，即使想參考，也無處可參考，從而導致個人信用在當前中國的經濟運作中的作用難以得到充份發揮。

更為重要的是，中國改革開放以來，堅持以經濟建設為中心、發展社會主義市場經濟的發展思維，的確極大地提升了中國的經濟發展活力，保證了中國經濟連續三十多年的高速增長。然而，在長期追求經濟利益的發展理念引導下，越來越多的中國人在日常生活和經濟交易中把經濟利益作為評價自己行為選擇的最為重要甚至是唯一的標準。缺乏商業倫理和道德淪喪已經成為很多中國人所厭惡卻又不得不為的行為選擇。無論是工業生產中的偷工減料、以次充好、假冒偽劣，還是食品生產中大量使用對人體有害的非法添加劑，都是人人得而誅之的醜惡現象。然而，在生活中遇到社會醜惡現象時，事不關己、高高掛起、見死不救已成為一些人的選擇。甚至可以說在市場經濟的浪潮下，中國人五千年歷史所建立起來的道德與文明遭受了前所未有的衝擊。在劣幣驅逐良幣的市場機制下，中國的商業信用更是被無情地摧毀。

而實際上，如果擁有發達的信用體系，現代中國社會的很多不文明現象其實都可以被納入每一個人的信用紀錄。當這一信用紀錄能夠與他們一生的生活和經濟交易緊密地掛鉤時，這種道德上的肆無忌憚也許根本不會像現代這樣的嚴重。

然而，對於建立於虛擬的網路世界的**P2P**借貸，如果沒有良好的社會信用體系的支持，就很容易出現借款人虛構借款資訊，空許投資人以高額的投資回報，在獲得投資人的資本之後人間蒸發，致使投資人的巨額投資化為烏有的現象。

事實上，二〇一〇年建立於英國的P2P網貸平台Quakle，為了吸引客戶，曾經嘗試降低對於借貸資訊的信用評價標準，不再使用經濟體系中常用的個人信用評價結論，而轉而使用類似於淘寶購物交易中的客戶評價機制來簡單反映客戶的信用水準。然而，這樣的創意卻並沒有收到好的結果。在沒有信用約束的情況下，幾乎百分之百的借款人都選擇了違約，而不會按借款前所承諾的利率向投資者支付利息。在違約率接近百分之百的奇葩紀錄下，僅僅一年的時間，Quakle就以宣佈破產的方式，結束了自己並不光彩的生涯。

南橘北枳——中國式的P2P

由於中國商界普遍的信用缺失，如果完全套用歐美國家通行的P2P網貸模式，網貸平台僅僅承擔資本借貸交易的資訊發佈、信用評估和撮合交易的職能，並從中收取佣金，網貸平台將會發現，科學、準確、便捷、經濟地對借款人的借款資訊做出信用評價，基本是一項不可能完成的任務。

可以想像，當前中國P2P平台普遍在百分之二十左右的年利率是遠高於銀行的貸款利率的。如果借款人具有極為優異的信用狀況，他們完全可以向商業銀行申請商業貸款，這樣所需承擔的利息壓力會小很多。眾多的借款人之所以選擇P2P網貸，恰恰是由於自己的信用水準偏低，擔保資本缺乏，還款能力低下，才無法獲得正規的銀行貸款，只能尋求進入門檻更低的P2P網貸，並通過提供更高的利息水準，補償投資人向自己借款的高風險。

正因為P2P網貸平台上幾乎所有借款人的信用水準與還款能力都偏低，因此，如果P2P平台對他們的借款資訊做出較高的信用評價，最終導致投資人血本無歸，顯然平台應對自己錯誤的信用評價承擔一定的法律責任，甚至應承擔賠償投資人一部份損失的法律責任。這些賠償支出也許將遠大於P2P網貸平台從網貸項目中能夠獲得的中介費用。

然而，如果P2P網貸平台像銀行一樣，嚴格審核借款人的信用水準，並嚴格要求每一筆借款都必須有真實的抵押資產，那麼這又將會把幾乎所有的P2P網貸平台中的借款人排除在外，P2P網貸也同樣根本無法運作下去。

特別是，在像當前的中國這樣信用缺乏的情況下，P2P平台如果還是沿用歐美的P2P模式，僅僅充當借貸活動的中介，要麼就會因為借款審核過嚴而導致借款交易寥寥無幾，從而影響自身交易規模的擴大和經營利潤的增加，要麼會由於對於借款人信用審核過鬆，最終導致借款違約持續增加，投資人借出的資本血本無歸，進而產生對P2P網貸平台的法律訴訟。

正是出於以上考慮，P2P引入中國之後，經過數年的發展與演進，逐漸形成了一種特有的營運模式。不再由借款人和投資人直接聯繫，通過簽訂債權債務合約的方式直接完成資本的對接，而是引入專業放貸人，先把相應的借款資金借給借款人，再把借款的債權打包為理財產品，以約定的利率水準出售給自己的P2P平台中的諸多會員，也就是眾多的投資人。

細心的朋友應該可以看出來了，中國式的P2P模式其實就是前面介紹的美國的次級債券的翻版。

在次級債中，銀行先向高風險客戶提供貸款，然後再通過投資銀行把這些違約風險更大的次級貸款打包為投資產品次級債券，向證券交易市場中的諸多投資者銷售。如果銀行所發放的貸款可以按期收回，那麼，它就可以從中拿出一部份讓購買次級債券的投資者分享它的利息收入。如果銀行發放的次級貸款成為壞帳，無法收回，那麼全部損失也將由購買次級債券的眾多投資人承擔。

同樣的道理，在中國式的P2P網貸機構中，專業放貸人其實就扮演了美國次債危機中的銀行的角色，而P2P網貸企業則充當了設計次級債券的投資銀行的角色。在眾多P2P網貸平台的投資人看來，他們購買的是P2P網貸平台上銷售的理財產品，可他們無從知道，他們的資金其實投向的是一些高風險的借貸活動，更無從知道，一旦這些高風險借貸活動產生違約，自己在P2P網貸平台中所購買的理財產品不但不可能兌現承諾的高收益，甚至會造成自己的資金全部損失。

更為惡劣的是，由於P2P網貸風險的持續積累，一些非正規的P2P網貸企業的營運者覺得，反正自己借出去的錢絕大多數都將變為壞帳，根本無法收回，那麼與其讓其他借款人把錢都借去，白白佔了大便宜，還不如自己來佔這個大便宜。於是一些無良的P2P網貸機構，乾脆虛構借款人和借款條件，發佈虛假的借款資訊，並向投資人許以極高的投資回報率，以吸引更多的投資人的投資，而把P2P這種在國外運作還算正常、還算規範的金融創新模式，在中國直接演化為網路傳銷與網路詐騙的一種變種形式，中國的P2P網貸事業也陷入深深的迷霧之中。

龐氏騙局與馬氏騙局

正是由於看中P2P網貸模式對於投資人的巨大吸引力，自二〇一三年以來，P2P網貸或者所謂的P2P網路理財就如雨後春筍般在神州大地遍地開花。到了二〇一三年底，中國甚至已經擁有了超過一千家大大小小、真真假假的P2P網貸機構，如此巨大的數字足以令很多業內人士聞之而咋舌。

正如前面所介紹的那樣，由於缺乏對P2P機構的監管，特別是對P2P網貸過程中的中間資金監管的缺失更造成了中國的P2P市場亂象叢生。按P2P模式在國外產生時的制度設計，P2P網貸平台應該只是充當資金供需雙方資金流動的中介，而僅僅收取中介費用，投資人會根據P2P平台上的借款資訊，自己決定是否對借款投資，並直接與心儀的借款人達成借款協議，直接進行資本的投資。在這個過程中，資本是直接從投資人流向借款人。作為中介的P2P網貸機構，僅僅通過發佈資訊和進行信用評估，幫助雙方撮合交易，而根本不會沾手相關的投資資本。

而在中國的P2P網貸模式下，P2P網貸平台選擇借款項目後，再把整個借款合約打包分拆為投資理財產品，出售給網貸平台的眾多註冊會員，從註冊會員處獲得資本，再供應給相應的借款者。在這個過程中，P2P平台不僅能夠接觸到相應的資本，而且直接支配這筆巨額資本的去向。而P2P平台對於資本的使用和結算卻根本不會受到任何監督與管理。這樣的監管真空，為P2P網貸詐騙提供了生存的土壤。

想必很多熟悉金融的朋友都聽說過龐氏騙局與馬氏騙局的概念。一九一九年，在第一次世界大戰剛剛結束的時候，很多美國人忽然聽到了一個發財的絕妙好辦法。一個叫查爾斯・龐茲（Charles Ponzi）的義大利裔投資家可以利用戰後經濟局勢的混亂，從歐洲倒賣一些金融資產到美國，利用歐洲與美國之間的匯率與利率的不平衡，從中套取極為豐厚的利潤。據龐茲介紹，通過他所掌握的金融操作方法，可以在短短四十五天之內獲得超過百分之五十的收益。

一些投資人嘗試著給龐茲投資了一些錢，結果果然能夠在短短三個月內獲得接近百分之五十的收益。這下半個美國都沸騰了，大家都爭著搶著要把錢投資給偉大的龐茲先生。龐茲甚至和發現美洲的哥倫布、發現無線電的馬可尼（Guglielmo Marconi）一起被當時的美國人稱為有史以來最偉大的義大利人，因為龐茲先生發現了錢。

然而，偉大的龐茲先生的投資事業並沒能持續太久。到一九二〇年八月，龐茲宣佈破產，所有投資給他的投資者都血本無歸。這時大家才知道，前面龐茲支付給投資者的投資收益，其實都來源於其後其他投資者所投入的資本。龐茲先生並沒有在歐美之間進行套利的秘訣，他所掌握的就是類似的金字塔式的非法集資的秘訣。只要向投資人許以高額回報，然後用後面的人投入的資本去支付需要支付給前面的人的收益，那麼，這樣的騙局就可以維持下去。而嘗到甜頭的前面的投資人，出於貪婪，在獲得投資收益之後，也會連本帶利地把所有資本再次投入這樣的騙局，最終導致金字塔的根基持續擴大。當發起人無力支付所有人的利息的時候，這樣的融資騙局就會宣告破產，幾乎所有參與其中的投資人都會遭受慘痛的損失。

在龐氏騙局中，大約有四萬名美國人被捲入其中，所有投資人被騙的總金額高達一千五百萬美元。要知道這可是一百年前的數字，放到今天，這將是一個令人咂舌的天文數字。最終龐茲被判入獄五年。

在很多人看來，之所以會有如此眾多的人陷入龐茲的並不巧妙的陷阱，那是因為他們沒有經濟學知識。然而，二〇〇八年，次貸危機爆發後，一場現代版的龐氏騙局再次震驚世界。伯納・馬多夫（Bernard Lawrence "Bernie" Madoff）是美國那斯達克股票市場公司董事會前主席，也是華爾街上最受人尊敬的投資銀行家。作為一名在華爾街摸爬滾打了超過五十年的優秀的投資銀行家，馬多夫所管理的基金被認為和美國財政部發行的國債一樣真實可靠。就連馬多夫的客戶也都是美國最具聲望的人。如果沒有名人介紹，你就是有錢，也休想讓馬多夫接受自己的投資。在很多人看來，把錢投給馬多夫，擔心的不是損失金錢，而是損失賺錢的機會。把錢投給馬多夫，甚至在美國很多俱樂部被視為身份的象徵。

然而，就是這樣一個華爾街中的狠角色，當次貸危機到來、自己面臨巨大的資金贖回壓力之際，終於向媒體公開，自己其實一直是在運用龐氏騙局的方式，用自己的資金，向投資者許以較高的投資回報率，然後再用後面的投資者的投資償付前面的投資者的收益，自己的投資其實就是一個大騙局。

當馬多夫騙局被公開後，全美國嘩然，包括好萊塢大導演斯皮爾伯格、歐萊雅集團繼承人莉莉安娜・貝當古、西班牙女首富阿莉西亞・科普洛維茨在內的數百名個人投資者，以及眾多的對沖基金、證券公司、銀行都是馬多夫的客戶，所有投資人的總損失超過五百億美元。

當然，作為一名投資銀行家，馬多夫向客戶支付的收益，完全不像龐茲那麼不靠譜，僅僅為百分之八至百分之十，然而連續十多年百分之十左右的投資回報率，這絕對是頂級投資銀行家才能夠達到的神跡，而即使是專業人士也認為，這樣的成果也完全是真實可以達到的，因此才會導致眾多的專業投資機構和經濟學家也深陷其中。

如果對比上述龐氏騙局和馬氏騙局，大家應該可以發現，儘管戲法人人會變，招數各不同，但是基本的思想就是拆東牆補西牆，先向投資人許以有足夠吸引力的投資回報率，然後通過用後人的投資拆補前人的收益的方式，把自己的投資遊戲延續下去，最終吸引更多的投資者加入，獲得更為豐富的投資資本，然後攜款一走了之，或者宣佈破產，導致投資人的投資化為烏有。

P2P在中國的危機

與上述兩次外國金融市場發展過程中著名的金融騙局相比，當前中國的很多P2P網貸平台也是完全遵循著類似的遊戲規則，它們通過向投資者許以沒有安全保障的高回報預期，吸引投資者把資金投入自己的網貸項目。由於普遍缺乏對於網貸項目的完善而準確的資信評估，甚至很多P2P網貸完全成為中國式的民間非法集資的網路升級版，這也使得中國的P2P網貸逐漸成為過街老鼠，人人喊打。

也許很多人在很多商業中心經常可以看到一些P2P網貸的宣傳，它們往往強調投資的預期高收益。然而，如果沒有對於資金營運的有效監督，沒有對資金使用方的資信的合理評估，這種預期的高收益並沒有辦法變成現實，更多只是鏡中月、水中花般虛無縹緲，這在很大程度上也驗證了P2P在中國發展的困境。

正是由於制約中國P2P網貸發展的更多是其信用狀況，以及資金使用的安全性，因此，二〇一四年出現P2P網貸倒閉潮後，一方面民眾對於P2P網貸的投資也更為謹慎，而另一方面，倖存的P2P網貸平台更多強化了與銀行、保險等金融實體的合作，希望通過這些民眾信任度更高的金融實體，幫助投資者消除對於P2P投資的風險的顧慮。從某種意義上而言，這些銀行或保險公司在利用自身的信譽為與之合作的P2P網貸提供背書和擔保。

然而，P2P在融資方面的優勢，正在於其相較於實體金融機構，在借款資格審核方面更為寬鬆，一方面可以保證由於信用不足或者缺乏實物資產擔保而無法從銀行金融機構獲得融資的個人或企業，能夠從P2P借款項目中獲得資本，而另一方面，相對簡化的借款手續，對於一些即使能夠獲得銀行貸款的客戶來說，在進行短期或者小額的流動性資本周轉時，P2P借款也遠較煩瑣的銀行貸款有吸引力。因此，如果過於強調P2P與銀行的合作，讓銀行等正規軍實現對P2P這類游擊隊的收編之後，那麼P2P也就完全喪失了自己靈活、便捷的優勢，轉而在傳統的吸收存款、發放貸款領域與銀行競爭，這完全是以己之短，攻敵之長，其失敗的結局，則早已注定。

對於P2P網貸而言，二〇一四年是一個關鍵的年份。P2P網貸也是規模經濟最為明顯的產業部門。在市場競爭中，顯然經營規模越大的P2P企業，越容易贏得投資者的信賴，也更加能夠建立起規範化營運的管理制度。即使是中國如此龐大的市場，也絕對不可能容納數千家P2P網貸企業。通過大浪淘沙，淘汰眾多不規範營運的P2P企業，保留數十家真正擁有科學的營運規範和完善的管理制度的P2P領導企業，從實踐中摸索出既能保證資本營運的安全性，又能維持資金運作的靈活性的科學發展道路，才是中國P2P未來的發展之路。

群眾募資在中國的嘗試

何謂群眾募資？

P2P主要通過網路，匯集眾多網路投資者的資本，為借款者提供自身發展所急需的資本。而在互聯網金融中，還有一個與之營運理念極為類似的融資方式，那就是群眾募資。從某種意義來說，群眾募資更像互聯網金融中的項目融資，只不過與傳統的項目融資是由單一銀行或由多家銀行所組成的銀團為特定發展計劃的推行者提供資金支持不同，群眾募資強調的是眾人拾柴火焰高，往往會匯集多人的投資，為實現某一個人或者企業的營運計劃提供資金支持。

其實在金融市場發達的歐美國家，針對一些創新性科技成果、初創企業、創意項目、科學研究以及文化項目提供初始資金，成為風險投資者或者天使投資者的創新投資模式已經經過了多年的發展，相對成熟。無論是投資雙方的磋商、創新企業股權的分配，還是創業投資股權在二級市場上的轉讓與流通，都已經實現了規範化的營運。然而，這些通常意義上的風險投資和天使投資，儘管與一般的項目融資相比，規模相對有限，但其總體規模仍然超出普通人的接受能力，而且其磋商與投資的達成，也通常通過傳統的商業協作或者社交網路而最終實現。

二〇〇〇年，一家名為ArtistShare的網站的建立，被認為是現代意義的群眾募資模式在現實經濟中的最早嘗試。ArtistShare自詡為「為富於創造力的藝術家服務的全新商業模式」，而實際上，它的確是針對一些富於創造力的藝術家錄製新的唱片、發行新的專輯、推出新的歌曲提供直接的資金支持。在ArtistShare上的投資者，往往是眾多藝術家的粉絲，他們樂意拿出其微薄的資金，支持自己的偶像的創作活動。在整個商業流程中，通過ArtistShare，眾多的粉絲各自拿出一部份資金來支持藝術家們的創作活動，並獲得參與偶像的商業活動的資格，比如，有機會提前獲得藝術家們只在網路上銷售的新的歌曲專輯。通過ArtistShare的匯少成多，聚沙成塔，藝術家們也能夠獲得足夠的資金支持，進一步推動自己的藝術創作，為粉絲們，或者說，為投資者們，提供更多更優秀的文藝作品。

二〇〇五年，ArtistShare的首個粉絲籌資項目，美國作曲家瑪莉亞・施耐德（Maria Schneider）憑藉粉絲們在ArtistShare 上的投資發行的藝術專輯「Concert in the Garden」，獲得了葛萊美的四項提名，並最終獲得了當年葛萊美「最佳爵士樂團專輯」大獎。這也是葛萊美歷史上首張沒有經過零售店，而只是通過網路銷售的藝術專輯，這也宣佈了ArtistShare模式的極大成功。

在ArtistShare的鼓勵下，二〇〇五年之後，一大批群眾募資網站如雨後春筍般在美國遍地開花，推動了群眾募資模式在美國的火爆發展。一般來說，群眾募資模式是指針對一些創意項目的網路融資，它所涉及的投資計劃主要涉及藝術、動漫、戲劇、設計、音樂、攝影、出版、時尚等文藝領域，也包括一些創意性的發明創造的批量生產、推廣。當籌資者擁有一個足夠有創意、有市場價值的創新項目時，他們可以在群眾募資融資平台上發佈資訊，解釋自己的創意，並設置預計的籌資規模和籌資週期、投資的預期回報方式和時間。當群眾募資網站的眾多註冊會員在群眾募資網站中看到某一群眾募資項目之後，可以根據網站所發佈的具體項目介紹，決定是否投資該項目，並最終決定自己的投資額、預期的回報，完成最終的投資。

群眾募資的遊戲規則

通常而言，籌資者在發起一個群眾募資項目時，往往會規定一個最基本的融資規模。如果在設定的發行週期內，籌資者成功地募集到了所需要的所有籌資資本，那麼網路的群眾募資平台將扣除一定的手續費，通常為總融資規模的百分之五，而把剩下的資金交給籌資者，由其利用這筆資金發起自己的創意計劃。但是如果在規定的籌資期限內並沒有足夠的投資人向籌資人投資，其籌資規模未達到設定的規模，該群眾募資融資項目則宣告失敗，群眾募資網站將會把籌到的全部資金歸還投資人，創意人也將不能得到任何投資。

從整個群眾募資的流程來看，它與早期的P2P融資有相類似的地方。兩者都擺脫了傳統的金融融資過程及對於金融中介機構的依賴，最終通過網路交易平台實現了眾多投資者對於某一資金需求方的資金的供給，因此群眾募資甚至可以看作P2P的一種變形。

然而，與傳統P2P主打高投資回報的發展模式不同，群眾募資更多地強調投資人對於籌資人的創意活動的精神支持，其投資活動儘管也會附帶一定的投資回報，但這些回報往往並不是經濟性的，不以高額利息、股權等直接的經濟回報方式存在，而更多地以籌資方的創意性實物產品（一般不超過十個）、創意性文藝作品的網路下載權或者免費觀賞權作為回報。

正因為群眾募資項目往往建立於一個創意性的投資項目之上，它的融資其實也是具有極高的風險的。很多時候，如果群眾募資項目籌資人的創意項目失敗，投資人的投資將根本無法獲得任何回報。而且作為創意計劃，這種失敗的機率往往是極大的。單純從投資來看，群眾募資投資人的投資回報極小，而風險卻是極大的。因此，從這方面來看，在群眾募資項目的發展過程中，它往往更具有公益性含義，體現投資人對於更具創意的經濟項目的風險投資或者無償捐助。

在二〇一四年七月，英國的《每日郵報》報導，一位牛津大學女生艾米麗・羅斯・伊斯托普（Emily Rose Eastop）在求職遭拒兩百多次後，在網路上建立起群眾募資帳戶，為自己籌集讀完碩士的學費。通過在Facebook等網路媒體的宣傳，在很短時間內就收到超過兩百名捐助者的捐助，籌資總額達到一萬四千英鎊，大約相當於十五萬元人民幣。在此事被媒體曝光後，儘管引起了眾多的社會非議，然而牛津大學發言人也坦承，儘管牛津大學為學生提供超過一千項全額獎學金，然而不可能覆蓋所有學生，因此沒有取得獎學金的學生，可能會遭受籌集學費的困難。他們也歡迎通過群眾募資模式，發動社會力量，保證學生的學習機會。而事實上，對於艾米麗的學費籌集的捐助儘管是一個典型的群眾募資項目，但是眾多參與者收穫的僅僅是幫助艾米麗的成就感，而無法從中獲得真實的經濟價值，其公益性意味遠大於經濟性價值。這在很大程度上也代表著群眾募資與傳統的P2P籌資之間的區別。

儘管從經濟角度來看，群眾募資融資的投資回報並不高，但是在鼓勵創新、講求個性發展的歐美國家卻擁有著良好的創新土壤。社會對於任何有創意的經濟活動，乃至公益活動，都更有著更大的寬容性和熱情。特別是對於眾多文藝作品的愛好者而言，通過自己的支持，幫助自己喜歡的明星或者自己認為有潛質的文藝新人，推出高品質的文藝作品，從而獲得慧眼識英雄的成就感，以及與明星面對面的交流機會，也具有極大的成就感，因此，群眾募資模式仍然得到社會的極大追捧。

二〇〇八年，IndieGoGo的成立，更進一步深化了群眾募資模式在現代經濟中的應用，其口號「全世界的籌資平台，一切皆可籌資」也鮮明地代表著這種轉變。這一群眾募資平台上的籌資已經不再僅僅局限於更為高端大氣上檔次的創意項目，哪怕你想幫助生活困苦的朋友、給自己的學校足球隊購買球服，任何有資金需求的人，都可以在IndieGoGo上發起任何需要籌資的項目。無論是何等稀奇古怪的群眾募資項目都可以在IndieGoGo上發起，這也極大地提高了群眾募資的開放性和適應程度。而且眾多籌資者的群眾募資項目，也不再必須設置最低規模限制，即使達不到規定的規模，籌資者也能夠得到相應投資者的投資資金，只是必須向IndieGoGo群眾募資平台交納更多的手續費而已。正因為此，IndieGoGo上的很多群眾募資項目其實已經不再著眼於鼓勵創新，而更多基於慈善或者公益捐助，這也極大地改變了群眾募資的遊戲規則。

群眾募資在中國的發展

二〇一一年四月，「點名時間」的成立，代表著群眾募資這種新型的商業模式開始登陸中國。它延用國外的群眾募資模式，通過發起一些創意項目，如漫畫創作、攝影作品、文學創作、創意產品開發等，讓發起人可以在點名時間的平台上尋找到一些志同道合的粉絲。投資人不會在意發起人發起的創意項目是否能夠成功，更不期望從發起人的創意項目中獲得巨大的經濟利益，眾多的投資人更多地希望從投資中獲得參與一些創意作品的參與感與慧眼識英雄的成就感。

點名時間強調資金支持與獲取回報。一方面，投資人通過提供少量資金，參與發起人的創意活動，通過積少成多、聚沙成塔，實現對發起人的資金支持；另一方面，也要求項目發起人對眾多投資人提供相應的回報，當然所涉及的回報，往往並不是指股權、股份、投資分紅或者固定收益等經濟回報，而是以參與藝術作品或者獲得創意產品試用權的方式，獲得精神上的回報。

二〇一四年，中國最大的電子商務網站之一京東商城也上線了京東群眾募資，使得群眾募資新穎的互聯網金融模式開始為更多的中國投資者所關注。然而，即使如此，由於在通行模式下，投資人僅僅享受參與群眾募資創意項目成功的成就感，而難以從中直接獲取經濟利益，在社會主義市場經濟發展中日益強調經濟利潤的今天，群眾募資越來越難以贏得普通民眾的認可。

而與此同時，推動國外群眾募資發展的鼓勵創新、倡導個性發展的社會風氣，也並沒有在中國得到廣泛的認可，這也使得中國的群眾募資的發展一直處於叫好不叫座的小眾化發展狀態之中。在很多群眾募資網站中，即使得以成功籌資的群眾募資項目，絕大多數的融資額也僅在數萬元，甚至僅數千元，籌資額的有限又進一步制約了好的創意項目的產生。

作為中國互聯網金融的有力的力行者和推動者，馬雲的阿里巴巴在包括第三方支付、網路理財在內的互聯網金融多個領域都做出了很多卓有成效的嘗試。二〇一四年三月二十六日，阿里巴巴聯合國華人壽共同推出了「娛樂寶」理財與增值服務。首期的投資項目對接影視作品《小時代3》、《小時代4》、《狼圖騰》、《非法操作》和一款遊戲《魔範學院》，總投資額為七千三百萬元人民幣，用戶可以在手機淘寶客戶端預約購買娛樂寶，其中影視劇項目的投資額為一百元／份，遊戲項目的投資額為五十元／份，每個項目、每個投資人限購兩份。

阿里巴巴宣佈，娛樂寶對接國華人壽旗下的國華華瑞一號終身壽險A款，不保本也不保證收益。但是其預期年化收益率可以達到百分之七，投資人購買了娛樂寶產品後，不僅可以獲得其投資理財的收益，而且可以享受影視劇主創見面會、電影首映會、明星簽名照、劇組探班、明星見面等娛樂權益，而他們購買娛樂寶的資金又將被投入相應的文化產業的開發。正因為此，在廣告宣傳中，阿里巴巴公司把購買娛樂寶稱為「一百元能當製作人」、「一百元可以投資拍電影」。

在娛樂寶的宣傳與推廣之中，阿里巴巴公司還特別強調，這種模式並不是通行的群眾募資模式，畢竟在通行的群眾募資模式下，投資項目不能以股權或者收益作為對投資人的投資回報，項目的發起人也不能向支持者許諾任何資金上的收益，與能夠提供預期資金收益的娛樂寶這種保險理財產品有著本質上的區別。

然而，如果細分比較娛樂寶與支付寶等理財產品或者傳統的群眾募資模式，我們會發現，你很難直接把娛樂寶歸入網路理財或是群眾募資，它更像網路理財與群眾募資的一種對接，一方面汲取了群眾募資基於創新型投資項目，通過網路積少成多、籌集資金的便捷的優點，而另一方面，又通過直接的預期投資收益補償了群眾募資由於不能許諾回報而造成的投資吸引力不足、籌資規模不大的弊端。在缺乏慈善捐助和扶持創新土壤的中國，純粹的公益意義上的群眾募資項目始終叫好不叫座的發展經歷其實也提示了我們，像阿里巴巴的娛樂寶這樣的混搭式對接，也許才是更適合中國國情的群眾募資融資模式。

冰桶挑戰背後的群眾募資思維

值得特別指出的是，在二〇一四年暑期，風靡全球的「ALS冰桶挑戰」其實也是一種變種的群眾募資模式。在這次活動中，每一位參與者被要求在網路上發佈自己被一大桶冰水自頭澆下、淋濕全身的視頻，然後，該參與者可以點名要求其他參與者前來參加這一活動。活動規定，一旦被其他人點名挑戰，被邀請者要麼在二十四小時內接受挑戰，接受冰水澆頭的刺激，要麼就選擇為對抗「肌萎縮性脊髓側索硬化症」（Amyotrophic Lateral Sclerosis）捐出一百美元。

冰桶挑戰活動本來只是在美國的一些學校以及運動領域內小範圍流行。而當一名前美國職業橄欖球聯盟球員點名挑戰了微軟現任執行長納德拉後，這一活動很快延伸至科技領域，包括比爾・蓋茨、史蒂夫・鮑爾默（Steve Ballmer）、Facebook創始人祖克伯格、亞馬遜執行長貝佐斯、蘋果執行長庫克、谷歌聯合創始人賴利・佩吉等人很快都被捲入其中，並接受挑戰。

隨著冰桶挑戰的不斷發展，就連美國前總統小布希也接受了冰桶挑戰，甘願當著全世界人民的面，承受一桶冰水當頭淋下的囧境，而當現任美國總統歐巴馬宣佈選擇捐款而不是繼續冰桶挑戰的遊戲時，居然遭到美國媒體的一致批評。除此之外，俄羅斯總統普丁、馬英九等政要都因被其他冰桶挑戰者點名挑戰而捲入其中。

在冰桶挑戰傳入中國之初，也基本是在科技領域與文體娛樂圈內廣受歡迎。包括奇虎360執行長周鴻禕、騰訊執行長馬化騰、小米科技雷軍、百度李彥宏、劉德華、李連杰、趙薇、姚明等名人紛紛接受冰桶挑戰，並將其演變為一場全民娛樂遊戲。

事實上，想必很多朋友都關注過冰桶挑戰的新聞，也應該聽聞過對其的種種非議。儘管冰桶挑戰已經逐漸喪失了其產生時的初衷，而演化為一種全民狂歡的遊戲項目，然而，事實上，它在本質上仍然在於為「肌萎縮性脊髓側索硬化症」等罕見疾病捐款。對於病人而言，眾多名人接受冰桶挑戰，感受病人身體僵化的痛苦，固然很重要，但是更為重要的是希望引起全社會對於罕見疾病的關注和幫助。從這方面而言，沒有接受冰桶挑戰，卻選擇捐款的歐巴馬和馬英九所受到的媒體的批評是完全不公平的。畢竟比起那些僅僅把冰桶挑戰作為一場遊戲，而未捐一分錢的遊戲者，他們真金白銀的捐款對於病人的幫助更大。

儘管冰桶挑戰已經演化為一場遊戲，然而，從其基本的思想來看，它仍然是匯結眾多參與者的資金，為「肌萎縮性脊髓側索硬化症」病人籌集資金，其實質仍然是一個公益性十足的群眾募資項目。也許從這個群眾募資項目中，我們才可以真正地認識到，在網路的幫助之下，形成一種全民參與的氛圍，對於一個群眾募資項目的成功是如此的重要。而如果沒有網路的普及，沒有眾多國內外企業巨頭的踴躍參與，像冰桶挑戰這樣的簡單設計，要想在很短的時間之內風靡全球，幾乎是完全無法想像的。

CHAPTER 4

橫空出世：比特幣

從網路銀行到虛擬貨幣

產生於網路支付的虛擬貨幣

如果要問起，在網路時代什麼貨幣最吸引人的目光？答案既不是通行世界、領導全球經濟的美元，不是暢通歐洲、歷經歐債危機而始終屹立不倒的歐元，更不是生活中所熟悉的人民幣，而是一種沒有任何一個國家、不由任何一個國家貨幣發行當局所發行的虛擬貨幣——比特幣（Bitcoin）。

其實，自從網路誕生以來，類似電子貨幣和數位貨幣的提法就屢見諸網路。最早，很多人倡導通過網路進行貨幣資金的劃撥，乃至跨國流動，這也引起了網路銀行的興起與發展。隨著銀行的電子化、資訊化的推進，很多資金的跨國流動，只需要輕點滑鼠，僅僅通過網路就可以在銀行之間或者直接在用戶之間實現，而網路經濟最早的代表，第三方支付，其實也是源於這個思想。

然而，傳統的銀行之間通過網路銀行實現的資金劃轉，仍然需要通過銀行的交易平台，並支付給銀行一定的手續費來實現。在此過程中，資金在不同所有人之間的流動都是可以追溯的，這在很大程度上難以迎合網路經濟的便利性、免費性、私密性的遊戲規則。隨著第三方支付的興起，網路銀行也開始面臨著日益激烈的衝擊。

以支付寶為代表的第三方支付的興起，也體現了通過第三方支付的網路媒介，僅僅通過手機客戶端或者電腦客戶端，通過簡單的應用程式，或者手機APP，就可以輕鬆地進行資金的劃轉。而且為了吸引客戶，即使到了今天，很多第三方支付的網路付款、信用卡還款、生活服務繳費也仍然是免交手續費的，這更是極大地吸引了眾多網民群體，使得第三方支付公司輕鬆實現了營運規模的飛速擴張。

值得注意的是，無論是傳統的網路銀行，還是第三方支付，不同客戶之間流轉的主體，仍然是實實在在的貨幣，它的資金規模仍然是由每一個國家的貨幣發行當局所決定的。隨著自由的網路經濟的興起，很多網路企業開始尋求推出一些虛擬貨幣，在一定的應用層面上，用來替代真實貨幣的流通，以此擺脫對於傳統貨幣的依賴。

虛擬貨幣的產生

對於虛擬貨幣，想必很多老資格的網路玩家並不陌生。在像魔獸世界（WOW）這樣的大型網路遊戲中，很多玩家需要通過打工、挖礦等方式獲得在遊戲中通用的金幣，而這些金幣可以用來購買、升級玩家的遊戲裝備，增強遊戲角色的戰鬥能力。儘管推出魔獸世界的暴雪娛樂嚴格禁止玩家之間的金幣交易，然而，既然在WOW遊戲中金幣具有一定的應用價值，而且具有稀缺性，它也自然被附帶上一定的經濟價值，這些導致玩家之間WOW金幣的現金交易成為一項公開的秘密。

既然WOW遊戲金幣的數量是由遊戲公司自行確定而向眾多遊戲玩家發放的，而它也能夠代表用真實的金錢所代表的經濟價值，那麼遊戲公司如果向玩家公開發售遊戲金幣，豈不也為一項重要的盈利來源嗎？隨著更多的遊戲公司推出虛擬遊戲金幣產品，由遊戲公司直接向玩家發售遊戲金幣，更成為很多遊戲公司實現盈利的重要手段。

既然網路遊戲企業可以通過發行虛擬貨幣的方式，從客戶處獲得直接的經濟利益，那麼其他網路企業當然也可以採取相同的經營策略。此後，一些網路服務企業或者門戶網站公司，也紛紛殺入網路虛擬貨幣領域。百度公司的百度幣、新浪公司的微幣，特別是騰訊公司發行的Q幣，更已經成為網路經濟中眾多網民認可的貨幣財富。網民通過購買相應網路企業的貨幣，以此取得在網路經濟中的特定權利，或者用這種虛擬貨幣可以換取相應網路企業的增值服務，如騰訊的QQ秀、新浪讀書的閱讀權限等等。

隨著虛擬貨幣在現代網路經濟中的應用日益廣泛，虛擬貨幣所代表的經濟價值已經成為現代經濟所不容忽視的力量。由於在網路中各種虛擬貨幣可以替代現實貨幣用來購買相應的虛擬產品或服務，因此，這些虛擬貨幣在本質上與現實貨幣並沒有差別。從某種程度來說，一旦某些網路企業出於追求利潤考慮，持續增加自己企業的虛擬貨幣的投放量，那麼相應的虛擬貨幣所代表的經濟價值就會持續擴張，在引起虛擬貨幣實際經濟價值降低，也就是虛擬貨幣的通貨膨脹的同時，也使得實際經濟中的貨幣流通量增加，在很大程度上，也會極大地衝擊現實經濟的貨幣流通與發行。

更令很多學者擔憂的是，如果不同網路企業之間形成了統一的市場，不同的虛擬貨幣可以按確定的兌換比率實現互通互兌，甚至像歐盟統一歐洲各國的貨幣一樣，在不同的網路企業之間形成統一的虛擬貨幣，這種統一的虛擬貨幣可以在整個網路經濟之中進行流通、交換，其實就是扮演著真實的貨幣的角色。然而，它們的發行卻是由多個單獨的網路企業執行的，不受各國貨幣管理當局的約束，由此帶來的虛擬貨幣從虛擬世界向現實世界的滲透與衝擊，將是每一個國家的貨幣管理當局所不敢想像的。因此，如何規範、管理網路虛擬貨幣的發行與流通早已成為包括中國在內的很多國家金融監管部門長期以來思考的現實問題。

二〇〇八年十月二十九日，中國國家稅務總局發佈《關於個人通過網路買賣虛擬貨幣取得收入徵收個人所得稅問題的批覆》，規定自次日起，網路玩家通過網路收購他人的虛擬貨幣，再加價後向他人出售取得的收入，也應該被納入個人應稅所得額，必須按照財產轉讓所得項目計算繳納個人所得稅，其稅率被固定為百分之二十。這也揭開了中國政府相關部門關注網路虛擬貨幣並加強管制的序幕。

二〇〇九年六月二十八日，中國文化部、商務部聯合下發《關於加強網路遊戲虛擬貨幣管理工作的通知》，明確虛擬貨幣表現為網路遊戲的預付充值卡、預付金額或點數等形式，但不包括遊戲活動中獲得的遊戲道具，虛擬貨幣不得用於支付、購買實物產品或兌換其他企業的任何產品和服務。並特別強調各地應按照公安部、文化部下達的《關於規範網路遊戲經營秩序查禁利用網路遊戲賭博的通知》，配合公安機關從嚴整治帶有賭博色彩的網路遊戲，嚴厲打擊利用網路遊戲虛擬貨幣從事賭博的違法犯罪行為。

一系列強有力的政策規定的出爐，使得虛擬貨幣在中國的發行與流通變得更加規範，涉及網路虛擬貨幣的違法犯罪受到查處，網路虛擬貨幣對於真實經濟的衝擊被有效地限制在可控制的範圍之內。

看不懂的比特幣

比特幣的橫空出世

很多人沒有想到，二〇一三年歐債危機肆虐全球經濟之時，一種很多人聞所未聞的網路虛擬貨幣——比特幣，卻利用歐元、美元等國際關鍵貨幣在危機中信用受損的契機橫空出世，價格扶搖直上，更成為包括中國大媽在內的很多國際投資者所追捧的目標。

儘管二〇一三年以來，各大媒體上鋪天蓋地地充斥著關於比特幣的新聞報導，但是可能還有很多人都不瞭解比特幣到底是種什麼樣的貨幣。它是如何產生、如何流通的？它的價值又是由什麼來決定的？

二〇〇八年十一月一日，一個自稱中本聰的人在metzdowd.com的密碼學討論組上發佈了一篇題為〈比特幣：一個點對點的電子現金體系〉的論文，提出可以建立一個基於密碼學原理，而不是基於信用，使得任何達成一致的雙方都能夠直接進行支付，從而不需要第三方中介的參與的電子支付體系。他認為通過應用密碼學原理和P2P思想，可以完美地解決數位貨幣的防偽造和防重複支付的問題，以此建立起一個繞過銀行體系的數位貨幣流通體系。

二〇〇九年一月三日，中本聰在網路上發佈了第一版比特幣客戶端，並創造了第一批五十枚比特幣，這也成為比特幣進入網路流通的起源。特別是按中本聰所設計的比特幣的流通規則，「對每個區塊的第一筆交易進行特殊化處理，該交易產生一定數量的、歸該區塊創造者（也就是第一個對交易進行成功驗證的人）擁有的電子貨幣」，這其實就是在已有的比特幣交易過程中，創造並產生新的電子貨幣。從這個方面來看，現代全球經濟中所流通的所有比特幣其實都來源於這最早的五十枚比特幣的流通與交易。

比特幣的運作原理

比特幣是一種沒有物理形態的虛擬貨幣，或者說加密貨幣。它通常被匿名收藏在一個包含著若干個收款地址的電子錢包之中。這些電子錢包可以自動生成多個收款地址，而每一個收款地址則是由一串包含了三十三個字節的字母或者數字的加密密碼字符構成。

比特幣還是一種無需第三方介入的、防偽造、防重複支付的數位貨幣體系。在每一次比特幣的交易中，比特幣將通過點對點的網際網路，從一個電子錢包發向另一個電子錢包，並在比特幣代碼中註冊記錄錢包之間的經濟交易。準確地說，比特幣體系都將追溯參與交易的每一枚比特幣的來源，一直追蹤到每一個貨幣被創造出來的時刻，每進行一筆交易都會再多記錄一次比特幣的流通訊息，並在點對點的網路上進行廣播，使得整個網路空間中每一台使用比特幣的電腦都能夠獲得所有比特幣的流通資訊。在任何時間，只要通過電腦網路的電子交易紀錄，我們就可以明確地界定每一個比特幣的所有者，以避免可能出現比特幣的所有權爭議。

即使有人能夠從功能上仿造出假的比特幣，然而由於不可能在網路上偽造出這些虛假的比特幣自產生到交易過程中的所有交易紀錄，無法通過網路的驗證，那麼就很容易被判斷出偽造，這也就從根源上杜絕了偽造比特幣的可能性，保證了比特幣交易的安全性。

從另一個方面來看，正因為每一次比特幣的交易都需要向整個網路廣播其具體的交易內容，如果出現了在傳統的電子商務交易或第三方支付中經常出現的重複支付，那就意味著重複支付的交易需要向網路多次廣播同一枚比特幣的交易，通過追溯比特幣此前的所有經濟交易，形成了多條包含有相應比特幣交易資訊的區塊鏈。而比特幣的流通規則只會默認最長的一條區塊鏈才是真正確定有效的經濟交易，而其他區塊鏈由於包含的資訊量不足，區塊鏈更短，就被比特幣交易體系自動識別為無效交易而廢棄。這樣，無論一枚比特幣被重新交易了幾次，向網路廣播了幾次交易資訊，其中只能有一筆交易被確認有效，這也就有效地解決了重新交易的問題。

正是因為每一筆比特幣的交易都必須向整個網路廣播其交易資訊，並把所有比特幣的歷史交易紀錄都以網路資訊的方式保存於廣袤的網路之中，這就意味著把整個比特幣的發行與流通都交給了全體網路成員。偽造比特幣或者採取虛假交易，就意味著必須修改整個比特幣流通體系中的每一枚比特幣的交易資訊，這更意味著是個人對抗整個網路所有比特幣用戶，哪怕你擁有更為精巧的資訊科技，但是以個人之力對抗整個網路所有用戶，也是螳臂擋車，無濟於事。這恰恰是比特幣交易的最為突出的特點，保證了比特幣成為依賴於整個網路經濟卻無需第三方監管的最為安全的電子支付貨幣。

可能很多人看新聞時也注意到，通常的比特幣交易並不依照整數數量進行，比特幣可以被分拆為極為微小的交易單位。理論上，最小的比特幣交易單位可以達到一億分之一枚比特幣。那麼，即使是在比特幣價格飆漲的二〇一三年和二〇一四年，哪怕一些極為微小的經濟交易，仍然可以通過比特幣的交易來實現。

在實際操作中，在比特幣交易過程中，整個網路上的用戶的電腦都可利用自己的CPU運算能力，運作特別的軟體參與交易的比特幣的驗證工作。在驗證過程中，會隨著交易的出現而引出網路中的區塊鏈，隨著交易在區塊鏈中的驗證完成，最早完成驗證工作的電腦所有者將獲得五十枚比特幣的獎勵，也就是從比特幣的交易中創造出新的比特幣。然而，隨著交易的增多、區塊鏈的不斷延長、參與驗證的電腦硬體系統的增加，通過驗證交易的方式獲得比特幣會變得更加困難。

在比特幣交易驗證的過程中，一些網民通過具有強大計算能力的電腦，利用所謂的挖礦軟體，參與到網路中現有比特幣交易的驗證過程，從而可以創造出屬於自己的新的比特幣。這個過程也就被眾多比特幣玩家戲稱為挖礦，而參與挖礦的眾多比特幣玩家也就自然成為所謂的礦工。他們所挖的不再是傳統的自然資源，而是以電子代碼方式存在的新的比特幣。

也許有人會懷疑，既然在比特幣的交易過程中會自然地創造出新的比特幣，那麼是不是意味著比特幣的流通規模將能夠無限增長？可以想像，如果比特幣的規模真的如大家所想像的那樣可以永遠增長下去，那麼，比特幣也就不會引起整個網路世界的關注，更不可能保持現實生活中那麼高的經濟價值了。

為了防止比特幣像很多現實生活中的貨幣一樣，出現普遍的通貨膨脹，中本聰在設計比特幣的時候，把它的發行規模設計為一千萬枚。儘管在比特幣的交易驗證過程中會自然產生新的比特幣，從而產生一種滾雪球效應，導致比特幣規模的增長，然而，在比特幣算法中特別規定，每四年產生的比特幣的數值會減半，這將導致比特幣的規模不可能持續增長下去，而最終趨近於兩千一百萬枚的最終規模。

比特幣的特殊算法，導致在比特幣推出早期，驗證過程中新創比特幣的能力較強，而參與挖礦的礦工又比較少，這也導致挖礦相對簡單。比特幣的早期玩家哈爾‧芬尼在幾周內就可以輕鬆地挖到數千枚比特幣。然而，隨著比特幣的創造進入半衰週期，特別是越來越多的比特幣玩家看中比特幣的價值，投入挖礦工作，哪怕是不斷更新，投入最先進、最具高超算法的礦機，現代比特幣市場中最先進的礦機，一天也很難挖到半枚比特幣。

據統計，即使在比特幣異常火爆的今天，目前被挖掘出來的比特幣的總規模也只有一千萬枚，僅為理論規模的一半，而兩千一百萬枚的最終規模，預期將在二一四〇年達到，這已經是非常遙遠的未來了。

火爆的比特幣市場

比特幣的流通

比特幣在誕生以後相當長一段時間內，只是在密碼學研究的圈子內作為一種高端玩具而私下流傳。直到二〇一〇年五月的一次具有歷史意義的交易，美國佛羅里達州的程式設計師拉斯洛・漢耶茲把一萬枚比特幣發給了英國的一名愛好者，作為交換，這名愛好者用自己的信用卡為他從一家披薩零售店購買了兩個披薩，比特幣才第一次與實物交換聯繫起來。當然，在現代人看來，這只是兩個電腦愛好者之間為了交換某種虛擬的計算機代碼而進行的一次小的交換而已，但這卻是比特幣第一次與實物價值聯繫起來。當然，考慮到僅僅四年後，比特幣的價格已經被炒到每枚超過一千美元，漢耶茲先生的這兩個披薩的價格的確是相當昂貴的。

二〇一一年春天，著名的財經雜誌《富比士》對於比特幣的介紹，使得很多普普通通的民眾也開始第一次聽說了比特幣這種神奇的虛擬貨幣。此後，在眾多愛好者之間的交易市場上，比特幣的交易價格開始一路走高。而二〇一一年六月一日科技網站Gawker對比特幣的介紹，更是使其價格在短短一周內飆升三倍。

危機之中瘋狂的比特幣

二〇一三年初，歐債危機再度激化，作為本次危機的中心的塞浦路斯甚至選擇對儲戶存在銀行的存款進行徵稅，千千萬萬的人才真實地感受到，原來他們所長期信賴的真實存在的金融體系並不能保證自己資產的安全，哪怕是一直以來被認為最安全的存入銀行的資金，也可能不再屬於自己，無論是美元還是歐元的價值都會受困於危機中各國金融機構的量化寬鬆的貨幣政策或者說銀行緊急注資計劃。當他們對自己資產的安全性產生懷疑時，比特幣以其無可比擬的安全性開始贏得更多投資者的心。當人們把資金以比特幣的方式存放時，他們將不用再擔心自己的資產會因政府發行的鈔票過多而貶值，不用再擔心政府凍結自己的帳戶，更不用擔心政府將自己辛辛苦苦積攢的資產充公沒收。

二〇一三年初，比特幣的價格僅僅是區區十三美元，也正是自塞浦路斯債務危機開始，從二〇一三年三月下旬至四月十日，僅僅三周時間，比特幣的價格就從六十五美元／枚，直接飆升至兩百六十六美元／枚，增幅超過百分之三百。更令人難以想像的是，就在二〇一三年四月十日這天，比特幣的市場價格卻突然逆轉，從前一天的兩百六十六美元／枚，斷崖跳水般地跌至一百零五美元／枚，一天的跌幅超過百分之六十。一周內，比特幣的價格又一度跌至五十美元／枚，並長期在一百美元／枚的水準上波動。

二〇一三年四月至五月，伴隨著比特幣的市場行情的逐步展開，Coinbase，BitPay，Coinsetter等多家比特幣服務公司紛紛獲得巨額的風險投資，後市新一輪比特幣行情呼之欲出。特別是二〇一三年六月與八月，比特幣相繼被德國財政部和美國德州法院認可為一種合法的貨幣單位，進一步催生了比特幣的投資熱潮。

二〇一三年七月，比特幣又重啟一輪新的漲勢，在極短的時間內，價格又從兩百美元直漲至四百美元。而到了二〇一三年十一月十日，在中國的一些比特幣交易平台上，比特幣的價格一度達到六千九百八十九元人民幣／枚的歷史高價，比特幣的瘋狂也到達了頂峰。此後的十一月二十八日，在國際交易市場中，比特幣的價格跌破了一千美元，比特幣的市場價格的振盪使得無數交易者為之而瘋狂。

由於媒體的大肆宣傳，在二〇一三年出盡鋒頭的中國大媽也毫不猶豫且毅然決然地殺入了比特幣的交易市場中。在沒有搞清楚比特幣是什麼東西，更不明白比特幣的價格是如何構成的情況下，眾多財大氣粗的中國大媽就果斷地殺入比特幣的交易市場，紛紛出手購買比特幣。這也導致在二〇一三年下半年，在淘寶等中國網路交易平台中，比特幣早已取代傳統的商品，而成為關注最多、交易金額最大、也最受交易者歡迎的商品之一。

然而進入二〇一四年以來，比特幣的熱潮早已風光不再。不但價格大多維持在五六百美元，根本無法再保持在一千美元以上的高位，更為引人關注的是一場場比特幣偷盜新聞一次又一次地拷打著比特幣的交易機制，比特幣也深深地陷入了一場安全危機。

比特幣交易背後的貨幣理論

貨幣事實上就是一種充當交易媒介的價值標準。在遙遠的古代，由於經濟發展水準的限制，社會經濟對於貨幣的需求數量並不大，因此，充當貨幣的往往是具有真實經濟價值的物品，比如貝殼、明珠、鹽巴等等。伴隨著現代經濟的發展，價值相對固定、物理形態容易分割的金屬最終戰勝了其他一度充當貨幣的物品，而在世界各地都成為貨幣的首要選擇。

早期貨幣的價值往往由其所包含的金屬貨幣的重量所決定，這也是我們在古裝影視劇中看到一兩銀子的銀錠往往恰恰就重一兩的原因。在交易的時候，只要用秤稱一下金屬貨幣的重量，雙方就可以確定金屬貨幣的價值，達成交易。隨著經濟的發展，即使最大限度地增加金銀等礦藏的開採量，也無法滿足社會財富的極大增長對於貨幣需求的增長，因此，不足值的金屬貨幣開始產生。

在金屬貨幣還是足值貨幣的時期，貨幣的價值完全由鑄造它的金屬的價值所決定，因此到底由誰來承擔鑄造貨幣的職能並不重要。但是，隨著不足值貨幣取代足值貨幣，金屬貨幣所代表的經濟價值與它自然的實際價值之間就出現了明顯的背離，這就是經濟學上通常所說的鑄幣稅。如果還可以允許民眾隨意地鑄造貨幣，那麼出於追求鑄幣稅的考慮，鑄造者總會持續擴大自己的貨幣鑄造規模，直到貨幣所代表的價值又重新等同於其實際價值，再度保證貨幣回歸於足值貨幣，這又違背了不足值貨幣產生的初衷。因此，在不足值貨幣時期，每一個國家都開始利用自己的政府的強制力，壟斷貨幣的發行權，保證鑄造或者發行貨幣的權力總是掌握在政府之手。從金屬貨幣發展到更沒有經濟價值的紙幣，這樣的遊戲規則始終在貨幣的發行與流通中通行。

然而，伴隨著比特幣的誕生，傳統的貨幣發行與流通的規則被徹底打破。作為一種計算機代碼，從類型上來看，比特幣與傳統的貨幣形態是八竿子也打不著的關係，它沒有具體的物理形態，沒有統一的發行單位，甚至沒有作為貨幣最基本的屬性——經濟價值。從貨幣的產生來看，從最早的貝殼、金屬，再到最後的紙幣，貨幣總是一種固定充當交易媒介的特殊商品。既然是商品的一種，它就自然會擁有一定的經濟價值。然而，在今天的比特幣身上，我們看不出任何應用價值或經濟價值，然而，它卻能夠得到全世界的認可，而被認為是最有可能取代現實貨幣的未來貨幣形態。如果沿用現有的貨幣經濟理論，我們是很難理解互聯網金融對於貨幣的這種衝擊力量的。

然而，長期以來，被政府所壟斷發行的貨幣卻並不像眾多學者所想像的那樣穩定。由於在現代社會中，每一個國家的政府總有利用貨幣發行的權力，執行一定的貨幣政策，維持本國經濟穩定運作的內在需要，因此，哪怕自詡為經濟自由主義國家的美國，在面臨次貸危機的衝擊時，也會選擇連續四輪的量化寬鬆的貨幣政策，向實體經濟注入貨幣，刺激經濟的發展。而新世紀以來，非洲的傳統經濟強國辛巴威陷入惡性通貨膨脹的事實，更再一次警醒人們警惕政府的過度貨幣擴張。畢竟像辛巴威這樣發行出一百億面值的鈔票，卻連一個小小的麵包也不能換取的現實，是任何一個國家、任何一個人都不願意面對的噩夢。

哪怕貨幣主義者倡導政府制定嚴格的貨幣法，按照固定不變的貨幣增長率維持貨幣數量的穩定，這樣的設想也很難適應國民經濟的發展需要而被各國政府所接受。這也就決定了，只要是由人所決定的貨幣發行，被政府壟斷發行的結果，就只會是貨幣發行的不斷增加和貨幣價值的不足及縮水。

一九七六年，著名的奧地利學派學者海耶克（Friedrich von Hayek）在他所出版的《貨幣的非國家化》一書中，開始打破貨幣就應該由政府壟斷發行的傳統觀點，倡導允許私人銀行競爭性地在各國貨幣流通市場中發行貨幣。在市場競爭機制下，價值相對穩定的貨幣將淘汰其他價值不穩定的貨幣，從而通過優勝劣汰機制，保證最為高效的貨幣才能在市場流通中得到最多的民眾的認可，以此保證貨幣價值的穩定。這其實就為比特幣的誕生奠定了最為根本的理論基礎。

比特幣的成功奧秘

從某種意義來說，比特幣之所以能夠得到市場如此的重視，很大原因就在於它特殊的設計，它去中心化的設計思想保證了比特幣的流通數量不再受任何一個國家的貨幣管理當局的政策干預，而通過一種自平衡的機制，自發地調節比特幣的流通規模。兩千一百萬枚的理論上的發行總量上限更是保證了它的價值的相對穩定，絕對不可能會由於新的比特幣的持續出現，而導致比特幣的購買力下降，從而給持有比特幣的所有人帶來損失。相反，絕對的流通上限，更是使得很多投資者產生持有比特幣、待價而沽的想法，這反而更進一步推高了比特幣的市場價格。

實際上，比特幣也好，紙幣也好，它們都只是一種被民眾認可的交換媒介，無論它們有無真實的經濟價值，也無論它們的真實價值為多高，它們在實際流通過程中所扮演的，只是眾多民眾所認可的一種心理價值。這種價值更多地來源於民眾對它們的心理預期，或者說民眾對於這些貨幣能夠保證貨幣購買力穩定的信心。當民眾喪失這種信心時，這些貨幣將會變成不名一文的廢物，辛巴威幣以及其他所有曾經遭遇過惡性通貨膨脹的貨幣的經歷都已經向我們充份地證明了這一點。

從上述意義來說，在傳統機制之下，民眾對於貨幣的信心，來源於對發行這些貨幣的政府的信心，也是源於對政府保證這些貨幣價值穩定的信心。而在比特幣的流通機制下，民眾對於比特幣的價值的信心就是對於其自身機制的信心，是對於其兩千一百萬枚的流通上限的信心。

對於比特幣的價值的認可，正如我們看到的像畢卡索、梵谷等畫家的作品的價格在現代藝術品市場中始終居高不下，其原因就在於存世量的有限。而對於一些仍然在世的藝術家，由於他還在世，他的藝術作品仍然有持續增加的可能性，即使他的作品的藝術造詣極高，對於其作品的定價，也不可能達到像畢卡索等已逝世的藝術家的水準。如果某一名電腦達人能夠從源文件中破譯比特幣的奧秘，並且能夠使得自己源源不斷地創造新的比特幣，那麼比特幣的市場價值自然也就無法維持了。

從上述分析來看，比特幣與任何一個存在著絕對的數量限制的商品一樣，它們都可以像古代的金銀一樣充當我們在經濟生活中的交換媒介與價值尺度，它們的價值都只是源於它們本身的稀缺性而已。

當然，除了比特幣之外，我們也見證了諸如萊特幣、夸克幣、澤塔幣等多種不同類型的數位貨幣。然而，真正能夠挑戰傳統貨幣的壟斷地位的，卻只有比特幣，這也源於比特幣自身所特有的一些屬性。例如，幾乎可以無限分拆到一億分之一單位比特幣，這方便了很多小額交易的進行；交易的匿名性幾乎無法被政府所監管，這鼓勵了比特幣在很多黑市交易如洗錢、賭博等非法交易中的廣泛應用；完全依賴P2P網路，這從根源上杜絕了偽造的可能性，更保證了比特幣跨國流通的便捷和低成本。這些優點都是吸引民眾選擇使用比特幣的重要原因。

當然，比特幣的營運固然是安全的，但是現有的比特幣交易平台，卻極容易受到駭客的進攻，從而使市場中的交易蒙受巨大的損失，特別是自二〇一四年以來，連續爆出的幾起比特幣盜竊事件，更給眾多比特幣愛好者敲響了警鐘。如何保證比特幣在現代網路經濟中扮演起更為重要的角色，這不僅需要眾多交易者的努力，也需要各國政府從制度上進一步完善數位貨幣在互聯網金融中的作用的發揮。

在現代網路經濟的迅猛發展中克服了現有交易過程中的一些不安全、不穩定因素，以及有效抑制了比特幣在非法經濟中的應用之後，比特幣必將迎來更為光明的發展前程。

Part 2

亦敵亦友：互聯網金融中的金融機構與網路企業

互聯網金融絕不是像從石頭裡蹦出來的孫悟空一樣，可以憑空產生，它必須強烈地依賴於現代科學技術，特別是資訊科技與無線通信技術的極大發展。它從技術上改變了現代經濟的運作規則，也創造了民眾新的需求。然而，無論是以銀行、證券公司和基金公司為代表的傳統的金融機構，還是一般意義上的網路企業，都無法完全依靠自身的力量去滿足民眾的新需求，只有在不斷的合作與競爭中，才形成了今天我們所看到的互聯網金融的新格局。

在金融業的發展歷史中，以銀行為代表的傳統金融機構適應了機械化大量生產的生產需要，從而得以產生與發展。然而網路經濟的興起，使得很多草根階層得以崛起，這些被傳統金融機構所長期忽視的廣大群體，藉助網路的力量，實現了力的疊加，成為一支不容忽視的力量，他們也將成為傳統金融機構在網路時代開始關注的新群體。

另一方面，隨著現代資訊科技的發展，金融機構也擺脫了算盤和帳本的傳統營運模式，電腦技術開始在金融行業中廣泛應用，特別是運用一些電腦工具實現了金融機構不同業務活動的整合集成，更進一步推動了傳統金融機構的觸網，網路化已經成為現代經濟中金融機構的不二選擇。

與之相對，作為技術派代表的網路企業固然推動了現代網路經濟的發展，從本質上改變了現代經濟的運作規律，但是由於缺乏專業金融素質，它們更多選擇通過與金融機構合作進入互聯網金融領域的方式。而它們的興起又對傳統金融機構的業務產生了巨大的衝擊，反而引起曾經的合作夥伴即金融機構走向了網路企業的對立面，形成了激烈的市場鬥爭和爭論。

恰恰是藉助於傳統金融機構與現代網路企業在現代網路經濟中的協作與鬥爭，才最終形成了現代意義上的互聯網金融。

CHAPTER

5

網路淘金：金融機構的網路化

從錢莊到銀行

錢莊——傳統意義上的銀行的產生

不知道有多少朋友參觀過山西平遙古城的票號、錢莊，它簡直是中國金融業發展史的一個承載者。當然，包括看過諸如《喬家大院》、《白銀帝國》等反映票號、錢莊的古裝影視作品的很多朋友，都會對古代的錢莊或者說最為原始狀態的銀行的營運方式有一個粗淺的認識。

在僅僅一二百年前的中國，當時的中國人還在使用白銀作為流通貨幣，人們如果要選擇跨越廣袤的中華大地去異地做生意，就可能需要攜帶極為沉重的白銀踏上旅途，不方便且不說，如果遇上梁山好漢之類的綠林人士，不僅錢財難保，可能連自己的生命都難以保證。如何廉價、安全地遠途攜帶錢財，已經成為困擾很多當時的商人的頭號難題了。

精明的山西商人敏銳地發現了巨大的商機，他們開始在中華大地的各大商業城市建立票號、錢莊。當很多生意人拿著沉重的黃金、白銀來到錢莊時，他們會給這些生意人開出具有票號獨有標誌的銀票。比如，當一個人在一個錢莊的北京分號存入了一萬兩白花花的雪花銀，就拿到了一張代表一萬兩銀子的銀票。如果他選擇去廣州做生意，這下就不用推著一車的銀子踏上漫長的南下之路，而只需要帶一張紙，這種紙質的銀票可以夾在書裡，塞在鞋底，或者放在任何一個別人想不到的地方。這樣，擁有一萬兩銀子的這位有錢人，就可以不顯山不露水地把巨額財富帶到遙遠的廣州了。到了廣州後，他再拿出銀票，到他存入白銀的錢莊的廣州分號，就又可以取出那一萬兩屬於自己的白銀了。當然，按當時的錢莊的運作規則，因為錢莊為客戶提供了遠途匯款的服務，它就必須從這一萬兩銀子中抽取一定比例的匯水，作為錢莊自身的收益。

當然，現代的銀行存款除了有類似銀票或者現代的存摺、銀行卡之類的存款憑證外，還擁有密碼，在古代可只有銀票一樣憑證，如果銀票被偷了，那麼豈不意味著銀票代表的財富也就丟了？放心，古代的錢莊經營者沒有那麼傻。他們交給客戶的銀票儘管標有錢莊的標誌，但是其他的資訊，比如客戶的名稱、銀票的價值都是用密碼寫的。如果不熟悉錢莊特有的密碼，外行人就是撿到了銀票，他也僅僅知道這是某某錢莊的銀票，可是其他所有的資訊都不知道，如果他敢去冒領，那麼錢莊隨便一問，他就肯定會露餡，銀票所代表的財富也就不會那麼容易被冒領。這就是古代的錢莊最為原始的保護客戶帳戶安全的方法，它的效果不亞於現代銀行所推出的網銀U盾。

當然，在客戶的銀子跨地支取的過程中，其實錢莊並不需要真的把客戶的銀子從一個城市轉運到另一個城市。畢竟，可能有客戶從北京存入銀子，從廣州支取，也有可能會有客戶從廣州存入，從北京支取。當然，並不一定就只有這兩個城市，也許這家錢莊在十幾個城市都擁有分號，那麼可能在不同分號存入的銀子和支取的銀子都差不多，所以只要錢莊在各個分號都擁有一定的自有資金，那麼除非有特殊情況，基本上各個城市的分號存取銀子的數量是相當的，也就用不著真的把白銀從一個城市的分號轉到另一個城市的分號。

最早的時候，錢莊只是經營銀子的跨地支取，賺取少量的匯水，但是錢莊慢慢就發現，並不是所有客戶都會很快過來提取本來就屬於自己的銀子，而只是選擇把銀子暫時安全地存放在錢莊的金庫之中，在自己需要的時候才支取銀票。既然隨時都有大量的白銀沉澱在銀莊的金庫之中，那麼錢莊就可以把一部份銀子拿出去放貸，再為自己換得一部份放貸的利息。由此，現代銀行中最為常見的存貸款業務就產生了。

然而，很多人也知道就在一百多年以前，當八國聯軍進入中國時，所有人都恨不得拿著自己的財產跑得越遠越好，大家都跑到錢莊想拿回屬於自己的錢。當所有人都到錢莊提錢時，錢莊才發現，它們已經把一部份本來屬於客戶的錢放貸出去了。它們沒有足夠的錢來應付所有儲戶的提現要求，於是中國傳統銀行的一次夢魘降臨了，幾乎所有的山西票號、錢莊，都在一夜之間因被客戶擠兌而破產，銀行業的經營安全開始第一次為眾人所關注。

現代銀行制度的建立

錢莊和銀票是很多人所沒有想到的中國的又一偉大發明。早在北宋時期，在中國四川流通的交子，就是人類歷史上最早的紙幣，也正是從宋朝以後，錢莊和銀票等原始的金融形態開始在中國形成並逐漸被廣泛使用。正是通過對中國的侵略，外國人也逐漸掌握了中國錢莊的營運模式，銀行也開始在西方國家普遍建立。當然，在很長一段時間，西方的銀行也和中國的錢莊一樣，都是由個人出資設立的，維持銀行的營運安全的也只能是創建者自己的自有財產。當一九二八年席捲西方世界的大蕭條到來之際，西方國家也出現了普遍的擠兌，大量的銀行破產倒閉，西方早期的金融業的發展也面臨著生死存亡的關鍵時期。

為了拯救處於危機中的銀行業，美國羅斯福總統推出了兩條極為重要的金融政策。首先，之所以有那麼多私人所有制的銀行處於破產的邊緣，就是因為它們過多地把吸收進來的資金都發放貸款了。羅斯福總統因此特別規定了銀行的法定存款準備金率，也就是說，銀行吸收進存款之後，必須把法律規定比例的資金存放在中央銀行，以備儲戶過來提現。在此之前，銀行可以自己決定留下多少存款來應對提現需要。在追求利潤的前提下，銀行當然希望把更多的資金以貸款的形式發放出去，以賺得更多的貸款利息。現在不行了，美國聯準會，也就是美國的央行，現在規定了銀行留存的存款比例的最低下限。這也就最大限度地保證了銀行營運的安全性。銀行必須向央行交納一定比例的存款準備金，從此也就成為全球銀行通行的共同規則了。

其次，銀行之所以遇到嚴重的擠兌，原因就在於儲戶對銀行不放心，擔心銀行倒閉之後自己存在銀行的錢會打了水漂，所以一旦社會上有哪個銀行破產了，陷入困境了，大家就擔心自己的銀行也會有問題，就乾脆也跑去提自己的存款。可是當所有人都想提取銀行的存款時，哪家銀行都應對不了，肯定也就剩下倒閉一條路了。於是羅斯福總統創造性地設立了聯邦存款保險公司，告訴大家，放心，就算是銀行破產了、倒閉了，你們的存款也不會就這樣沒了，保險公司會賠你們錢的。於是大家都放心了，既然有保險公司替我們做主，我們就不用著急去銀行提錢了，因此銀行的運作也就更穩定了。

可以說，正是從大蕭條後美國的金融業改革開始，我們現代意義上的銀行體系和銀行營運方式才最終得以建立。而作為銀行的故鄉——中國也自洋務運動以後逐漸引入了西化了的銀行體系，中國的銀行業也開始了新的發展。

銀行業的傳統業務內涵

銀行的業務類型

可能一些年齡稍大的人還記得，現代我們所看到的中國的銀行業的發展與二三十年前的中國銀行業發展相比，已經有了翻天覆地的變化。然而，與之相對，可能很多人不願意承認的事實卻是，直到二十世紀八〇年代末，中國的銀行業的發展與一百多年前的錢莊、票號時期，並沒有本質上的差別。

也許馬上就有人跳出來反駁我，不可能啊，在一百多年前的錢莊、票號時期，所有的錢莊、票號都是由個人開設的，是以一種相對自由放任的形勢自然發展。而至少在二十世紀八〇年代，我們所看到的銀行，可都是國有銀行，都是由我們國家、政府所設立的，這些銀行的經營當然不會像純粹的私有企業那樣，完全地追逐利潤，而會以一定的政府政策目標為基礎。而且，從信譽上看，老百姓當然也會更信賴擁有國家背景的國有銀行，而不是個人營運的私人錢莊，這樣看來，它們二者似乎應該是有本質的區別的。

的確，如果仔細研究中國早期的銀行業的發展，我們會發現，它們在經營業務內容和營運方式方面，與傳統的錢莊的確有很大的區別。作為社會主義國家，在建立以後很長一段時間，我們其實是沒有真正意義上的銀行的。只是由央行，也就是中國人民銀行向社會提供少量的存貸款業務，也就是由央行同時兼任中央銀行和商業銀行的雙重職能，這也就造成了中國的金融機構的職能錯位。而央行既當運動員，又當裁判員的制度設計，更是極大地影響了中國金融業的發展。

直到改革開放後，才從中國人民銀行的商業銀行業務之中分拆出一些職能，組建了現在所熟悉的四大國有銀行，因此，儘管現代已經貴為全球規模最大的銀行，但是生活中的這幾個巨無霸國有銀行的發展歷史，卻並不像很多人想像的那麼久遠。

正是由於直到二十世紀八〇年代中期才陸續組建，中國的這幾大銀行在建立之初的業務內容並不是特別清晰，並不是像在組建之初所設想的那樣，比如中國銀行只管對外經貿活動的資金的結算與外匯的兌換，中國農業銀行則主要負責農業或農村地區的建設資金支持等等，而是不同銀行的業務內容有著極大的相似和交叉。由於不知道自己的銀行應該做什麼，又到底應該怎麼做，很多銀行只能按照老思想，也就是最為傳統的錢莊、票號式的營運模式，推動著自己的業務選擇。

可能很多人都還記得，在很長一段時間內，我們記憶中的銀行似乎就是簡單地執行吸收存款、發放貸款的業務，存貸款的利差也成為中國各大銀行的營運利潤的核心組成部份。要知道，隨著第二次世界大戰以後國際金融的飛速發展，我們所熟悉的存貸款業務在西方銀行體系中的地位已經極大地降低了，而相關的理財、信託、資本營運等銀行表外業務的利潤早已超過了傳統的存貸款利差。而至少在二十世紀九〇年代，中國的銀行業至少九成以上的利潤，仍然是來源於最沒有技術含量、也最為簡單的存貸款業務。這一點和錢莊、票號時代的原始金融機構並沒有本質上的區別。

通過前文的介紹，我們知道，錢莊和票號的一個重要的利潤來源是遠途的資金匯付的匯水。而在很長一段時間內，中國由於割資本主義尾巴，嚴厲打擊市場經濟活動，這也導致中國不同經濟主體的資金往來並不頻繁，上述的資金跨地轉移的規模和頻率都並不高。但是，在計劃經濟體制下，包括資金在內的經濟資源都是由政府通過行政命令的方式直接調撥，不同企業之間的資金結算與資金劃轉，其實也是銀行在計劃經濟體制下所承接的重要的工作內容。

正由於此，直到二十世紀末，在中國的很多銀行，傳統的存貸款業務與企業之間的資金結算和劃撥，往往是眾多國有背景的銀行最為核心、也最為基礎的業務內容，而這些業務內容與傳統社會中的錢莊並沒有本質上的差別。

商業銀行的營運方式

從對於中國銀行業的發展歷程的考察中，我們也注意到，在很長一段時間內，銀行等金融機構的營運方式，也是採用傳統的錢莊式的記帳模式。可能一些年齡比較大的朋友還記得，在二十世紀八九〇年代，當我們到銀行辦理最普通的存貸款業務時，銀行的工作人員往往是以手工記帳的方式，為客戶記錄進行了什麼樣的業務操作，並在後面簽名確認，同時在銀行的大帳簿內，也記入同樣的業務操作內容。

當顧客再次來辦理業務時，就需要在銀行眾多的厚厚的大帳本中找到此前的相關業務內容的紀錄，才能繼續進行其他相關交易的操作，所有的紀錄或者調取歷史紀錄、業務辦理都是由銀行工作人員手工完成。這種傳統的交易模式，一方面效率極低，另一方面，由於工作人員自身的疏忽大意，導致記錄錯誤或者歷史紀錄丟失，都會給客戶前來辦理相關業務活動帶來極大的不便。

一些老儲戶在銀行的儲蓄可能會由於當事人的去世或者遺忘，而長久沒有使用相應的儲蓄證明，資金，可是，如果後人或本人在收拾東西的時候，無意中發現了二三十年前甚至更久遠的儲蓄帳戶的再到銀行辦理取款手續時，由於在開立這些儲蓄帳戶時，往往還是使用人工登記的方式，如果銀行不能及時找到相應的儲蓄證明，就有可能會出現老儲蓄帳戶裡的資金被銀行拒付的現象。近些年，經常有一些中國媒體報導，一些家庭拿著數十年前的儲蓄存摺或存單向銀行要求提現但被拒絕付款的新聞。事實上，在現代資訊化的機制下，這些由於歷史久遠而無法找到相關存款證明的困難也就完全不是個問題了。

同一時期，銀行工作人員還有一件必不可少的法寶，那就是算盤。可能現代的很多年輕的小朋友都已經不知道如何操作算盤了，甚至估計有些小學生連見都沒見過算盤，但是出生於二十世紀六〇年代和七〇年代的朋友應該都很熟悉算盤的用法。

對於古代的中國人而言，算盤就是最傳統意義上的計算機，甚至現代還有很多教小學生速算的學習班，還是使用算盤培養小朋友的心算能力。在二十世紀八〇年代的很多小學數學課程中，都會設有專門的珠算課程，就是專門教小學生如何運用算盤進行數學運算。而我們看到的影視劇裡的古代的票號、錢莊的賬房先生，也是天天手持算盤算來算去。在二十世紀八〇年代電腦還沒有深入中國之時，中國的眾多銀行工作人員進行日常的帳務管理的基本工具，也仍然是算盤。直到二〇〇〇年以後，當電腦逐漸在中國普及時，算盤才逐漸退出歷史舞台。

銀行的資訊化

電腦在銀行經營中的普及

現代的朋友們再去銀行，已經不大可能再看到銀行工作人員拿著最為原始的大算盤劈里啪啦地打個不停，銀行的所有業務操作都已經可以利用電腦或者資訊網路高效、便捷地完成。哪怕是擁有全球最多客戶的中國的四大國有商業銀行的客戶資訊，我們也可以安全地存儲於銀行的資料庫中。

在電腦大數據時代，銀行在進行客戶的業務活動時，不再需要調閱厚厚的銀行帳簿，而只需要簡單地輸入帳號或者客戶姓名、客戶身份證號，客戶在自己銀行的業務活動的紀錄，甚至在別的金融機構的信用狀況就可以輕鬆調閱，這也就極大地提高了銀行的運作效率。

為了實現操作方式轉移的無縫對接，很多銀行都通過自己設立的電腦資訊部門，把歷史檔案中很多古老的紙質帳簿，轉化為以計算機語言表述、以磁質介質存儲的電腦資訊。這樣，即使由於地震、火災或者其他意外事件導致銀行的紙質歷史帳簿毀損，當數十年前的客戶找上門來辦理相關業務時，銀行也不再需要在自己的檔案館中在浩如煙海的紙質檔案中翻找相關的歷史紀錄。

我們有時也看到一些社會新聞，比如某些家庭在收拾東西的時候，無意中找出了新中國成立初期的一些存款憑證，並向地方政府索要相關的本金和利息。可是當時的金融機構在現代已經完全不可能找到了，即使是現代銀行體系中業務量最多的四大中國銀行，在新中國成立初期也都還沒建立，那麼地方政府只能想法去找尋當時辦理相關業務的銀行的留存底檔，並委託某一商業銀行代為辦理相關業務。在這個過程中，如果原有的業務帳簿都已經以電子數據的方式被現代金融機構留存，那麼，政府就很容易確定相關業務的真實性，以及相應的金融交易的債權關係。

銀行業務的資訊化

正如我們所接觸的網路經濟一樣，通過電腦網路，我們可以把很多在以前看上去完全不相關的東西，跨界整合到一起。比如我們所熟悉的淘寶，在很多人看來只是一個在網路上淘心儀寶貝的購物平台，可是現在它已經整合了除了網路購物以外的生活繳費、網路轉帳、行動支付、線上理財甚至手機行動通信等多個不同的功能。這些在幾年前看上去還是八竿子打不著的功能與服務，現在已經可以完美地結合在一起，讓我們覺得這是理所當然的事情。從某種程度來說，這就是我們利用電腦網路在網路經濟中線上做加法的典型案例。

同樣，在銀行的業務活動中，隨著電腦在中國銀行體系內應用的普及，很多金融機構開始按照網路化的原則，把不同資產形態、不同幣種的貨幣納入統一的資產管理平台，這樣就可以最為高效地提升相關金融機構的盈利能力，這就是我們所熟知的「一卡通」模式。現在的我們也許覺得這樣的一卡通並沒有什麼特殊的技術含量，可是在沒有電腦的強大的資訊處理能力的輔助作用時，在純粹的手工記帳模式下，這種不同功能的整合幾乎不可想像。當然，除了一卡通之外，我們在銀行的金融服務領域已經可以看到越來越多的藉助於電腦網路實現的功能的整合與混搭。

在紙質憑證時代，銀行的業務操作完全由工作人員人工完成，由業務操作人員簽名保證。而這些業務操作人員的簽名往往只有本營業部一起工作的工作人員才能夠辨識真假，因此，很多業務活動只能在固定的營業部辦理，即使是同一家銀行的不同營業部，通常也不接受客戶跨越營業部的交易需求。比如，你的錢是存在一家銀行的某一營業部，可你搬家到了城市的另一端，當你拿著存款的存單去你新家附近的同一家銀行的營業部要求提現時，對方就可能擔心不能識別真假，因而建議你回到原來的營業部辦理取款。你就更不要想如果去別的銀行，他們會給你跨行辦理各種日常業務了。

隨著銀行業務操作的資訊化發展，所有客戶資訊都可以被藏於雲端，供銀行不同的營業機構甚至多個不同的金融機構隨時調取，而不再需要像紙質媒介時代那樣，必須翻箱倒櫃地查閱歷史底檔，以確認客戶資訊和交易資訊。在網路時代，只要銀行工作人員輕點滑鼠，所有的客戶資訊與交易資訊就可以瞬間調取出來。因此，無論是同一家銀行的跨營業所交易，還是不同銀行的跨行交易，甚至是異地的跨行交易都不再有任何技術上的限制，從而極大地便利了眾多客戶的真實需要。

對於很多年齡稍大的朋友而言，辦理金融交易往往需要自己親力自為，親自到相關的營業場所辦理。比如說存取錢，顯然應該去銀行辦理，即使現代，在筆者生活的城市，每到了發退休金的日子，總能看到很多退休的老人天一亮就跑到發放退休金的銀行門口排隊，希望第一時間確認自己的退休金到帳，並能夠第一時間把錢取出來使用。而通過手機銀行或電子銀行，很多年輕的朋友可以輕鬆地掌握自己的帳戶資金變動，並進行相應的資金劃轉與交易。

更為典型的是，相信很多股民朋友都會極有感觸，在十多年前，中國的絕大多數證券交易都是在證券交易營業部進行的。證券交易營業部會為一些資金雄厚的大戶提供貴賓室和專門的交易席位，以保證他們的優先交易權。而眾多資金相對較少的散戶只能擠在營業部大廳，排隊在幾台交易機上進行自己的證券交易。每到市場行情發生突然變化的時候，在營業部大廳的幾台證券交易機前往往會擠滿了前來交易的股民，甚至經常會出現為爭用證券交易機而發生肢體接觸、產生糾紛的現象。

可是，想必現代很多朋友，特別是年輕的朋友，在辦理銀行業務或者證券業務的時候，已經不必那麼麻煩，在酷暑寒冬，還得專門跑到相應的金融機構，親自去辦理相關的金融業務。我們完全可以通過網路銀行、手機銀行、線上證券交易平台、基金交易網站等線上交易方式，通過電腦網路更簡便地完成相應的金融交易。這些都是銀行資訊化或者銀行網路化給我們生活帶來的巨大改變，而上述這些變化，在很大程度上也成為啟動互聯網金融的引子，對於中國互聯網金融的發展起到了開啟民智、培育市場的重要作用。

CHAPTER

6

市場真空：現有金融體系之外的巨大市場

非市場化營運的銀行體制

銀行的經濟職責

在銀行建立之時，它們就被確定為調節社會資本供需平衡，促進社會資本的高效、有序流動的重要的機構設置。的確，在很多國家中，正是通過銀行體系的存在，整個社會的眾多民眾可以把自己手上的閒置資金拿出來，存放入銀行帳戶中，以此為自己獲取一定的利息收入。而銀行則可以以更高的利率水準，把自己吸納的社會存款再以貸款的方式投放出去，以滿足更多的經濟主體，特別是很多生產型企業獲取投資資本的社會需求。

正是通過銀行的存貸款機制的有序運轉，一個國家的經濟體系可以實現新的貨幣創造，由央行所發行的每一元貨幣可以藉助銀行的存貸款業務，實行多次循環的貨幣流通，從而在現實的貨幣經濟運行中實現了更大價值的貨幣循環職能。

央行通過控制商業銀行的存款準備金比率，就可以決定商業銀行的貨幣創造能力，而央行對商業銀行貼現票據的再貼現率水準的確定，又直接影響著商業銀行的融資利率，進而影響著商業銀行對外發放貸款的利率水準，由此通過商業銀行執行央行的貨幣政策，進而實現既定的宏觀經濟目標。從某種意義來說，中國的商業銀行，特別是四大國有銀行，只是掛著商業銀行的名，而實際上，更多是扮演著央行的信貸政策的調控工具的角色。

中外銀行機制的本質差別

在完全實行市場化利率的金融市場中，商業銀行對於社會資本的追逐，通過眾多商業銀行之間的自由競爭機制，可以確定貨幣市場的利率水準，而與此同時，眾多客戶對於銀行貸款的追求，又可以確定貸款市場的貸款利率。正是通過商業銀行在存款市場對於社會存款的追逐與在貸款市場發放貸款的市場化行為，最終確定了整個社會的利率水準，維持了經濟運作的相對穩定。商業銀行也由此成為一個國家的金融體系高效運轉中最為重要的一環。

在西方的市場化營運的銀行體系中，儘管吸收存款與發放貸款已經不再是眾多商業銀行的利潤的主要來源，但是對於商業化營運的商業銀行，資金的借貸業務仍然是其重要業務內容。對於西方的商業銀行而言，作為獨立經營、自負盈虧的經濟主體，它們一切業務的選擇都是建立在經濟利益的基礎之上。它們在發放貸款的同時，一方面當然希望根據整個社會對銀行信貸資本的需求，最為科學合理地確定自己的貸款利率，即能夠最大限度地保證自己的利息收入，而另一方面，這些商業銀行也會盡量保證自己的資金不會由於過高的利率而無法放貸出去，提高自己資金的利用效率。因此，為了避免發放的貸款無法收回的信用風險，各大銀行也會盡可能細緻地審核貸款者的信用水準，控制銀行貸款的壞帳率。

然而，這樣的遊戲規則並不完全適合中國的商業銀行。在很長一段時間內，中國的商業銀行只是從中央銀行中分離出部份經濟職能的國有機構，它們甚至會承擔著一部份管理金融市場的職能，而與西方國家的金融市場中純粹商業化運作的商業銀行存在著極為明顯的差異。也正因為此，即使已經實現了現代企業化管理體制的改革，中國的商業銀行仍然不完全是真正意義上的自主營運、自負盈虧的市場經濟主體，它們在很多日常經營決策中仍然需要考慮一些相關的政策導向，特別是商業銀行的政策性貸款更是成為眾多商業銀行所詬病的重要問題。

中國商業銀行的政策導向

根據地方政府的經濟政策的需要，由商業銀行向特定的受支持的企業提供信貸支持，已經成為一個眾人皆知的秘密了。對於中國的眾多商業銀行而言，儘管作為獨立核算的企業單位，它們的經營應該以追求利潤為基本目標，然而，當發放貸款已經作為一項政治任務被直接下達給銀行時，它們已經不再考慮貸款的收益，甚至都不關注這筆貸款是否能夠順利收回，它們能做的只是按政府的政策意圖，向指定的企業提供相應的政策支持。

根據一九九二年世界銀行研究東亞模式的年度報告來看，東亞地區，包括中國，由政府運用戰略性的政策手段向特定企業提供信貸支持，被很多外國學者視為推動東亞經濟飛速發展的核心因素。然而，這種借貸模式，一方面會給銀行帶來巨大的壞帳壓力，另一方面又刺激了企業的貸款慾望，使得企業更加傾向於毫無顧忌地向政府提出信貸支持來解決資金困難，而不是通過自身的努力經營提升自己的利潤水準，這必然造成了企業的負債率居高不下。

當宏觀經濟保持高速增長之際，東亞地區的這種高負債經營模式成為運用高槓桿實現高收益率的成功經驗。然而，當經濟增長放緩、企業利潤減少時，企業利潤的些許波動，對於有限的企業自有資產來說，都是巨大的變化。少量的虧損就可能導致企業的自有資產全部損失，最終把企業拖入破產的深淵。一九九七年亞洲金融危機中，浦項製鐵、大宇等一大批曾經叱吒風雲的知名企業之所以陷入破產的僵局，也全源於此。

而對於眾多商業銀行而言，完全根據行政命令的指揮棒發放貸款，顯然沒有辦法保證資金流向的最優效率。也許能夠獲得政府的信貸政策支持的企業，並不是能夠最有效利用經濟資本來創造最大經濟效益的企業，最終影響了整個社會的資本的利用效率。更為重要的是，完全根據行政命令發放貸款，而忽視貸款企業的償債能力的信貸政策，必然造成銀行的壞帳率急劇提升，進而影響銀行營運的安全性。

一九九七年亞洲金融風暴中，擁有近百年歷史、一度資產規模達到近千億美元、在全球銀行規模排行榜中高居前列的日本北海道拓殖銀行，就因為過多地對北海道地區的工商業企業發放貸款，造成了大約七十八億美元的壞帳損失，而不得不宣佈破產。這也成為這場危機中倒下的規模最大的金融企業。

也正是在一九九七年亞洲金融風暴之際，當行政性貸款的信用風險急劇上升時，為了避免中國的四大國有銀行也遭遇像北海道拓殖銀行同樣的命運，中國的金融監管當局決定將工商銀行、農業銀行、中國銀行和建設銀行等四大國有銀行總值高達一兆四千億元人民幣的不良資產剝離，並對口成立了華融、長城、東方和信達四家資產管理公司接受它們的不良資產。這樣的政策選擇的確有效地挽救了處於危機中的國有銀行，但是這也等同於向眾多國有銀行發放了免死金牌：既然銀行的決策失誤所帶來的壞帳損失，都會有國家通過資產管理公司收購銀行不良資產的方式沖銷，那麼這其實也更加縱容了銀行的濫發貸款的經營決策。

正是由於缺乏市場化營運對於利潤的渴求，中國的銀行業所擁有的巨額貸款資本的利用效率才會長期保持在低點，並最終造成了近年中國經濟中的一個怪異現象：明明央行的貨幣發行居高不下，資本市場中M_2流通量始終處於高點，然而，無論企業還是銀行都在鬧錢荒，大家手上卻又都沒有錢。在錢荒之中，大家都在叫嚷錢到底去哪兒了。其實答案並不奇怪，錢始終在中國經濟中流轉，只是在當前的銀行信貸體制下，絕大多數錢都沒有流向它們應該流向的地方，更沒有創造出它們本來可以創造的經濟價值。當資金大量流向並不能直接創造經濟價值的房地產或者金融等虛擬經濟時，流向實體經濟的資金規模當然就大打折扣了，這才導致了越來越多的實體經濟企業面臨著越來越嚴峻的融資難題。

嫌貧愛富的中國銀行

中國商業銀行的信貸選擇

互聯網金融興起的一個重要原因，就在於現有的銀行體系並不能滿足正處於騰飛階段的中國經濟的真實需求，而其中最為重要的一點，就在於社會對於銀行只願錦上添花、不願雪中送炭的批評。

相信大家都能夠理解銀行的選擇。對於銀行而言，如果必須把自己所吸納的社會存款以發放貸款的方式投放出去，它們顯然會追求更高的收益率或更高的安全性。在歐美的銀行市場化營運的經濟體中，銀行可以根據不同貸款者的具體情況確定個性化的利率水準，使得不同貸款者的利率水準與貸款的風險能夠合理地匹配起來。這就通過高貸款利率補償了高風險客戶的貸款風險，使得銀行的經營能夠順利地推進下去。

然而，在中國，銀行的利率水準是被中央銀行明確限定的，也就是說，無論是銀行向民眾吸收存款的存款利率，還是向社會發放貸款的貸款利率，都不是銀行能夠自由確定的，而是由中國人民銀行直接限定的。儘管加入WTO之後，中國也按照利率市場化的改革思維推進著中國銀行業的改革，但是這樣的利率管制卻始終沒有完全取消。

人民幣利率市場化改革的推進

二〇〇六年，中國人民銀行放鬆了對銀行利率的管制，建立了人民幣存款利率「下限放開，上限管理」和貸款利率「上限放開，下限管理」的新格局。然而，從實際操作來看，在存款中，由於長期的利率管制，一方面導致在上限管理的格局下，央行限定儲戶的存款利率水準，而近年來CPI又持續居高不下，必然導致市場儲蓄供給的下降，從而促生了近年中國國內代理理財市場的紅火以及民間借貸市場的興起，這也為此後互聯網金融的火爆發展創造了巨大的市場空間。

在貸款中，下限管理的原則又限定了銀行的貸款收益。儘管在二〇〇八至二〇〇九年間次貸危機盛行、中國採取信貸擴張時期，眾多銀行為了爭奪客戶，曾經興起貸款利率打折的競爭風潮，然而，近年來，伴隨著中國貨幣政策由寬鬆轉向穩健，中國的資本市場的資金供應出現緊張。這也導致市場實際的貸款利率遠遠高於央行所規定的下限水準，貸款利率持續居高不下，在這樣的背景下，原來保證市場公平競爭、維護銀行合理利率的貸款利率下限管理政策早已形同虛設。從這方面來說，中國的利率市場化的真正挑戰恰恰在於突破以往對存款利率上限的管制，而非貸款利率下限的管制。

然而，即使是貸款利率上限放開，也並不意味著銀行在發放貸款時，可以毫無顧忌地隨意無限制地提高貸款利率，中國的商業銀行仍然是在央行的指導利率水準上制定自己的貸款利率。在這樣的情況下，對於眾多商業銀行而言，既然它們發放貸款獲得的利率水準都差不多，那麼它們顯然更加願意把錢放貸給那些它們認為安全性更高的大企業。特別是，能夠得到政府的信貸政策支持的地方企業，往往也都是利率水準更高、對地方經濟做出的貢獻更大的大中型企業。這進一步加劇了銀行資金向大中型企業的集中。

的確，與資金實力更強的大中型企業相比，無論是個人信貸，還是小微企業貸款，由於貸款對象缺乏足夠的資產擔保，貸款風險會顯得更大。如果銀行不能得到更多的利息溢價，它們就沒有更大的積極性向這些它們心目中的高危客戶提供貸款。

而且，就是對於那些能夠得到銀行貸款的大型企業，它們也會感受到，當它們經營順暢、利潤豐厚、並不缺乏資金的時候，會有很多銀行工作人員上門遊說，希望說服它們從銀行借款。而如果這些企業遭遇突發事件、面臨經營困難、陷入困境，在它們果真需要向銀行借款之時，它們又會發現，曾經爭著、搶著要給它們提供貸款的眾多銀行，反而對它們避之唯恐不及，此時再想從銀行獲得借款卻是難上加難。這也就是通常大家詬病銀行只願錦上添花、不願雪中送炭的由來。當陽光燦爛的時候，它們會願意把傘借給你，可是當傾盆大雨下起來時，它們卻勒令你把傘還給它們。這樣看似怪誕的經營策略，卻是當前的管理體制下中國銀行奉行的經營原則。

可是如果從銀行的角度思考，這恰恰是在當前的銀行管理體制下，中國的銀行最為理性的選擇。在現行的商業銀行管理體制下，每一家銀行現有的貸款規模直接決定著央行下一年度或者下一季度授予這家銀行的放貸規模。因此，每到了年末、季末，我們都能夠看到以四大國有銀行為代表的多家商業銀行都在突擊放貸。甚至我們會看到有些商業銀行會在年末、季末的最後一兩天，找一些關係較好的企業協商，向它們貸款一兩天，只為了追求推高自己在這個關鍵時點的貸款存量，以求得到央行更高的信貸授信。

由於央行對商業銀行的信貸規模也有基本的考核，商業銀行如果無法完成央行授予的信貸任務，下一年度的信貸規模就會遭到削減，並直接影響到商業銀行的盈利能力。因此，在平時為了完成央行的信貸任務，它們當然會選擇錦上添花，去央求那些沒有貸款需要的企業到自己的銀行貸款，甚至通過沖貸款的方式，暫時地提高自己的信貸規模，以求從帳面上完成央行授予的任務。

在各商業銀行的經營過程中，儘管也有眾多的個人客戶以及中小企業，擁有強烈的貸款需求，然而，由於缺乏足夠的信用擔保，為了避免壞帳的產生，眾多商業銀行寧可完不成信貸任務，也不願意向個人客戶和小微企業提供貸款。這也導致個人客戶和小微企業成為現有商業銀行經營體制的真空地帶。

相反，即使是銀行的老客戶，當企業面臨經營困難時，由於缺乏強大的利潤支撐，它的貸款違約風險將急劇放大，銀行為了避免自己貸款的信用風險，當然馬上就翻臉不認人，不再願意向它發放貸款。

錢荒中的融資困局

錢荒的由來

自二〇一三年起，錢荒就成為中國資本市場的主題詞。忽然之間，銀行間的資金供應一下就拉緊，銀行嚷著說沒錢，眾多的中國企業，特別是小微企業更沒有辦法從銀行貸出錢來。

二〇一三年六月，當第一波錢荒來臨之際，上海的銀行間隔夜回購利率一度甚至飆升到百分之三十的高位。如果不是銀行之間的資金缺乏達到一個極高的水準，銀行怎麼可能以如此高的利率水準吸收資金呢？然而，同一時間，中國M_2總量達一百零四兆兩千一百億元，同比增長百分之十五・八，這分明表明中國的資本市場資金極度豐富。如此豐裕的資金存量，本來應該壓低資本市場利率水準，可是怎麼又會把資本市場的利率水準推到如此前所未見的高位呢？

事實上，中國式的錢荒並不是真正意義上的資本市場缺錢，而是更多地源於現有銀行資本的錯配。正如前文所分析的那樣，在現有的商業銀行的管理體制之下，銀行更多地被視為政府政策的執行者，它並不像普通的商業企業一樣，關注企業利潤的積累，而更多地強調對政府政策的執行。由於存在國有資產管理公司替中國的國有銀行的壞帳埋單，商業銀行更不用顧忌發放的貸款是否能夠收回。在政府金融管理部門又嚴格限定銀行的存貸款利率的制度框架下，商業銀行發放貸款的經營決策，已經不完全以經濟思維去獲得利潤的最大化或貸款安全性的最大化，而更多地顧及其貸款對於政府的政策執行的完成情況。

錢荒的解讀

在新型城鎮化建設緊鑼密鼓地加速推進的大局勢下，各地地方政府的投資慾望被再次調動。自二〇一二年第三季度起，各地就已經開始佈局推進新型城鎮化的相關基礎設施建設。而解決各地方政府基礎設施建設資金不足的辦法，除了常見的發行地方債券之外，向各地的商業銀行求助，從商業銀行獲得貸款融資是最為便利可行的辦法。

在服務地方經濟發展的思想的指導下，儘管不直接隸屬於各地政府，但是各商業銀行仍然在其信貸計劃中給地方政府留足了資金額度。就在二〇一三年第一波錢荒到來之前，在二〇一三年一月，工農中建四大國有銀行的新增人民幣貸款規模一度達到三千七百億元的高位。儘管受春節的影響，二月四大行的新增貸款規模大幅回調到兩千一百七十億元，而三月這一數字又很快上升至三千三百億元，最後一周，在沖貸款的刺激下，四大行的新增貸款過一千億元。這也反映了中國資本市場的過度火爆。而整個資本市場三月份新增貸款總額超過一兆元，遠超此前八千億至九千億元的市場預期。

此前，中國商業銀行的固定資產投資貸款結構中，基礎設施建設、房地產開發和製造業投資是最主要的三個部份。而二〇一三年以來，在新型城鎮化的刺激下，各地的房地產投資又迎來了一個新的高峰，各地商業銀行的房地產開發貸款和個人住房抵押貸款屢破銀行對於此部份貸款比重的限制紅線，更是加劇了房地產投資貸款的增長。

可以想像，當基礎設施投資和房地產投資迅速膨脹之後，銀行的貸款額度被大量擠佔，可以投放於實體經濟的、面向企業的貸款資金急劇萎縮，這才導致企業的融資難、貸款難現象的普遍出現。

而另一方面，各大銀行的借貸資本的期限結構不匹配，更是加劇了銀行業之間的資金恐慌。大家知道，民眾在商業銀行的存款，往往以活期存款或者中短期的定期存款為主，而商業銀行面向政府所發放的城市基礎設施貸款或者面向房地產開發項目發放的房地產開發貸款卻主要以五年期以上的中長期貸款為主，這就導致了商業銀行的存短貸長的期限結構。

在各商業銀行資金充沛、存貸款規模保持穩定的時期，現有的存短貸長的期限錯配，並不會給商業銀行帶來過大的流動性壓力。然而，在資本市場資金匱乏、商業銀行的新增存款不能迅速頂上來的時候，當商業銀行的一些短期融資協議到期，卻由於銀行資本過多地投放在中長期資產項目之上而導致銀行無力應對一些到期的帳務支付甚至導致信用違約時，銀行資金的期限結構錯配問題就凸顯出來了。

錢荒中的一幕幕鬧劇

二〇一三年六月五日，正是由於資產的期限結構錯配導致流動性資金的不足，光大銀行在兌付興業銀行的一筆六十五億元的銀行間貸款還款中出現了信用違約，沒能按期償還欠興業銀行的貸款，這就推倒了中國銀行信用違約的多米諾骨牌。此後，沒能及時收回貸款的興業銀行也無力償還自己的欠款，從而出現違約。一系列信用違約現象的出現，迫使興業銀行、興業銀行的債權人，以及其他面臨信用違約風險的商業銀行一起湧進銀行間拆借市場融資。這就直接推高了銀行間拆借市場的融資利率，導致了百分之三十的天價拆借利率。

事件在另一個方向也出現了一個希區柯考式的結局。為了迅速籌措資本，消除信用違約給自己造成的負面影響，光大集團選擇在證券市場採取了更為激進的投資策略，卻在同年八月十六日製造了一場令全國投資人驚詫的烏龍指鬧劇。由於光大證券的套利策略系統的故障，在瞬間產生了天價的交易訂單，並把上證指數在一分鐘之內直接拉升了百分之五，引起了證券市場的異動。

一切事件的發展，都好像傳說中的蝴蝶效應，只是亞馬遜的一隻蝴蝶偶爾搧動自己的翅膀，卻在美國的德州掀起了一場龍捲風。其實，只是商業銀行的期限結構的不合理埋下了一些隱憂，因此，當光大銀行由於意外而無力還款時，整個中國的銀行業都發現自己也面臨著同樣的風險。如果不想法在短期內籌措足夠的資本，那麼每一家銀行都有可能成為下一個光大證券。

在公眾存款不可能短期內迅速增長的現實之中，要想迅速籌措資本，只能藉助於銀行間拆借市場的江湖救急。可是當每一家銀行都處於危急之中，每一家銀行都在急等著其他銀行或者央行的政策救助之時，各家銀行在銀行同業拆借市場狂搶資金的結果，只是推動著銀行同業拆借利率的持續提高。

而另一方面，當銀行自己都泥菩薩過河、自身難保之際，還指望它們按此前的合約約定，向貸款者發放貸款已經基本不大可能。因此，針對貸款者的貸款違約也大量出現。二〇一三年六月，中國鐵路總公司的相關高層就向媒體透露，由於錢荒的蔓延，有五十億至六十億元的貸款資金遲遲未能到位，直接影響著中國鐵路總公司「四橫四縱」鐵路總幹線的一些主要線路的建設工期。而事實上，這一幕對於剛成立的中國鐵路總公司的相關高層而言應該並不陌生，就在其前身鐵道部時期，在二〇一一年，就曾經由於流動性緊張和貸款違約，導致中國高鐵的百分之九十的建設項目出現緩建和延期，其停滯週期超過了九個月。所有的一切都只是昔日重現，但問題是，中國的銀行業卻一直在重複著自己一貫的錯誤。

錢荒帶來的資本市場的資金匱乏

可以想像，當銀行自己的融資成本都在百分之三十左右時，你想讓銀行學雷鋒，寧願自己虧損，而按不到百分之十的正常利率再把資金貸放出去，這怎麼可能呢？於是在年初盲目擴大貸款規模，並且自身的貸款期限結構錯配矛盾日益突出的時分，眾多商業銀行選擇收縮經營，減少對外貸款規模，也就成為時勢發展的必然結果了。

當然，如果深入地透視整個錢荒的發展，銀行的這種完全收縮信貸規模的做法，其實也在很大程度上存在著苦肉計的痕跡。這次錢荒似乎更多可以看作當前中國以國有銀行為主體的銀行體系與中央金融政策的一次博弈，甚至可以看作眾多國有銀行向央行的逼宮。在當前的金融體系下，很多國有銀行仍然抱有傳統計劃體系下對於政府的依賴心理，甚至懷有會哭的孩子有奶吃的心態。它們更願意通過控制市場的資金供應，造成市場流動不足，甚至出現錢荒的假象，逼迫央行進一步採取貨幣擴張政策，向金融機構注入更多的流動性，從而增加其所掌握的信貸規模，以擴大自身的盈利能力。

如果中央政府真的按各大商業銀行所設想的那樣持續注資，也將意味著銀行的一些信貸擴張所帶來的壞帳損失，將會由央行埋單，而銀行完全獲得信貸活動的收益，而不用承擔由此帶來的風險。這恰恰是與中國所倡導的金融市場化完全相悖的。

之所以在錢荒最嚴重時期，國務院常務會議仍然重申堅持穩健的貨幣政策，其實就是通過央行向眾多金融機構提示應該注重信貸風險管理，而不是完全依賴政府救助。即使在當年六月底，為了平衡市場，央行對部份金融機構注資，也再三強調其行為符合宏觀審慎要求，而非由於這些金融機構受錢荒的影響更為嚴重。從某種程度來說，恰恰是由於中央金融管理部門看透各大商業銀行的小伎倆，儘管在政策選擇方面已經做出了相應的救市支持，但是口頭上仍然要敲打敲打這些企圖逼宮的商業銀行。

然而，在央行和各大商業銀行的博弈過程中，倒楣的卻是眾多的工商業企業，在各大商業銀行紛紛收縮信貸規模的大環境中，它們幾乎無法從銀行獲得自身發展所需要的各種建設資金。而很多民間資本一度依賴的民間融資，伴隨著浙江溫州、內蒙古鄂爾多斯、陝西神木等地的民間借貸資本的崩盤，也迫使眾多的中國企業必須尋找一個穩定、可靠的融資管道。這恰恰給此後崛起的P2P網路融資提供了前所未有的發展機遇。

CHAPTER

7

暗流湧動：民間資本該往何處去

為何沒人願意把錢存入銀行

餘額寶成功的政策背景

二〇一三年互聯網金融的一個關鍵詞就是「餘額寶」，當餘額寶等寶寶軍團崛起後，銀行存款搬家已經成為無法阻擋的歷史潮流了。而銀行對於本來存於自己銀行的存款搬家到寶寶軍團更是有切膚之恨。可是為什麼民眾會願意把錢存入餘額寶等寶寶軍團之中，而不再願意存入銀行呢？

當然，所有人都知道，把錢存入銀行肯定比存入寶寶軍團更安全、更靠譜，但是人們之所以仍然更願意把錢存入寶寶們，原因很簡單，寶寶們能夠提供比銀行更高的利率。可是，我們都知道，寶寶們所依托的基本都是貨幣基金，而貨幣基金說白了就是把眾多寶寶用戶的資金集中存放在銀行，以獲得一個類似於團購似的優惠利率。如果刨根溯源，寶寶們的收益其實還是來源於銀行支付給貨幣基金的利息。

可是有沒有人考慮過，既然寶寶們的收益也同樣來源於銀行，那麼與其讓肥水落入外人田，讓貨幣基金再從中賺一筆，為什麼銀行不自己支付給儲戶一個更高的利率呢？

當然，一個最為基本的原因就在於，長期以來，中國的商業銀行已經習慣了巨大的存貸款利差給它們帶來的超額利潤。既然能夠以較低的利率贏得老百姓的存款，那麼它們當然沒有提高利率、主動讓利給儲戶的積極性了。事實上，作為國家貨幣政策的重要執行者，中國的商業銀行通常都被民眾視為類似於政府機關的事業單位，而不是真正意義上的企業。

國有背景下的中國商業銀行發展之路

儘管一九九六年一月十二日中國民生銀行的建立，成為中國首家由民營資本建立的全國性商業銀行，打破了國有資本對於中國銀行業的完全壟斷，儘管中國加入WTO以後，對於銀行業的開發與開放早已被相關政策決策者提上議事日程，然而，這仍然擺脫不了政府與銀行，包括像民生銀行、光大銀行這樣的民營銀行之間的千絲萬縷的聯繫。

一直以來，中國的商業銀行尤其是佔據最大市場份額的四大國有銀行的經營決策，特別是信貸資金投資與存貸款利率決策，都被金融管理部門所嚴格限定。它們自己都把自己認定為政府的政策執行者，而不是真正意義上的公司化營運的、自負盈虧的企業。

其實，中外銀行業的發展與家庭教育思想有著極大的相似之處。中國的銀行就好像一個典型的成長於家教甚嚴的中國家庭的小孩子一樣，身邊永遠有家長在叮囑，這個不能做，那個應該做，搞得很多中國孩子在家中永遠是長不大的孩子，而沒有勇氣，也沒有能力承擔起學習、生活與工作的壓力。

而外國的孩子在成長過程中，家長卻不會選擇在身邊相伴，約束他們的只有法律、道德和信仰等制度性的規則，他們完全可以在硬的制度框架約束下，自由地成長。當我們看到外國銀行的金融創新層出不窮時，我們只會歸結於中國的銀行業發展水準太低，能力太弱，可是長期以來的成長環境與制度性的約束條件的差異，卻並不為大家所關注。

與此同時，政府也樂於把本來應該公司化的銀行視為自己的親生兒女，而在政策選擇方面對其提供極大的政策傾斜。典型的一點就是，在利率管制的制度下，中國的商業銀行的存貸款利差超過百分之三，而在歐美國家，商業銀行的存貸款利差通常在三個點之內，也就是不到百分之〇・三。憑什麼中國的商業銀行就可以得到歐美商業銀行十倍的利潤呢？這顯然是中國的利率管制對於中國商業銀行的特別政策扶持，而也許就是這樣的長期政策扶持，才導致中國的商業銀行根本不屑於進行其他金融創新，推出其他金融業務，而自甘躺在巨大的存貸款利差之上，賺著最為輕鬆的錢。

民眾對於銀行的用腳投票

對於眾多中國民眾來說，他們總不能把所有錢都放在家中。即使是出於安全的考慮，他們也會考慮把一部份資金存入銀行，特別是會把一些不確定使用時間的資金存入銀行的活期帳戶。然而，當前只有百分之〇・三五的活期利率，根本趕不上不斷上漲的CPI的增長速度。即使把錢存入一年期的定期存款帳戶，百分之三・二五的利率水準也還是略低於近些年中國的CPI漲幅。這其實就意味著，當民眾把錢存入銀行活期存款帳戶中時，自己的存款其實仍然將因通貨膨脹而不斷縮水。在這種情況下，你怎麼還能讓民眾對把錢存入銀行有積極性呢？很多時候，民眾把錢存入銀行，只是在沒有其他選擇的情況下的無奈選擇罷了。

在互聯網金融高速發展的今天，寶寶軍團的收益一般在百分之四至百分之五，這仍然相當於銀行一年期存款利率的一・五倍左右。而很多寶寶們已經可以提供即時到帳的贖回服務了。相對於寶寶們以活期存款的十五倍利率、一年期定期存款的一・五倍利率提供的極具流動性的準活期理財產品，銀行所提供的甚至連通貨膨脹率也無法彌補的低利率當然也就毫無競爭力了。從某種程度上而言，民眾拋棄商業銀行，而選擇把自己的資金投向眾多的寶寶軍團，其實就是在針對商業銀行的低存款利率進行用腳投票，自下而上地逼迫中國的銀行體系應對寶寶軍團的挑戰，在利率水準的制度上作出改變。

既然作為商業銀行的競爭對手，眾多寶寶們能夠提供比銀行更高的收益率，而這種高收益卻恰恰來源於銀行，那麼銀行能夠把這種高收益轉變為高存款利率，直接轉讓給儲戶嗎？

答案顯然是不能。長期以來，中國的金融管理部門一直對中國銀行的存貸款利率實施嚴厲的利率管制。即使二〇〇六年，中國人民銀行放鬆了對銀行利率的管制，但是在存款利率方面，放開的僅是存款利率的下限，對於存款利率的上限仍然沒有放開。也就是說，對於中國的商業銀行而言，它們在吸收儲戶的存款時，它們支付給儲戶的存款利息是下不設限的，但上面卻是要封頂的。在很多商業銀行的內部人看來，通過這樣的利率管制，只會導致銀行給儲戶的利息支出的降低，卻不可能增加銀行的利息支出，顯然是維護了銀行的根本利益。

當然，對於眾多中國的銀行而言，它們是很樂意接受這種從本質上而言是在維護自己利益的利率管制政策的。但是，當互聯網金融崛起之後，當眾多寶寶們能夠提供遠高於銀行利息的高收益理財產品時，這種嚴格管制銀行存款利率上限的管制政策，反而束縛了銀行應對寶寶們的手腳，導致銀行根本無力對寶寶們的高收益進行回擊，最後的結果只能是導致銀行的存款搬家愈演愈烈。

因此，如果在互聯網金融崛起的大環境中，反思民眾為什麼不願意把錢存入銀行，與其說是銀行的存款利率不具競爭力，更不如說是當前中國銀行業的管制政策本來就沒有給予銀行自由競爭的成長環境。如果繼續這樣的政策思維，中國銀行業的市場化改革，只能是一番空談。

民間資本何去何從

民間資本的崛起

在銀行存款搬家持續進行的背景下，中國的民間資本的何去何從成為很多人關注的熱點話題。其實，自改革開放以來，隨著中國經濟連續三十多年的高速增長，越來越多的中國人已經富裕了起來，老百姓手上有了錢，在傳統的金融體系之外的民間資本已經成為現代經濟所不容忽視的金礦了。

可能很多人都聽說過「亂世買黃金，盛世買古董」的老話。在二〇〇八年次貸危機席捲全球之際，大家也見證了黃金走出此前十多年的低迷情勢，走上了波瀾壯闊的價格飆升的發展道路。在二〇〇八年以前，黃金僅六百多美元／盎司，到二〇一一年九月甚至漲到一千九百一十二美元／盎司的歷史高位。而與之相對，當世界各國逐漸走出危機的泥潭、開始經濟復甦之際，黃金價格自二〇一三年中期起又連續跳水，套住了一大批跟風搶購黃金的中國大媽。

與此同時，我們看到關於古董與收藏類電視節目開始湧現於中國各大電視台，越來越多的人開始津津樂道他們重金收購的心愛寶貝。這在很大程度上也是中國人民富裕起來，有資本、有能力享受這種一度被世人視為紈褲子弟不務正業的愛好的有力例證。

民間資本的投資選擇

然而，當越來越多的人手上擁有大量資本之後，他們卻開始為如何最為有效地管理自己的資產而煩惱。歐美等發達國家都擁有發達的資本市場，投資人可以在證券市場、債券市場、外匯、黃金等多元的投資結構中進行權衡。即使投資人並沒有專業的投資知識，他也可以把錢交給專業的投資公司，購買這些投資公司的股票或者基金，得以分享專業投資人給自己帶來的投資收益。比如，你如果在一九五六年巴菲特創建伯克希爾‧哈撒韋公司的時候購買了該公司一萬美元的股份，那麼恭喜你，到了五十年之後，你將能夠獲得兩億七千萬美元的稅後收益。這樣的投資回報率是任何中國的投資者都難以想像的。

然而，與美國成熟、發達的金融投資業不同，對於無數中國人而言，如何處理自己的資產，保證自己的資產保值增值可是一個大難題。一度被眾多國人寄予厚望的中國股市已經成為無數投資人的傷心地，自二〇〇七年創下六一二四點的歷史高點之後，就一路掉頭朝下，一度長期盤整於一千多點，令無數中國股民深套其中而無法自拔。

充斥著內幕交易、違規交易的中國股市甚至被眾多學者斥為「大賭場」，而不再被視為投資的合理選擇。即使很多中國投資者迷信巴菲特的價值投資，希望在中國股市中尋找價值被低估的績優股票，他們也會發現，無論一支股票的業績是優還是差，它們的股價走勢與業績都很難找到穩定的關聯度。很多時候，哪怕是一支快要摘牌的垃圾股，只要有炒作的題材，它的股價仍然可以連續飆升。相反，哪怕一支股票的業績再穩定，利潤水準再高，當市場拋棄它的時候，它的股價仍然可以持續跌穿地板。

一度被很多媒體譽為全球最賺錢的上市公司的中石油，看上去應該是巴菲特的價值投資的最優選擇。然而，它的股價自上市之後就一路狂跌，短短五年的時間，就從上市當天的開盤價四十八・六元，跌破八元，以致被很多股民戲稱「問君能有幾多愁，恰似高價買了中石油」。即使是在其上市之初，對其褒獎有加的巴菲特也選擇在其發行後不久就果斷斬倉出貨，而沒有這種投資眼光和壯士斷腕的魄力的眾多中國股民則損失慘重。在金融高度發達的西方證券市場中，很難想像這樣的業績與股價的極度背離。由此，中石油也成為中國股市不成熟、價格異動的最佳腳註。

即使到了互聯網金融崛起的二〇一三年和二〇一四年，中國股市仍然維持著全球最熊的走勢，以致基本不可能吸引到新的社會資本的投入。即使是被深套其中的中國資深股民，也基本放棄了短期內解套的希望，而冷眼笑作一名看客。中國股市交投寥寥，市場低迷，已經很難與國民經濟的晴雨表相掛鉤了。

與中國股市相對，民間資本的另一個主要投向則是房地產市場。特別是自二〇〇三年以來，中國各地的房地產都經歷了飛速增長，房價打著滾向上漲，甚至被很多投資人視為只漲不跌的最佳投資選擇。事實上，中國房價也沒有辜負眾多投資人的期望，在市場紅火的時期，房價在一年之內漲個百分之四五十就跟玩兒一樣，這更令眾多炒房者樂開了懷。

在二〇〇八年，由於受次貸危機的影響，中國的房地產市場也經歷了一場寒冬。然而，令很多亟待房價下跌、等著低價抄底購房的剛性購房者失望的是，即使在房地產危機叫囂聲音最大的二〇〇八年，房價的下跌也只聞樓梯響，不見人下來。開發商的降價促銷總是如羞答答的玫瑰，靜悄悄地開，房價下跌、房地產崩盤總是叫的多，可實際上卻並沒有實質性的降價。

相反，在二〇〇九年春節後，在中央政府四兆元投資計劃的刺激下，銀行的信貸資本充裕，眾多房地產商熬過最為艱難的階段後，房價的上漲卻又似脫韁的野馬，一發不可收拾，幾乎在短短半年之內，各地的房價就飆升一倍，不但收復了此前降價促銷的失地，更是創下房價持續飆升的新的神話。

在歷年的房價上漲過程中，唱多與唱空的爭議始終未絕於耳。而事實上，多方完勝空方的市場表現，更堅定了眾多投資者以投資房地產項目作為實現自己的資產保值增值的最佳選擇的決心。而投資者對於眾多房地產項目的追捧又進一步刺激了中國房地產價格的持續走高。

儘管中國中央政府限制房價上漲的「國十條」、「國五條」相繼出爐，但是著眼於限制市場需求而不是增加供給的調控思維，決定了房價的下降也始終只是一場黃粱美夢。然而，伴隨著房價的持續上漲，一方面，中國的房價收入比已經遠超國際公認的房地產泡沫的危機邊界，這也預示著民眾對於房地產價格上漲的承受力已經達到了極限，如果房地產價格繼續上漲，直至超過民眾的承受能力，導致市場需求與真實需求的極大背離，將把中國的房地產再次推到危機之中。而另一方面，常州、鄂爾多斯等一系列傳說中的鬼城的出現，更揭示著中國的房地產業的發展已經到達一個生死攸關的轉折點。在這樣的背景下，繼續把資金投向房地產，其中潛伏的投資風險也將無限擴大。

除了受眾最廣的證券投資與房地產投資之外，前面提過的黃金投資與古董投資，甚至比特幣投資，也是近年深受中國投資者青睞的投資選擇。

二〇一三年，在歐債危機中，塞浦路斯出售黃金儲備揭開了國際黃金市場的暴跌行情。儘管中國大媽在危機關頭，一周之內狂掃三百噸黃金的豪情，一度使得國際黃金市場止跌回漲，從而創下了「中國大媽完勝華爾街大鱷」的投資界的神話，然而，神話總歸是神話，如果真的能夠變為現實，那就成為紀實文學了。短短幾日之後，國際黃金市場又重拾價格下跌之勢，在一年之內又下跌了接近百分之二十。在搶金之時還意氣風發的中國大媽再也不敢隨便出手搶購黃金了。

近年來興起的收藏熱，一度也吸引著大量民間資本的進入。在國內外的一些大型藝術品拍賣會上，很多藝術品的價格屢創新高，也明顯地反映了人們對這種市場的追捧。然而，藝術品或古董的收藏，往往需要專業的鑒別能力和精深的歷史知識，對於眾多財大氣粗的土豪而言，這無疑是一項不可能掌握的能力。而此後，中國收藏市場中曝光的一些藝術品造假，更是極大地放大了這種不掌握專業知識卻盲目搶購藝術品收藏的風險。

對於眾多民間資本而言，由於中國尚沒有建立起完整而又發達的投資市場，大量民間資本並沒有合適的投資方向，而銀行存款又因為收益率過低而難以贏得投資者的青睞，這才導致了屢禁不止的中國民間借貸反而成為很多民間資本的首選投向。

民間借貸的前世今生

民營企業對於資本的渴求

既然民間資本伴隨著人民收入水準的提升而迅速壯大，而無論銀行存款，還是傳統的證券投資、房地產投資都不能滿足這些擁有豐富資本的資本所有者的投資收益要求，這些巨額的社會資本必然要尋找一個能夠滿足它們的高收益要求的其他投入管道。這也為民間借貸市場提供了穩定的資金供應。

而在中國一些民營資本相對發達的地區，很多民營經濟也面臨著日益嚴峻的融資難問題。由於自身的經營規模的限制，更因為缺乏足夠的信用擔保，民營企業，特別是民營小微企業，通常不是銀行發放貸款時所關注的群體。而伴隨著近年各地紛紛上馬基礎設施建設，加大房地產開發力度，地方性的公共基礎設施貸款和房地產貸款又擠佔了大量銀行貸款資本，使得能夠投向實體經濟的銀行可貸資本的規模根本無法滿足社會經濟發展的真實需要。而就是僅存的一些企業經營性貸款，也大多投向了國有企業，或者一些地方性的龍頭企業。當眾多民營企業無法從現有銀行體系獲得資本之際，它們也把更多的目光投向了民間借貸市場。

當然，即使有些民營經濟能夠得到銀行的信貸授信，但當它們面臨一些短期的臨時性資金需要，只需要臨時性地獲得數日或者數周的周轉資金時，如果尋求銀行的短期貸款，一方面會浪費自己難得的信貸授信指標，而另一方面，很多商業銀行煩瑣的貸款程序，也令這些民營企業望而卻步，使得它們寧可向利率更高的民間借貸市場籌措這筆短期資金。

民間借貸市場的發展

中國的民間借貸市場最早其實源於中國社會緊密的家族或者家庭關係中親友之間的相互救濟和相互幫助。當某一個人臨時產生一些資金需要時，他就可以開發自己的交際圈資源，向一些擁有閒置資金的親戚、朋友尋求幫助。然而，在「親兄弟，明算帳」的傳統觀點中，除了極為親近的關係，才會免收利息甚至免除部份還款義務外，絕大多數這種親友之間的借貸，也是需要支付一定的利息的。

民間借貸市場上的利息在某種程度上也反映了一定的非公開市場的自發選擇。當借款者很難從親友處獲得借款時，他就有可能會接受非常高的利息支付要求；相反，如果市場上存在較多的資本供應者，借款人可以在多個借出資金者之間權衡選擇時，他就有可能獲得更低的利息報價。

當然，即使在古代，民間借貸也只是得到政府默許而非鼓勵的地下經濟，因此借款者不可能像在市場中購買其他實物商品那樣，面臨一個無限選擇的借貸市場，這也導致高利息成為民間借貸市場的主要形態。這種高利息就是我們通常所說的「驢打滾，利滾利」的高利貸。

二十世紀八九〇年代，在江浙就普遍流行著小範圍民眾之間的民間互助會，其實就是這類民間借貸的一種變形。在這種民間互助會中，參與者定期支付一定金額的資金，組成資金池，而由互助會中的眾多參與者通過荷蘭式競標的方式，報出使用資金池中資金所願意支付的利率，利率高者則得到資金的使用權，並承諾按他們在競標時所承諾報價的利率向提供資金的其他參與者支付利息。在民營經濟相對發達的江浙地區，這種民間互助會的形態，為很多需要籌集臨時性資金的民營企業解決了燃眉之急。而且由熟人所組建的小範圍的互助會，參與者彼此之間都相互瞭解，這就可以較好地預防資金投向的信用風險。

民間借貸市場的亂象

通常的民間借貸都依托於個人通過親緣或者地緣而建立起來的社交網路進行，這樣的借貸關係往往極大地受制於個人的社交圈子的大小。二十世紀九〇年代之後，在中國國內很多民間資本雄厚的地區，又出現了依托於一種傳銷模式的民間借貸模式。通過組建一種金字塔式的資金借貸體系，塔頂的資金供應者可以獲得最高的資金利息，而構成塔基的更大的群體，則只能獲得整個資金體系中最低但卻仍然遠高於銀行存款利息的投資利息。而在金字塔的中間層級的一些群體，則通過自己的社交網路，從自己親友處籌措零散的資本，再把其整體以更高的利息供應給自己的上級網路成員，這就保證了他們可以從籌資過程中獲得相應的利息差，從而得到比自己的下級網路成員更高的投資收益。

正是依托於親緣和傳銷兩套體系，民間借貸才可以像滾雪球一樣不斷地壯大。構成民間借貸體系金字塔尖端的集資體系的籌集者固然需要向自己的二級下級成員支付最高的籌資利息，但是通過利用後人資金支付前人利息的馬氏騙局的模式，他們的集資體系可以順利地運轉下去。直到群體性的支付潮到來時，由於沒有真實的使用籌集資金的盈利來源，這樣的集資網路才會歸結於破滅。

可能很多人仍然對無錫鄧斌非法集資案記憶猶新。由一個普通老太婆所組建的民間非法集資網路，自一九八九年八月最早開始營運後，居然維持了五年的時間，直到一九九四年七月才最終破滅，從而把無數捲入其中的民眾帶進了破產的深淵。儘管一九九五年鄧斌及其主要黨羽都被執行死刑，但是在其集資網路中投入大量資金的眾多無辜市民，卻是血本無歸。而二〇〇七年浙江東陽吳英非法集資案的曝光，又讓人們再度關注起民間集資。

非法民間借貸的界定

其實，正如前面所說的那樣，民間集資歷史久遠。儘管不在政府認可的正規產業之內，但一些正常的民間集資行為其實仍然是受法律所保障的。我們真正需要關注的應該是非法集資。如何界定正常的民間集資與非法集資呢？其實，要區分正常的民間集資與非法集資並不複雜，我們只需要關注以下幾個重要的因素，就可以大致做出準確的區分。

其一是集資的目的。正常的民間集資往往是由於借款人出於生活消費或者擴大生產經營的真實需求，而向擁有閒置資本的其他人士借入資本。正是基於正常的用款需求而發生，借款者在借款時，其實是擁有還款計劃的，通常會按其計劃實施歸還本金與利息的行為。而非法集資的借款者純粹是為了追求得到更多的借款，對於資金並沒有清晰的使用計劃，更沒有明確的計劃，其還款更多是通過使用新借入資金歸還已有借款本金利息的方式進行。更為明確的是，由於缺乏堅實的還款基礎，借款者也根本沒有能力償還所借入的全部資金。

實際上，正規的民間借貸往往依托於親情和友情，借款雙方彼此瞭解，借款者在借入資金時，通常也會告知資金供應者自己的用款計劃與還款計劃。由於交際網路的相互交叉，借出資金者也很容易掌握到借款人的用款與還款的最新情況。

而在很多非法集資案中，借款人有時根本不會告知資金供應方資金將投向何方，借入資金者也無從掌握借款人使用自己資金的具體收益情況和還款能力的變化。有時，為了消除資金供應方的顧慮，借款人也會虛構出一些盈利能力超強的投資項目。比如在吳英非法集資案中，吳英就成立了包括酒店、洗衣店、廣告公司、物流公司等十多家皮包公司，並虛假宣傳這些公司能夠獲得極為高昂的投資收益。然而，真正理性的投資者，從吳英顯示自己資金實力的買一贈一、免費洗衣等活動中，不應該感受到吳英的財大氣粗，而更應該擔憂吳英的這些實體企業的盈利能力。事實上，如果沒有堅實的還款依托，任何一項民間借貸的資金安全都需要打上一個大大的問號。

其二是借款的利息。中國《最高人民法院關於人民法院審理借貸案件的若干意見》第六條規定，民間借貸的利率可以適當高於銀行的利率，各地人民法院可根據本地區的實際情況具體掌握，但最高不得超過銀行同類貸款利率的四倍（包含利率本數），超出部份的利息不予保護。而目前中國銀行體系的正常貸款利率在百分之六左右，也就是說，大概只有百分之三十以內的年利率是受法律保護的正常民間借貸的利率。如果超過了這個利率水準，就不再受法律保護了。

在當前的經濟環境中，在正常的行業內，中國國內一家企業通常的年收益率都在百分之十以內，特別是中國東部民間借貸盛行的江浙地區，很多加工製造業企業的利潤率都在百分之三至百分之五。那麼我們可以想像，如果一家企業按超過百分之三十的利率大量借入資本用於擴大再生產，其能夠收回投資利息的機率是相當小的。甚至可以說，在正常的行業競爭中，通過進行生產經營投資，獲得百分之三十以上的利潤基本上是不可能完成的任務。

然而，在當前的很多民間借貸盛行的地區，民間借貸往往按月付息，利滾利計算利息。所謂的月息三分或者四分的利息是極為常見的利率水準，而這就代表著借款人借入資金之後，必須每月支付百分之三至百分之四的利息。即使不考慮利滾利的複利計算方式，折算為年利率也將為百分之三十六至百分之四十八，遠高於法律所允許的正常民間借貸的利息水準。在資金緊缺的二〇〇八年和二〇〇九年，在很多民間借貸盛行的地區，月息十毛也並不是什麼稀奇的事情。假如借入資本每月支付百分之十的利息，借入一萬元，第二年就將連本帶息歸還兩萬兩千元。這樣高的還款壓力，相信任何一個理性的企業經營者都不會接受，而真正願意接受如此高的借款利息的就只有那些根本就不打算還錢的非法集資者。

其三就是民間借貸行為的組織方式。通常的民間借貸一般依托於借款人的社交關係，通過類似於P2P模式的一對一或者多對一的借款模式，由一名或者多名資金供應者向一名借款者提供借貸資本。借貸關係是通過簡單的線條式的社交網路而達成，資金的借貸僅僅在借貸雙方之間流動，而不會存在於其他經濟環節。

然而，現代意義上的非法集資，為了有效提高資金的籌措能力，往往通過組建金字塔式的網路狀借貸體系開展。資金會從金字塔底端源源不斷地向頂端流動，其間，資金將流經多名借貸網路中間層級成員。每一名中間層級成員都能夠低息從自己的社交圈子中籌集資金，再以更高的利息將資金供應給上級。他們既不關注資金到底是來源於自己下層成員的自有資產，還是下層成員再通過網路狀的籌資方式從再下層籌措的資本，他們也不關注資金供應給上層成員後，是由上層成員自己使用，還是由上層成員再次倒手加息轉出。

在非法集資的網路體系中，網路狀的組織設計既保證了資金籌措的廣泛性，可以最大限度地挖掘集資企業的籌資能力，又可以最大限度地隔絕資訊在不同層級之間的傳播，每一名網路成員只熟悉自己的上下級成員，卻不會瞭解到整個集資網路的全貌，從而可以最大限度地保證非法集資網路體系的安全性。

民間借貸市場的巨大潛力

在現代中國，一方面，眾多小微企業無處化緣，很難從正規的銀行體系獲得信貸支持，它們有著強烈的以高於銀行貸款的利率水準從非正規市場籌集資金的衝動。而另一方面，大量民間資本又無處可投，民間資本市場擁有著巨大的資金供應能力。

如果這樣的民間借貸市場能夠正常運轉下去，一方面可以保證小微企業能夠得到充足的外部資金供應，另一方面也能夠為巨額的民間資本找到一個最佳的投向領域，這肯定是一件一舉兩得的好事。

然而，事實上，非法集資的新聞卻屢見不鮮。這其實只是很多不法分子利用民間借貸市場逐利的本性，通過虛許高額回報的方式，騙取民間資本。在民間借貸市場中，資金供應者往往寧願選擇能夠給他們帶來最高收益率的借款人，這也迫使眾多不法分子要想贏得資金供應者的青睞，就得不斷地推高自己許諾的資金回報率。而資金回報率的不斷提高，又把很多本來希望進入民間借貸資本市場籌措資本的合法經營者逐出了市場，形成一種劣幣驅逐良幣的自發機制。

在次貸危機席捲全球經濟、中國企業深陷危機不能自拔的二〇〇八年，在很多私營企業陷入資金枯竭的困境之時，私營企業發現由於無法從銀行獲得資金支持，如果不選擇從民間借貸市場融資，那麼就相當於等死，眼睜睜地看著自己因資金枯竭而破產。可是如果選擇在民間借貸市場融資，動輒月息三分、四分的利息負擔，即使在企業效益最佳的黃金時期也無力承受，在經濟危機之中，自己的經濟效益急劇下滑之際，選擇以如此高的利率借入資本無異於找死。在橫豎都是死的兩難選擇下，很多民營企業抱著一種賭博的心理選擇在民間借貸市場融資，最終導致很多企業老總因為不堪忍受高額利息而選擇跑路，最終導致地方性民間借貸市場的信用危機頻現。

二〇一三年以來，在錢荒再度來臨之際，在浙江溫州、內蒙古鄂爾多斯、陝西神木等地，再次暴出很多企業因無力承擔民間借貸的高額利息而陷入倒閉的新聞，民間借貸市場的危機再度到來。

事實上，如果沒有眾多不法分子出於金融欺詐的目的，在民間借貸市場中虛報高額利息，民間借貸市場的融資利率本來不會如此誇張，也不至於使企業陷入不借錢是等死，借錢相當於找死的困境。溫州、鄂爾多斯等地政府在規範民間借貸市場的發展、打擊非法集資對民間借貸市場的破壞等方面做出了一些重要的嘗試。

二〇一三年以後，**P2P**網貸的興起，也成為民間通過市場力量規範民間借貸行為的一種自發嘗試。然而，在缺乏金融監管部門的有限監管的制度約束下，**P2P**網貸也逐漸淪為民間非法集資的一種變形手段，險些成為曇花一現的金融創新。**P2P**網貸到底能否解決民間借貸市場的種種亂象，能否成為銀行貸款體系的一個重要的補充力量，我們仍然需要拭目以待。

CHAPTER

8

鯰魚效應：網路企業的攪局

阿里巴巴攪局互聯網金融

淘寶網的成功

二十世紀九〇年代，資訊科技開始傳入中國。在資訊科技還只是少數技術人員獨享的新技術體驗的當時，誰也想不到，在短短二十多年間，資訊科技能夠取得如此巨大的發展，給人們的生產、生活帶來了翻天覆地的變化。

作為較早體驗電子商務的消費者，筆者早在二〇〇〇年以前就曾經在網路購買過圖書或者影音製品等商品。當時，電子商務剛剛被引入中國不久，可供選擇的電子商務網站並不太多，但是從當時盛行的8848和易趣等購物網站身上仍然可以初步看到今天的京東商城或者淘寶的影子。

然而，由於資訊科技的制約，二十一世紀初電子商務剛剛興起的那段時間，在B2C購物模式下，購物網站不能提供齊全的購物選擇，而貨款結算的不便捷更是極大地影響了消費者的購物體驗。而類似於當前的淘寶模式的易趣的C2C購物模式，固然可以引入各種商品的賣家，豐富網站的商品種類，但是由於缺乏類似於支付寶這樣的買賣雙方的信用評價機制，無法控制電子商務中的欺詐行為。作為最早吃螃蟹的中國電子商務的探路者們，大多已經被當當、淘寶、京東等後來者拍倒在沙灘上，而僅僅留存在我們的記憶中。

成立於二〇〇三年的淘寶在成立之初並沒有引起眾多網路人士的關注，畢竟在此前的大洋彼岸的美國網路泡沫破滅之前，像淘寶這樣跟風eBay闖入電子商務的網站並不在少數，而且其中大部份都在燒完投資者的投資之後，很快就灰飛煙滅，消失無影。

然而，得益於支付寶和信用評價體系兩大法寶，淘寶網自建立伊始就贏得了眾多網民的支持，甚至在不長時間內就創下了銷售額連續數月以百分之六百、百分之七百的速度迅猛增長的業界神話。短短一年間，淘寶就已經趕超昔日業內老大易趣，坐上了中國電子商務的頭把交椅。

當然，淘寶的成功不僅僅取決於其技術上獨具匠心的設計，這一設計有效地解決了傳統電子商務中最為突出的信用風險，也得益於多年不遇的特殊的環境。想必很多人應該還記得二〇〇三年春「非典」肆虐的那段歲月。由於「非典」極具傳染性，很多人都擔心外出將增加自己感染「非典」的風險，因此都極大限度地減少了外出。可是生活中總是需要各種柴米油鹽醬醋茶的，而購買這些生活用品的超市恰恰是人群最為聚集、感染「非典」風險最大的地方，因此為了安全起見，很多人放棄了傳統的逛超市、逛商場的習慣，轉而在淘寶等網路商城購買商品。塞翁失馬，焉知非福，「非典」這場人類發展史中罕見的災難，卻成為中國電子商務崛起的契機。

淘寶在互聯網金融中的最早嘗試

淘寶早期的業務主要偏重於與美國電子商務網站eBay類似的C2C，也就是為很多中小規模的個人零售賣家提供網路交易的平台。伴隨著淘寶的成長，一方面，一大批原有的中小規模的個人賣家迅速成長起來，成為擁有雄厚資金實力的企業賣家，而另一方面，伴隨著淘寶在中國電子商務領域的影響力不斷加深，很多原來看不起電子商務的大型企業也開始尋求與淘寶合作，B2C業務也迅速發展起來，這才促成了二〇一一年六月阿里巴巴集團把自己旗下的淘寶分拆為沿襲原有C2C業務的淘寶網、平台型B2C電子商務服務商天貓商城和一站式購物搜索引擎一淘網。

早期的淘寶網依托於眾多個人零售商發展C2C交易。只有淘寶網中的眾多個人零售商能夠取得良好的收益，才能夠保證淘寶模式的成功。而個人零售商由於資金規模有限的先天不足，在市場資訊的把握、資金的充裕度、產品的採購以及自家商品的展示與宣傳方面都存在著眾多的不足。它們不可能像大企業那樣有實力構建自己完整的產銷體系，並通過大強度的廣告宣傳向消費者推廣自身的產品。這種資金規模上的不足也成為淘寶中眾多個人零售商發展的瓶頸。只有突破這種包括資金供應、市場資訊蒐集與整理、供應鏈管理、廣告宣傳等全價值鏈的發展瓶頸，才有可能實現淘寶個人零售商以及淘寶自己的雙贏。

而淘寶成功的一個重要因素就是它建立了一套最簡便可行的買賣雙方互評的信用評價機制，這種信用評價機制也能夠讓阿里巴巴輕鬆獲取買賣雙方的信用狀況、銷售能力或消費能力、產品類型等大數據資訊。阿里巴巴只要把這些大數據資訊與已經建立的誠信通對接起來，就可以構建起一個針對淘寶體系的龐大的電子商務資訊數據庫。

其實，早在阿里巴巴集團創立淘寶的前一年，阿里巴巴就已經針對中國的很多內貿企業提供了誠信通服務，主要針對中國的眾多企業提供電子商務的資訊管理等。二〇〇四年三月十日，阿里巴巴在原有的誠信通會員的誠信檔案的基礎之上，推出了「誠信通」指數。根據眾多誠信通會員的A&V認證、檔案年限、交易狀況、信用評價、商業糾紛等因素，建立起一整套反映買賣雙方信用狀況的可以量化的綜合評價體系。這進一步提高了淘寶交易的市場透明度，營造了更為誠信的市場交易氛圍，促進了淘寶交易的穩定進行。

誠信通指數是源於歷史交易大數據的反映企業信用狀況的重要指標。一方面，它可以應用於淘寶交易中，消除買家對賣家的信用狀況的擔憂。另一方面，擁有更高的誠信通指數的企業，也能夠更好地消除銀行向其發放貸款的風險顧慮。隨著逐漸被很多商業銀行所接受，誠信通指數成為審批中小企業信貸申請的重要參考數據。

與銀行合作進行網路借貸服務的嘗試

二〇〇七年五月，阿里巴巴集團宣佈與中國建設銀行達成企業信用貸款服務的合作，其關鍵也正在於誠信通指數在資金信貸中的應用，這也宣佈了誠信通指數被正式納入了商業銀行的信貸審批的參考指標。擁有更高誠信通指數的阿里巴巴的優質會員，可以通過阿里巴巴報名申請中國建設銀行的「個人助業貸款」和「速貸通」貸款服務。只要貸款者擁有規定的誠信通指數，並按規定填寫了相關申請，阿里巴巴就可以向中國建設銀行進行推薦，經審批合格後，就將獲得中國建設銀行所發放的信貸。誠信通借貸也成為阿里巴巴集團進入互聯網金融領域的一個重要開端。

對於阿里巴巴來說，藉助於淘寶的信用評價機制、交易紀錄以及誠信通指數的統計，它已經擁有了很多金融企業所夢寐以求的、反映企業信用狀況的、最可信、最真實的大數據指標。通過電腦對這些數據的分析與管理，就能夠對所有淘寶賣家的資信進行最真實的評價。而這樣的信用大數據遠比銀行在傳統的信貸業務中對借款人進行的實地資信調查更精準，也更為節約成本。

當中國建設銀行分享到阿里巴巴的誠信通數據後，才敢於提出不設准入門檻，不強調評級和客戶授信，為各類高資信中小客戶提供信貸支持。而在此之前，由於難以控制信貸風險，以及對於客戶資信調查的高成本，類似的中小企業廠商往往被排除於現有的銀行信貸服務之外。

正是在誠信通的支持之下，首批一百家獲得中國建設銀行信貸支持的誠信通用戶，分別獲得了十萬至一千萬元的信貸支持。這在沒有阿里巴巴誠信通指數的情況下，幾乎是完全不可想像的。

二〇〇七年六月，就在阿里巴巴和中國建設銀行第一輪合作的「個人助業貸款」和「速貸通」項目贏得一片喝彩聲之後，它們又趁熱推出了第二輪合作服務——「e貸通」。與前面的合作相同，

「e貸通」同樣依托於阿里巴巴的網路大數據誠信通指數，申請企業最好擁有三年以上良好的網路信用紀錄，每個企業的貸款額度在五十萬元以內。首批四家擁有誠信通會員資格的淘寶的網路電商獲得「e貸通」貸款共計一百二十萬元，且它們的企業員工數量都少於一百人，是典型的不受銀行貸款項目青睞的小微企業。

「e貸通」貸款的特別之處在於，它的所有流程從申請、調查、審批、發放、審控到貸款的回收全部通過網路完成。為了避免「e貸通」貸款出現壞帳，阿里巴巴和建行宣佈，當貸款出現壞帳後，將在網路上聯合發佈用戶的不良信用紀錄。

二〇〇七年十一月，阿里巴巴與中國建設銀行再次推出新的合作形式——網路聯保。網路聯保是一款不需要任何抵押的貸款產品，由三家或三家以上企業組成一個聯合體，共同向銀行申請貸款，同時企業之間實現風險共擔。當聯合體中有任意一家企業無法歸還貸款時，聯合體中的其他企業需要共同替它償還所有貸款本息。比如，聯合體中A、B、C企業各獲得貸款五十萬元，則每個人承擔的貸款責任都是一百五十萬元。如果A到期無法歸還貸款五十萬元，則需要B、C企業的企業法人代表共同替A企業歸還其五十萬元貸款及利息。

加入聯合體的企業應該符合以下標準：在聯合體中，只要有一家誠信通年限進入第三年及以上或中國供應商會員年限進入第二年及以上的企業為帶頭人；非關聯企業，即互相之間未有股權關係；非三代直系、兩代旁系親屬；上年經營非虧損企業；提交貸款申請的相關資訊必須與事實相符；目前在建行各分支機構無貸款餘額。

符合網路聯保資格的企業可以通過阿里巴巴網站發起並建立貸款聯合體，締結貸款聯合擔保合約，並以聯合體的身份申請貸款。銀行及阿里巴巴會通過電子商務網路和線下商務監測及時有效地對整個企業支用貸款和償還貸款的過程進行全程控制。

網路聯保最早在浙江的杭州、紹興和嘉興地區試點，首批通過審批的六家企業共獲得三百一十萬元低息、無抵押、無擔保的快速貸款。很快，到二〇〇八年三月，網路聯保面向浙江省全省開放，除計劃單列的寧波暫不加入之外，企業工商註冊地在杭州、嘉興、湖州、紹興、台州、溫州、金華、麗水、衢州、舟山地區及下轄的各縣市，企業工商註冊年限滿十八個月或企業法人代表（或實際管理人）從事當前行業五年（含五年）以上的企業都可以申請網路聯保。

在傳統的貸款中，銀行負責對企業的財務及資信情況進行調查。由於目前中國企業，特別是小微企業在執行國家財務會計制度方面普遍存在不到位的現象，這種以銀行為行為主體的徵信調查，一方面增加了銀行資信調查的成本，而另一方面，銀行也很難獲得能最真實地反映企業營運狀況的第一手資料。通過網路聯保，銀行等於把融資的信用風險轉移給了各家企業。為了避免融資風險，每一家企業都不會願意與資信不佳、營運困難的企業組成聯合體，替其他企業承擔還款的責任。它們只會和自己熟悉、彼此信賴的企業組成穩定的聯合體。這就通過市場選擇的方式，保證了網路聯保的每一家企業都有能力、也有意願償還銀行貸款，從而避免了銀行貸款的信用風險。

網路聯保也受到了浙江的眾多小微企業的熱烈歡迎。截至二〇〇八年三月，其貸款額已經超過一億六千萬元，而到二〇〇八年六月，其放貸規模又超過了四億兩千萬元。截至二〇一〇年建設銀行與阿里巴巴多年的合作關係走向終結為止，二者合作的貸款規模已經達到一百億元。

除了建設銀行之外，二〇〇七年六月二十九日，中國工商銀行也與阿里巴巴簽訂了合作協議，工商銀行將以阿里巴巴的網路信用評價與交易紀錄作為授信評價，向其旗下的網商企業提供融資貸款，並於當年十月推出了類似「e貸通」的「易融通」。

可以說，在阿里巴巴佔據中國網路購物頭把交椅之後，其所掌握的商戶信用評價和交易狀況等大數據已經成為其核心資源，它可以有效地幫助合作銀行尋找貸款對象，降低貸款的信用風險，削減貸款審核和調查的相關費用，因此，在相當長一段時間內，阿里巴巴和各大銀行都處於密切合作的蜜月期。直到阿里巴巴在網路金融領域的不斷嘗試觸及各大商業銀行的奶酪後，雙方的蜜月期才宣告結束，阿里巴巴和銀行之間的七年之癢開始了。二〇一〇年，阿里巴巴和與其合作的多家商業銀行以合作未達預期效果為由，宣佈中止阿里巴巴與各大商業銀行的合作，雙方正式進入冷戰時期。

阿里巴巴的改革決心

阿里巴巴在最初進入互聯網金融領域時選擇了一條與傳統金融機構合作的道路，在這種合作模式中，阿里巴巴無償地貢獻出了自己的核心資源，也就是憑藉自己在電子商務領域的龍頭老大地位所獲得的關於網商的信用評價與交易數據的分析等大數據資料，以此撮合商業銀行與電商的貸款交易。通過阿里巴巴的加入，銀行得以有效尋求更多的優質貸款對象，降低了貸款的信用風險和貸款申請人資信調查的成本開支，而電商也得到了自身發展所急需的資金支持，可以說，借貸雙方都從這種貸款模式中得到了極大的好處。

然而，對於阿里巴巴來說，自己對於客戶數據的蒐集、處理與分析，包括最終從中提煉出貸款風險控制模型與客戶信用評價指數等都需要耗費大量的人力和物力進行程式開發與數據的建立模型分析。然而，在現有的合作模式中，阿里巴巴除了能夠從電商獲得資金支持之後的快速發展中得到一些間接收益外，並不能從現有的貸款交易中獲得直接利潤，甚至不能彌補自己獲得大數據的成本支出。因此，可以想像，這種純粹的單方付出的合作模式並不能滿足進取的阿里巴巴的胃口，阿里巴巴也不可能永遠扮演這種單方奉獻的角色，它也必須開發新的盈利模式。

與商業銀行的多年合作，讓阿里巴巴更近距離地接觸了網路企業的貸款業務，瞭解了網路企業的金融需求。而淘寶的信用評價體系，以及由此衍生出來的誠信通指數，讓阿里巴巴建立了堪比央行的徵信體系的客戶信用資料大數據庫。

而另一方面，儘管阿里巴巴與各大商業銀行的合作看上去進展順利，但是事實上，阿里巴巴向合作商業銀行推薦的貸款客戶獲得審批的比率仍然相當低。特別是當阿里巴巴選擇把支付寶備用金從建行轉向工行之後，與建行的合作關係急轉直下，阿里巴巴推薦客戶的拒批率更是直線上升。有時阿里巴巴向銀行推薦一百名貸款客戶，最終能夠被批准貸款的卻只有一家，其餘的九十九家都被銀行以沒有抵押、沒有擔保、沒有聯保等理由否決掉。

在阿里巴巴看來，互聯網金融，特別是基於阿里巴巴現有客戶的金融交易往往是碎片型的需求，甚至很多都很難被稱為小微企業，而是個人商戶，這往往是傳統金融體系中銀行根本不屑於關注的雞肋型客戶。「假如銀行不改變，我們就改變銀行」，馬雲在無力進一步改善與銀行的合作關係時，只能尋求自己闖出一條迫使銀行改變的發展道路。

阿里小貸的初露鋒芒

二〇一〇年四月，阿里巴巴獲得小額信貸牌照成為阿里巴巴進軍自營的互聯網金融領域的一個關鍵節點。二〇一〇年六月八日，阿里巴巴聯合復星集團、銀泰集團、萬向集團成立浙江阿里巴巴小額貸款股份有限公司，註冊資本六億元，法定代表人為馬雲。二〇一一年六月二十一日，阿里巴巴再次聯合復星集團、銀泰集團、萬向集團成立重慶市阿里巴巴小額貸款股份有限公司，註冊資本十億元，法定代表人同為馬雲。根據小額信貸公司的放貸餘額不得超過註冊資本的百分之一百五十的相關政策估計，阿里巴巴的兩家小貸公司的可貸資本僅為二十四億元人民幣，與眾多財大氣粗的國有商業銀行根本不在一條水平線上，似乎根本不足以被商業銀行視為競爭對手。

阿里小貸主要提供淘寶貸款和阿里巴巴貸款兩種不同形式的貸款。淘寶貸款主要針對淘寶、天貓和聚划算的賣家提供訂單貸款或信用貸款。因為它的客戶的業務經營的全過程都在淘寶平台上完成，因此在淘寶自身的信用數據庫中就擁有這些客戶的經營狀況、信用紀錄等相關資訊。因此，客戶提出小額貸款申請後，阿里小貸可以在線上完成貸款審核和貸款發放，從而省去了現實中的信用調查等煩瑣的程序，極大地節約了信貸的成本。

而阿里巴巴貸款則是針對阿里巴巴會員企業自身生產經營中產生的流動性資金需求，在資金的放貸過程中，需要對企業進行實地走訪調查，因此有著明顯的地域限制。在推出的最初三年內，阿里巴巴貸款僅針對江浙滬的阿里巴巴會員企業開放。二〇一三年以後，阿里巴巴貸款開始向廣東等地擴張，並計劃延伸到全國。

截至二〇一三年十二月底，阿里小貸累計客戶數超過了六十五萬家，累計投放貸款超過一千六百億元，戶均貸款餘額不足四萬元，戶均授信約十三萬元，不良貸款率控制在百分之一以下。這樣的成績令很多經營規模更大、發展歷史更久的大型商業銀行都感到汗顏。

與傳統的銀行體系貸款相比，阿里小貸的最大特點在於其極致的靈活性。一方面，貸款的申請與發放都在網路進行，這就可以最大限度地降低信貸機構的貸款成本支出，而依托於大數據的信用評價機制，不僅提高了信貸審核與發放的效率，降低了成本，也從根本上改變了傳統信貸業務依賴資產抵押的營運模式，推動了社會信用體系的建立。

淘寶和天貓的眾多賣家在需要資金的時候，可以隨時申請阿里小貸，資金能夠在很短時間內到位。而當他們資金充足時，又可以隨時歸還貸款，不再需要無意義地佔有貸款，承擔額外的貸款成本。這樣靈活機動的貸款資金發放與歸還機制，可以最大限度地滿足客戶降低貸款成本的需求，更能夠迎合客戶的貸款需要。

而從貸款成本來看，阿里金融宣佈，二〇一二年其客戶的實際融資成本為百分之六・七，接近於央行一年期貸款基準利率。而對於使用更多訂單貸款的淘寶和天貓賣家來說，其利率為日息萬分之五。二〇一二年，阿里小貸的訂單貸款所有客戶平均全年使用訂單貸款三十次，平均每次貸款時長為四天。依此計算，其全年的實際融資利率成本僅為百分之六。

而在客戶對象的選擇上，阿里小貸的貸款對象主要是天貓與淘寶平台中的小微電商客戶，其貸款規模普遍不大。如與被譽為中國小微企業貸款行業標竿的民生銀行相比，民生銀行自二〇〇九年推出「商貸通」以來，六年共計發放小微企業貸款一兆兩千億元，服務小微企業客戶一百七十萬戶，由此可以推算出民生銀行的平均客戶的貸款規模大致在七十一萬元，與不到四萬元的阿里小貸相比，無疑已經大了很多。

當然，由於阿里小貸自身規模的限制，阿里小貸並沒有在信貸領域對銀行形成大的衝擊，特別是它的客戶往往都是傳統商業銀行根本不屑於關注的超小規模企業，因此很多銀行其實並沒有過於防礙阿里小貸的發展。甚至一些商業銀行建議阿里小貸僅關注B2C的天貓與淘寶客戶的小額貸款，而放棄B2B領域的阿里巴巴貸款，這部份貸款額度更高、客戶規模更大的大額貸款仍然由銀行承擔。

餘額寶的威脅

偶然中蘊藏著必然的餘額寶的產生

真正讓傳統銀行感受到網路企業在開展互聯網金融後的巨大衝擊力的還是大家所熟悉的餘額寶的橫空出世。二〇一三年六月十三日，阿里巴巴小微金融服務集團旗下的支付寶聯合天弘基金共同推出一款名為餘額寶的貨幣基金業務，在短短一年時間內，到二〇一四年六月底，它已經成為一支擁有過億用戶、資金規模高達五千七百四十一億六千萬元的全國最大貨幣基金，同時也榮膺全球第四大貨幣基金。

餘額寶的推出看似突然，其實也是阿里巴巴針對客戶的真實需求的一項順水推舟的金融創新。在支付寶這樣的第三方支付平台上，無論淘寶和天貓的買家，還是賣家，無論是購買，還是銷售，隨時都會有巨額的資金沉澱在支付寶中。而由於支付寶只是一個第三方支付機構，並不是貨幣基金，按當前的中國國家金融監管政策，第三方支付機構是不允許對用戶發放利息的。而為了利息，隨時把資金從支付寶和銀行之間進行轉帳，又會給客戶帶來很大的不便。擺脫當前金融監管政策的束縛，讓客戶能夠從支付寶中體驗到實實在在的收益，這已經成為支付寶擺脫當前的發展困境的必然選擇了。

就在同時，天弘基金也遇到了一個發展瓶頸。在中國現有的金融體系中，基金的銷售往往需要依托於銀行、證券公司等傳統金融機構，通常基金公司都得拿出自己管理費的三到四成給予傳統金融機構作為通路費。而作為排名靠後的貨幣基金，天弘基金更未能通過支付足夠的資金以打動銀行，幫助自己強推自己的基金產品。窮則思變，長期的不死不活的經營也使得天弘基金必須選擇大膽走出創新的一步。

而從顧客角度考慮，餘額寶的成功是完全可以預期的。從收益來說，餘額寶通常可以提供接近活期利率十五倍的收益，一年期定期利率一・五倍的收益，餘額寶產品在收益上的吸引力是很難抵制的。特別是在錢荒時期，在貨幣基金市場利率飆升的二〇一三年，餘額寶的七天年化收益率一度接近百分之七的高點，更是使得眾多投資者義無反顧地選擇了餘額寶，從而拋棄了長期以來的活期儲蓄的習慣。

從流動性來說，餘額寶最初實施當日贖回、次日到帳的資金贖回規則，此後，又通過深化與一些商業銀行，特別是一些民營商業銀行的資金結算的合作，針對很多銀行已經可以提供即時到帳的基金贖回，這簡直就相當於活期儲蓄的流動性。而相較於百分之〇・三五的現行銀行活期儲蓄利率，餘額寶的競爭優勢更是極為明顯的。

餘額寶的成功

儘管作為一款貨幣基金產品，餘額寶的發展還存在著很多政策上的不確定性，但是憑藉馬雲在互聯網金融領域的市場影響力，即使此後跟風推出的諸如微信財付通、京東小金庫可以提供高於餘額寶的年化收益率，但是在馬雲的金字招牌下，用戶對於餘額寶的信任度仍然高於其他競爭對手的類似產品。而更為突出的是，依托於淘寶和天貓這個龐大的網購帝國，支付寶可以為客戶提供一站式購物和消費，以及方便靈活的資金劃轉，能夠為用戶提供最貼心、最全面的用戶體驗。這是無論騰訊還是京東都難以比擬的，這才導致任何其他網路理財產品都根本不可能撼動餘額寶的行業老大的領導地位。

然而，截至二〇一四年六月底，中國貨幣基金總規模已經超過一兆六千億元。要知道，這筆資金可不是從千千萬萬的老百姓家的箱子底掏出來的，除了原來就沉澱在支付寶中的少量資金之外，這一兆六千億元幾乎都是來源於銀行。千千萬萬的老百姓把他們的活期儲蓄或者定期儲蓄都取出來，轉而把錢存入餘額寶，以追求獲得更高的收益。這也意味著，在這短短一年時間裡，銀行儲戶的儲蓄總規模少了一兆多元。

一兆多元資本流出銀行，銀行可真是失血嚴重了。本來二〇一三年中期後，中國經濟就遭遇了錢荒，然而銀行沒想到，正是由於錢荒推高了貨幣基金的協議存款利率，反而加強了貨幣基金的市場競爭力，更加劇了銀行儲戶存款的外流。

可能也會有人說，反正餘額寶所依托的貨幣基金最後還是以協議存款的方式流入銀行體系，這筆錢最終還是存放在銀行體系內，那麼對銀行應該不會有太大的影響吧？

問題可不是那麼簡單。以前這一兆多元資金是以民眾的活期儲蓄或者定期儲蓄的形式保存在銀行體系內，銀行獲得這些資金所支付的利息成本是相當有限的。而現在，當這些資金存入支付寶後，再以貨幣基金協議存款的方式返回銀行體系時，銀行向它支付的利息那就得等於甚至高於餘額寶支付給用戶的利息。一來一去，銀行融資的利息壓力可就大多了。

也正是由於餘額寶極大地推高了銀行的吸儲成本，這才產生了一些專家所謂的餘額寶是吸血蟲的提法，認為是餘額寶推高了銀行的資金成本，轉而又間接抬高了銀行對外貸款的貸款利率，使得整個社會都得為餘額寶的高利息而埋單。

此外，很多商業銀行也開始選擇以限制資金在餘額寶與本行的銀行卡之間轉帳的資金額度的方式，限制儲戶對於餘額寶的購買，甚至希望通過遊說金融管理高層向餘額寶徵收存款準備金來削弱餘額寶的盈利能力，減輕餘額寶施加給銀行體系的巨大競爭壓力。

最後的奶酪——虛擬信用卡

虛擬信用卡概念的提出

二〇一四年七月，摩根大通向美國專利局提交了一項專利申請。令很多人興奮的是，這一申請並不是傳統的關於技術設計方面的專利，而是一項類似於比特幣的虛擬信用卡網路支付服務。事實上，伴隨著現代經濟的發展，現代貨幣也面臨著前所未有的競爭壓力。從最早的從無數種商品中分離出少數扮演一般等價物的商品，到貴金屬固定充當貨幣的角色，再到紙幣的誕生，最後到時間的車輪碾入網路經濟之後，很多人才發現，現代資訊科技完全可以擺脫對真實貨幣的依賴，消滅貨幣，再基於網路通信技術建立起不再需要貨幣、不再需要金額卡或信用卡、不再需要中央銀行的虛擬的網路結算體系。

其實，就在此之前不久，阿里巴巴也在醞釀一次關於虛擬信用卡的重要的創新，也正是由於這次創新對現存銀行體系的衝擊波將遠遠大於此前的阿里小貸或者餘額寶，因此更受到銀行業的普遍反對，同時也源於技術的不成熟，而被中國人民銀行緊急叫停。

可什麼是虛擬信用卡？它又為什麼會引起如此大的軒然大波？為什麼銀行能夠容忍阿里小貸，能夠容忍餘額寶，卻堅決不允許虛擬信用卡的問世呢？

二〇一四年二月二十八日，阿里巴巴宣佈信用支付功能正式上線。剛一上線，淘寶和天貓已經有一百三十萬個店鋪默認免費開通信用支付功能。信用支付功能將覆蓋所有八千萬個支付寶用戶。阿里金融將根據自己蒐集的關於註冊時間長短、網上消費不良紀錄、實名認證、買家信用等大數據的指標，把支付寶的用戶分為不同資信水準，相應地，這些用戶可以獲得最低兩百元、最高五千元的不同的透支額度。透支的信用額度免年費，最長可以獲得三十八天的免息日，還款與付款都通過支付寶管道進行。

儘管在宣傳過程中，阿里巴巴都是把信用支付稱為消費信貸，然而，由於它的功能設計與普通的信用卡極為相似，都擁有授信額度、免息日、還款日，因此，很快它就被授予一個更為響亮的名號——虛擬信用卡。

二〇一四年三月十一日，阿里巴巴旗下的支付寶宣佈將聯合中信銀行推出網路虛擬信用卡，首批計劃發放一百萬張。以後顧客在淘寶和天貓的簽約商戶處購物時，不但可以選擇自己的支付寶帳戶資金或者綁定銀行卡的資金進行第三方支付結算，只要在開通信用支付的賣家處購物，就可以使用虛擬信用卡進行結算，因此，也就根本不用運用自己的資金，完全憑藉自己的信用就可以進行透支支付，這更體現了信用就是財富的現代金融理念。

幾乎同時，支付寶的最大競爭對手騰訊也宣佈將聯合中信銀行推出微信信用卡。微信信用卡同樣採取線上申請、線上發行方式。騰訊更是喊出分鐘審批的口號，宣佈客戶線上申請微信信用卡後，騰訊公司後台將綜合運用大數據對其進行技術評級，確定其授信額度，一分鐘完成虛擬信用卡的發卡程序。相比於審批煩瑣、週期冗長的實體信用卡，網路虛擬信用卡更是得到了眾多生活節奏快的青年人的廣泛歡迎。而這批青年人恰恰是網購消費能力最強、能夠給信用卡發行單位帶來最大利潤的最優的顧客群體。

為了消除網路虛擬信用卡的潛在信用風險，騰訊還引入了「眾安保險」，在信用卡領域首次引入了保險模式，通過保險公司的介入，以控制虛擬信用卡的客戶信用風險和銀行資產風險。

就在馬雲和馬化騰爭相進軍虛擬信用卡，一場關於網路支付的激戰即將開戰之際，網路信用卡也引起了傳統銀行業的極大關注，眾多銀行從業人員紛紛就網路信用卡的安全性提出質疑。在各大公開媒體特別是網路媒體中，關於虛擬信用卡的是非之爭也日趨激烈。

虛擬信用卡的政策管制

然而，誰也沒有想到，事態的發展居然急轉直下，阿里巴巴和騰訊的虛擬信用卡之夢僅做了三天。三月十四日，中國人民銀行緊急發佈《中國人民銀行支付結算司關於暫停支付寶公司線下條碼（二維碼）支付等業務意見的函》，宣佈：「線下條碼（二維碼）支付突破了傳統受理終端的業務模式，其風險控制水平直接關係到客戶的資訊安全和資金安全。目前，將條碼（二維碼）應用於支付領域有關技術、終端的安全標準尚不明確。相關支付撮合驗證方式的安全性尚存質疑，存在一定的支付風險隱患。虛擬信用卡突破了現有信用卡業務模式，在落實客戶身份識別義務、保障客戶資訊安全等方面尚待進一步研究。為維護支付體系穩定、保障客戶合法權益，總行有關部門將對該類業務的合規性、安全性進行總體評估。」

同時，要求阿里巴巴公司立即暫停線下條碼（二維碼）支付、虛擬信用卡有關業務，採取有效措施確保業務暫停期間的平穩過渡，妥善處理客戶服務，減少輿論影響，並要求支付寶公司將有關產品詳細介紹、管理制度、操作流程、機構合作情況及利潤分配機制、客戶權益保障機制、應急處置等內容書面向中國人民銀行做出匯報。由此，一場被炒作得沸沸揚揚的虛擬信用卡大戰尚未正式展開，就壽終正寢，走向終結了。

不可否認，從技術上來講，虛擬信用卡的推行有些操之過急，特別是過於簡化的信用卡審批程序將不可避免地造成信用卡壞帳率的不可控制；個人資訊被盜用可能會導致冒領虛擬信用卡進行詐騙蔚然成風；現有的虛擬信用卡機制，難以控制買賣雙方利用虛假網購交易套現或者洗錢等等。

叫停虛擬信用卡的背後

仔細考慮的話，前面所提到的技術上的問題，其實都可以透過技術性的創新設計予以規避並加以控制。真正導致虛擬信用卡被緊急叫停的原因，可能更多源於其觸及了現有銀行體系最後的奶酪。

可能很多人都早已習慣了在日常生活消費中使用銀行發行的實體信用卡，也已經熟悉了信用卡的基本使用技巧，但可能不是所有人都瞭解實體信用卡的盈利來源。

當我們在一些商場、飯店使用信用卡結算時，對於消費者而言這是挺方便的，不用帶著大量現金，還可以積累信用卡積分兌換禮品，但是為消費者提供刷卡服務的各個商家其實是需要支付一筆手續費的。這也是為什麼有時我們到一些小商店，包括淘寶的一些電商處買東西時，對方往往不願意接受刷卡消費，或者如果顧客選擇刷卡，他們往往會要求顧客額外補償一筆手續費的緣故了。

通常情況下，消費者使用信用卡所產生的手續費由負責全國不同商業銀行的跨行資訊交換的中國銀聯、信用卡的發卡行以及刷卡的POS機的供應行三家按不同的比例進行分配。

根據中國在二〇一二年頒佈的《中國人民銀行關於切實做好銀行卡刷卡手續費標準調整實施工作的通知》，現行商戶的刷卡費用其實已經大幅降低了，通常都在百分之一以內。但蒼蠅也是肉啊，刷卡的總金額多了，額外支付的刷卡手續費就不是一個小數字了。由於信用卡消費在現代社會已經極為普遍，信用卡的刷卡手續費也就成為現代各大商業銀行的一筆重要的收入來源。這才是為什麼我們看到眾多商業銀行寧可發放小禮物，也要引誘公眾辦理自己銀行的信用卡的緣故。

可是，如果虛擬信用卡真的普及了，銀行會發現，虛擬信用卡其實是由像支付寶、騰訊財付通這樣的第三方支付企業發行的，它的結算也通常是在第三方結算平台之上。也就是說，全程幾乎根本不與傳統的商業銀行發生任何真實的經濟聯繫，從發卡、結算、消費全程都完全繞過了傳統的銀行體系，那麼銀行怎麼可能再從中收取任何手續費呢？

其實，在阿里巴巴推出虛擬信用卡的時候，它可不是直接取消刷卡手續費，完全讓利給眾多淘寶或天貓的商戶。在它的虛擬信用卡的設計中，它也會向眾多接受虛擬信用卡業務的刷卡商家收取服務費，而且這個服務費的費率與傳統的實體信用卡的手續費也大致相當。淘寶和天貓支持虛擬信用卡的商家每一筆虛擬信用卡刷卡消費都需要支付阿里巴巴公司刷卡金額的百分之一。在推廣期，支付寶針對天貓的經營規模較大的電商企業實施優惠費率，但也需要支付百分之〇・八的服務費。如果以後在淘寶和天貓上消費，使用虛擬信用卡成為一種普遍的風尚，那麼，每年阿里巴巴公司將能夠獲得相當豐厚的刷卡手續費收入。

正是這一潛伏在虛擬信用卡背後的如此巨大的手續費收入的金礦，才吸引了像騰訊、京東等其他競爭對手跟風進入虛擬信用卡業務。也正是與虛擬信用卡相關的如此巨大的利益，才激起了傳統銀行業的激烈反擊，導致虛擬信用卡直接被扼殺於搖籃之中。

「京東白條」的背後

值得注意的是，儘管阿里巴巴和騰訊關於虛擬信用卡的嘗試被中國的金融管理部門緊急叫停，但是，其實在更早些時候，它們兩家的另一個主要競爭對手，已經在不聲不響地推出具有部份虛擬信用卡功能的金融創新服務，那就是「京東白條」。

二〇一四年二月十三至十四日，中國B2C電商大老京東商城宣佈對京東白條進行面向用戶的公測，獲得公測資料的京東用戶可以在其後的十五至二十八日，獲得京東商城授予的京東白條。用戶可以在京東首頁點擊「京東白條」專區，在填寫姓名、身份證號碼、銀行卡訊息等申請資料後，京東首先會對用戶在京東上的消費紀錄、配送訊息、退貨訊息、購物評價等數據進行風險評級，每個用戶將獲得相應的信用額度，最高一萬五千元。

以後用戶在京東購物時，就可以在自己的白條額度內直接使用白條付款，同時選擇最長三十天延期付款或三至十二個月分期付款兩種不同方式。如果選擇延期付款，用戶將不用支付任何利息，而分期付款則需要按每期分之〇・五的利率支付利息，如分三期費率將是百分之一・五，如果分十二期，其利息的費率將是百分之六。京東表示，京東白條分期付款的利率水準僅僅相當於現實銀行類似業務的一半。此外，如果用戶到期時經京東多次提醒仍未付款，則需要按每日百分之〇・〇三的比率支付違約金。

值得注意的是，京東在宣傳京東白條時，將其界定為個人消費貸款服務，因此逃脫了中國人民銀行緊急叫停虛擬信用卡的制度管制，反而成為唯一得以成功上市的網路金融信用服務項目。

然而，如果深入地比較京東白條與傳說中的虛擬信用卡，我們又會發現，它們之間同樣擁有很多明顯的共同特徵。它們全部是通過網路申請，網路審批，都是由電商利用大數據資訊，對客戶給予不同的資金授信額度，允許客戶先消費，後還款。京東白條的發行、結算與償還都是通過京東的結算平台進行，同樣繞過了傳統商業銀行的跨行結算體系。從某種程度來說，京東白條只是另一種類型的網路虛擬信用卡，只是由於在宣傳中迴避了虛擬信用卡的名稱，反而僥倖逃過了金融監管部門的管制。而京東白條的順利推進，在某種程度上，也在為虛擬信用卡的再度正式推出摸索道路。經由通過摸著石頭過河，相信在不久的將來，更加完善、更加符合網路經濟的真實需要的虛擬信用卡，又將回到我們的視線中來，中國的互聯網金融也將迎來新的高峰。

其實，無論是早期的合作，中期的貌合神離，還是後期的激烈衝突，銀行與網路企業之間，走過了一條合作之中求生存，競爭之中促發展的道路。沒有網路企業的競爭，單純的金融機構的網路化營運，並不是真正意義上的互聯網金融。同樣，單靠網路企業的盲目創新，缺乏金融機構的支持，忽視金融監管當局的有效管理，網路企業獨舞的互聯網金融只會步入歧途。只有通過金融機構與網路企業的相互鬥爭，相互協作，既利用金融機構在金融管理方面的經驗，利用金融機構的專業知識，又充份發揮網路企業的通路優勢，促進網路企業的創新管理與創新思維。

Part 3

顛覆創新：
互聯網金融的遊戲規則

與傳統的工業化大量生產的經濟體制相比，網路經濟擁有眾多與傳統商業規則完全不同的新的遊戲規則。而作為網路經濟最尖端的發展領域互聯網金融，更是強烈地依賴於透過網路的遊戲規則對傳統的金融領域進行了一系列顛覆性的改革與創新。

藉由資訊科技的大量注入，互聯網金融可以無限地壓低金融營運的經營成本，進而把營運的核心轉向傳統金融機構根本不屑於覆蓋的中小客戶。在二十／八十理論的指導下，金融機構往往會把資源過多地投向能夠給它們帶來最大經濟價值的優質客戶，而不願過多地顧及中小客戶的需求。然而，網路技術的應用，卻能夠使得長尾創造的收益足以與以往的利潤核心頭部相當，甚至更多，這也使得中小客戶成為互聯網金融發掘的藍海市場。

在傳統的商業社會中，企業的競爭優勢往往來源於其對專利技術、生產原料、高素質人才等某種經濟資源的壟斷，特別是對壟斷性的技術專利的獨佔更是成為決定企業的競爭能力的關鍵所在。而互聯網金融更看重網路企業的市場佔有，當網路企業擁有超乎競爭對手的客戶端使用率時，它就可以形成競爭對手難以攻克的自然的壟斷壁壘，以此來保護自己在互聯網金融領域的領先優勢。

互聯網金融的利潤來源於其服務的顧客群體的無限擴大。它完全打破了傳統經濟學規則中的邊際成本遞增、邊際收益遞減的遊戲規則。當互聯網金融企業的市場規模達到一定水準時，它反而會呈現出明顯的成本遞減的特殊趨勢。這進一步保證了佔有更大市場的廠商反而是成本最低、利潤最高的行業領導者。

工業社會通常表現為供給驅動型技術創新，社會經濟的發展往往來源於某種科學技術的新突破。然而，在互聯網金融時代，互聯網金融企業更多地從需要佔有的大數據著手，分析市場的需求，通過需求導向，引導已經成型的資訊科技與金融的合理對接，走出一條需求導向的創新發展之路。

正是通過資訊科技的引入，互聯網金融創造了完全不同於傳統商業規則的新的商業遊戲規則，而不同的經營思想和戰略設計，更是使得互聯網金融產業的發展對於現行的產業基礎和商業文化形成了更為徹底的顛覆與革命，從根基上重構了現代商業規則和產業基礎。這也許是互聯網金融對現代經濟所產生的最為顯著的影響。

CHAPTER

9

發展藍海：網路時代的新金礦

傳統金融業中的二十／八十規則

管理學中的二十／八十規則

想必很多朋友都聽說過管理學中的二十／八十規則，或者被稱為二八法則。它通常用來說明，在一個經濟體系中，不同因素的影響作用並不是平均的，重要的因素往往只是少數，大多數因素恰恰是一些不重要的因素。因此，在進行日常管理行為決策時，我們需要明辨主要矛盾和次要矛盾。只要我們能夠把握最具全局性意義的主要矛盾，我們就能掌控全局。

在現代商業經濟中最常見的二十／八十規則就是，對於一個企業來說，百分之八十的利潤往往只來源於百分之二十的重要客戶，而其餘百分之八十的客戶，卻只能創造出百分之二十的收益。如果企業在所有的客戶身上花費相同的精力，就會分散本來可以應用於那百分之二十優質客戶身上的資源，反而可能影響企業的整體效益。只有當企業集中主要的資源，開發並維持好百分之二十的優質客戶，也就是非常重要的客戶，才能夠最大限度地創造企業利潤。

傳統的商業經濟的發展往往是完全地遵循二十／八十規則的。正如我們看到的那樣，對於任何一個企業而言，優質客戶或者核心客戶都是它們最看重的經濟資源。這些客戶資源通常都能夠給企業帶來最大化的經濟利益，他們對於企業的經濟價值遠高於其他普通的客戶。很多商業人士就是由於能夠有資源獲得大量優質客戶，才能夠給自己的事業插上成功的翅膀。相反，如果決策者選擇頭髮、眉毛一把抓，無論在大客戶還是小客戶身上都投入相同的經濟資源進行開發維護，那麼通常會導致企業把過多的經濟資源白白浪費在不能創造大的經濟價值的劣質客戶之上，也就影響了企業的資金投入的經濟效率，反而造成企業資源的極大浪費。

傳統金融管理中的二十／八十規則

與其他傳統商業經濟一樣，傳統的金融業的發展通常也是遵循著二十／八十規則的。對於眾多金融業傳統企業而言，擁有巨額資金的優質客戶，通常能夠給企業帶來最大化的利潤，因此，也是每一個金融企業最看重的核心資源。而對於這些傳統金融企業而言，眾多普通客戶只是它們維繫優質客戶之餘的食之無味、棄之可惜的雞肋型邊角料。

想必很多朋友都曾經見識過金融機構的勢利嘴臉。同樣是在證券公司炒股，資金達到一定規模的股民就可以進入貴賓室，有著固定的交易用電腦，平時身邊會有眾多客戶經理侍候著，而且可以享受到證券交易機構提供的部份交易資金融資、佣金打折等優惠待遇。而對於資金實力相對較小的普通股民而言，在證券網路化程度不高的二十世紀九〇年代，只能數百人一起擠在證券公司營業部大廳看著大螢幕，大家排隊共同使用少數幾台可供執行證券交易的機器。而到了證券網路化的今天，很多證券公司甚至都不再允許普通股民到證券公司營業部現場交易，而只是簡單地告知他們，去網路下載一個交易軟體的客戶端，自己回家用自己家的電腦進行證券交易，而不允許擠佔證券公司的其他資源。

對於證券公司來說，根據客戶的資金規模選擇不同的客戶管理策略是完全正常的。證券公司的收益完全來源於眾多股民的證券交易所產生的佣金收入。證券交易大戶資金雄厚，每筆交易能夠給證券公司帶來的佣金收益較高，即使向他們提供一個相對優惠的佣金比率，也能夠比普通股民創造更大的經濟價值，因此，吸收、籠絡、維繫好經濟價值更高的優質證券大戶，是每一個證券公司的客戶關係管理中最為關心的問題。

在銀行業中，也可以明顯地看到這種二十／八十規則。即使同樣是銀行卡，銀行也會把它們細緻地區分為金卡、白金卡、鑽石卡等，不同等級的銀行卡，能夠享受的銀行的服務品質是完全不一樣的。當一個個普通儲戶進入銀行，在取號機取上自己的等待號後，靜靜坐在銀行的凳子上等待叫號機叫到自己的號時，卻經常看到，明明快排到自己了，可是一個銀行貴賓級客戶來了後，就可以享有直接插隊到任意一個窗口享受優先辦理相關業務的權利。特別是在炎熱的夏季，這種優質客戶不用等待，直接插隊的銀行特殊照顧，經常會引起普通客戶與優質客戶之間或者普通客戶與銀行之間的矛盾。

可是對於銀行而言，優質客戶由於在自己銀行的存貸款額度相對較高，因此能夠給自己帶來更大的經濟價值，如果也要求他們像普通客戶那樣耐心等待，一個沒侍候好，結果惹火了這幫爺爺們，如果他們把自己的資金轉到了其他銀行，那就等於是把本來交到自己手上的錢又白白送給其他銀行了。哪一家銀行能夠接受這樣的事情發生呢？

在金融理財領域，傳統金融機構的這種嫌貧愛富被暴露得更加清晰。中國銀監會二〇一一年八月公佈的《商業銀行理財產品銷售管理辦法》明確規定，在銀行銷售理財產品時，單一客戶的銷售起點金額不得低於五萬元。這其實就是以行政規定的方式明確地把中小客戶排除在現有銀行體系的投資理財服務之外。從某種意義上來說，就是明確地告訴那些資金不夠充足的投資者們，我們不歡迎五萬元以內的小額投資，只有五萬元以上的投資理財，才能夠入得了我們銀行的法眼。如果你連五萬元都沒有，那麼請你離開，你根本不在我的目標顧客的範圍之內。

網路經濟對於二十／八十規則的逆轉

然而，在互聯網金融的發展過程中，我們卻可以看到一種新的經濟勢力的逆襲，網路企業不再僅僅關注經濟實力更大的大客戶，而是把更多的精力投向了在傳統金融業發展中看來是經濟產出效率低下的普通客戶。普通客戶第一次發現自己的發言權得到了極大的提升，終於嘗到了當家做主的滋味。也許每一個普通客戶的經濟價值是極為有限的，可是當利用資訊科技，把分處於全國各地甚至世界各國的數以億計的普通客戶集合起來後，他們的經濟實力是遠超任何一個傳統金融業中的優質客戶的，而他們所能夠創造的經濟價值，更是任何一個優質客戶所不可比擬的。

在網路理財中，我們可以明顯地看到這種對於二十／八十規則的背離。以餘額寶為代表的眾多寶寶們，不再僅僅關注資金雄厚的有錢人的投資理財需要，它們第一次把觸角伸向了平時根本不可能被注意到的億萬普通民眾的投資理財需要，這才促進了二〇一四年貨幣基金的爆發式大發展。

其實，對於很多關注投資理財市場的人來說，他們會發現，對於擁有數以百萬甚至更多資金的大客戶來說，即使在貨幣基金最為火爆的二〇一四年初，餘額寶也從來就不是他們投資投向的一個重要選擇。在奉行二十／八十規則的傳統金融市場中，眾多的銀行、基金公司、信託公司、投資公司完全會把他們奉為上帝，並為他們量身定做，提供遠較餘額寶等貨幣基金產品更高的收益率，更為穩定的投資回報，更為安全的投資風險的選擇。

通常而言，在近兩年的投資市場中，資金門檻在一百萬元以上的信託，往往能夠給資金供應者帶來高達兩位數的投資收益，這是任何一款貨幣基金產品都無法實現的。而相當平民化的常見的投資門檻在五萬元或者十萬元的普通銀行理財產品，它們的收益率也會略高於寶寶軍團們所依托的貨幣基金產品。也就是說，對於傳統金融機構所關注的百分之二十優質客戶，他們所面臨的選擇是多樣化的，在他們的選擇之中，互聯網金融所提供的產品服務絕對不是最優的選擇。

然而，問題就在於，正如我們所看到的那樣，互聯網金融所關注的是被傳統金融市場所忽視的所謂百分之八十的低端客戶的需求，因為哪怕我並不是腰纏萬貫的大富翁，在現代經濟中，就是通常所說的普通老百姓，也有理財的需要。當然，由於資金實力的限制，這些被通常的金融理財機構所忽視的普通小客戶的資金規模太小，如果按傳統的金融手段，把眾多普通客戶的資金匯總起來，需要金融機構投入大量的資源，花費大量的資金成本，這也導致開發利用這些普通客戶的資源成為一種不理智的選擇。而在網路經濟的環境中，資訊科技可以最大限度地壓縮眾多普通客戶的資金的匯總成本，這也使得這百分之八十的低端客戶的開發價值得以凸顯，傳統商業經濟所信奉的二十／八十規則也就此被徹底打破。

互聯網金融中的長尾理論

長尾理論的提出

網路經濟的繁榮給現代經濟學帶來了很多新的思想、新的觀點，而長尾理論就是其中非常重要的一個新觀點。從某種程度來說，正是互聯網金融激發了金融發展中的長尾的活力，使得互聯網金融企業可以以相對較低的成本營運尾部經濟，並從中獲得不遜於傳統的頭部經濟的經濟價值。

長尾理論是美國《連線》雜誌主編克里斯・安德森於二〇〇四年針對網路經濟的發展所提出的一個新的觀點。它認為只要市場流通的管道足夠大，那麼需求不旺或者銷量不佳的傳統意義上的低端產品所能夠創造的經濟價值，也足以與那些為數不多的暢銷產品相匹敵，甚至更多。

財富或者資源的分佈通常是按照正態分佈的方式進行的。如果按照不同行為人所佔有的經濟資源或者說所具有的經濟價值的大小進行排序，它就好像一條不斷下降的曲線。在頭部，少數重要的行為人或者經濟主體往往佔有巨大的經濟資源，而其後，則是不斷下降甚至接近於平行的長長的尾部。

從數學上來說，所謂的長尾只是數學中的正態分佈或者帕累托分佈的一個形象的描述罷了。如果只是對數學定理作一個另類的文字表述，那麼長尾理論也就不會像今天這樣為眾人所稱道了。它的真正價值在於擺脫了傳統的商業規則的思維定式，創造了新的商業思維模式，發掘了新的商業經濟市場。

網路經濟中的長尾理論

在傳統的商業模式中，由於長期奉行的二十／八十規則的作用，人們通常只關注他們的經濟曲線中的頭部區域，而把較多的資源投入頭部，或者就是前文所說的百分之二十的優質客戶，而忽略其後還有一個長長的尾部。

當然，在傳統經濟模式中，開發長尾資源將花費企業相當大的資源，卻只能獲得極為有限的經濟價值，這樣的投入產出比不會吸引任何一個理智的廠商。然而，網路經濟卻徹底地改變了現代經濟的運作模式，通過網路經濟的應用，人們可以以更低的成本蒐集、開發、利用長尾資源。

就恰如在石油開採領域，有很多油田一度被視為雞肋。由於開採出來的石油中含有的雜質太多，或者石油埋藏得太深，往往導致開採石油的成本過高，或者採出的石油的提煉成本過高。一旦這些附加成本甚至高於石油自身的經濟價值，那麼，這些油田就被視為失去了開採價值，也就失去了自身的經濟價值。像中國的大慶等石油城市一度都陷入了這樣的發展困境。在油田的正態分佈曲線之中，這些看上去沒有經濟價值的油田其實就已經處於長尾部位。

當在石油開採領域產生新的技術創新，使得石油開採成本或者石油提煉成本極大降低之後，這些一度被視為毫無經濟價值的、已經被開採殆盡的油田，又將重新煥發活力，重具經濟價值。這些長尾部份的油田所能夠創造的經濟價值的總和，也許將足以與頭部油田相媲美。

在油田的長尾理論中，打破長尾沒有經濟價值的偏見的工具是石油開採或者提煉中的技術突破。而在網路經濟中，得益於資訊科技的提高，現代商業模式被徹底打破，資訊科技使很多商品的開發、銷售和營運的成本極大地降低了，這也導致長尾的利用成為可能。

比如在美國的圖書、音樂光碟市場中，通常一個光碟商品只有銷售規模達到十萬張以上，才足以彌補其前期的管理費用和營運成本。如果銷售數量無法達到十萬張，那就意味著從發行到銷售的該光碟的整個開發過程中，將沒有任何一家企業能夠獲得利潤。

而十萬張的發行量是一個什麼樣的概念？大概通常美國音樂市場中所發行的每一百張光碟產品中，只有不到一張音樂光碟能夠取得這樣的市場成績。這也就意味著，在傳統的音樂開發與流通體系中，當音樂發行商沒有足夠的把握就匆忙上馬，投資發行某一音樂光碟時，其虧損機率將是相當大的。

同樣的道理，對於眾多音樂光碟的零售商，諸如美國最大的零售商沃爾瑪而言，只有最流行的光碟才會入得了它們的法眼。其他音樂光碟可能一個月只能賣出一張兩張，這樣的銷售業績是根本不可能調動起眾多音樂光碟零售商的胃口的，也就根本不可能進入眾多音樂零售商的零售體系。因此，就在網路經濟興起之前，在二十世紀八九〇年代，美國每年發行的音樂光碟的數量相當有限，而能夠進入流通體系、消費者可以在眾多音樂零售商店買到的音樂光碟的數量就更為有限了。

然而，當圖書和音樂光碟進入網路銷售時代後，網路銷售商家利用網路銷售平台，只需要製作相關產品的銷售網頁，把各個商品列入自己的待售商品清單，剩下的就只是等待眾多興趣不一、購買意願不一的消費者根據自己的消費需求，選擇自己感興趣的圖書和影音製品就可以了。事實上，在當代的亞馬遜的音樂光碟零售中，被認為屬於長尾市場的這些銷售量極差的音樂光碟的總銷售金額已經超過亞馬遜的音樂光碟零售總額的半壁江山了，這樣的業績早已經打破了傳統商業思想對其的歧視。

長尾理論中的經濟學思想

特別需要指出的是，正如古典經濟理論所闡述的那樣，在傳統商業經濟時代，廠商的生產決策的投入遵循的是邊際收益遞減或者邊際成本遞增的經濟規律。邊際是經濟學中廣泛應用的數學術語，其大概意思就是新增。大家可以想像，如果現在有一塊田，我們需要在這塊田中追加生產投入，那麼當我們投入第一個一百元時，我們可以用它買種子和最基本的生產工具，那麼它可能能夠帶來比如說一千元的總收益。當我們再度在這塊田地中追加生產投入時，也許我們可以用來購買更優質的種子或者更好用的生產工具，此時，我們的生產所得通常會比只投入一百元更多，但是在同一塊土地上這一基本物理屬性就極大地限制了產出規模的擴大。此時我們的產出很難是只投入一百元時的兩倍，也就是說，第二個一百元生產投入帶來的邊際產出通常少於第一個一百元的生產投入。如果我們繼續在這塊土地上追加投入，同樣的規律仍然會成立。這就是傳統商品生產中所遵循的邊際成本遞增或者邊際收益遞減規律。

在其他商業經營中我們也可以看到這樣的邊際成本遞增或者邊際收益遞減規律。當你開發一種新產品，拿到市場上銷售時，一開始你可以選擇向對這些商品最有興趣的客戶銷售，因此你的邊際成本相對會低一些。隨著商品規模的持續擴大，你會發現優質客戶資源已經開發殆盡，此時，哪怕再多賣出一個商品，都會極為困難，此時開發客戶的邊際成本已經達到極高的水準，這也就是傳統商業經濟所說的一個企業發展的瓶頸的到來。

然而在網路時代，這種傳統經濟中經常看到的邊際成本遞增規律卻被從根本上逆轉。比如，當微軟花費巨額資本開發出Windows操作系統後，如果只賣一件產品，那麼這件產品的生產投入將是一個天文數字。在網路時代，對於軟體公司而言，多賣一個軟體，只是多複製一個自己的軟體而已，與巨額的開發費用相比，它的新增成本或者說邊際成本幾乎可以忽略不計。隨著軟體銷售規模的持續擴大，軟體公司可以用更為先進的技術複製自己的軟體產品，那麼每一張軟體光碟的邊際成本就幾乎等於零了。也就是說，在軟體銷售中，不但不會看到傳統經濟中常見的邊際成本遞增，反而見到了相反的邊際成本持續遞減的特殊現象。

在最大的線上圖書和光碟銷售網站亞馬遜的經營中，我們也可以看到這種邊際成本遞減規律。每當推出一本新書或者一份新的音樂光碟時，亞馬遜需要做的就是由自己的網路美工為這個產品製作特有的銷售網頁。如果這些商品只賣出一件，那麼這件商品的邊際成本就是製作相應的銷售網頁的成本而已，比起傳統圖書或影音的銷售成本，已經大大降低了。更為重要的是，如果這些商品不是僅僅賣出一件，那麼後面新增的銷售商品的邊際成本就幾乎為零了。在這樣的邊際成本遞減或者邊際收益遞增的經濟體系中，亞馬遜推出更多樣化的商品目錄，提供數以十萬乃至百萬計的商品種類，也就成為可能。

事實上，在當前亞馬遜所銷售的商品中，數以萬計每年只能賣出幾百本、幾十本甚至幾本的圖書和影音製品所創造的經濟利潤佔亞馬遜全部圖書、影音銷售利潤的比重早已超過了一半。儘管一本暢銷書也許能夠在短短一個月時間內賣出數萬本乃至數十萬本，但是好漢架不住人多，處在亞馬遜圖書銷售長尾上的數以萬計的圖書，它們的戰鬥力的集合，顯然是遠超任何一本暢銷書的。

如果沒有網路所提供的線上銷售模式，也許亞馬遜所銷售的圖書和影音產品中的百分之八十，都會因為沒有銷路及不具有利潤價值而被傳統商業模式判了死刑。而資訊科技的興起恰恰使得長尾部份也成為任何一個網路企業所不能忽視、也不甘忽視的、能夠給企業帶來巨大利潤的金礦。

互聯網金融中的長尾理論

在互聯網金融領域，這樣的長尾現象也並不罕見。傳統金融機構只關注處於頭部的大資本、大客戶。當然，如果按照傳統金融必須建立自然人營業場所的經營方式，金融機構必須在商業中心地段建立起自己的營業場所，並採取面對面的方式，為客戶提供金融服務。如果過多地關注中小客戶，這將極大地增加金融機構的工作量，而這些客戶所帶來的經濟價值可能遠遠不能彌補金融機構的成本投入。顯然，這樣的中小客戶就成為了傳統金融體制下沒有經濟價值的貧瘠油田，因此身處長尾部份的中小客戶通常就會完全被傳統金融機構所漠視。

然而，通過引入資訊科技，我們看到，無論餘額寶，還是其他寶寶，都不必再到處建立營業場所，它們只需要通過資訊科技，就可以實現對客戶資金的蒐集、劃轉、投資使用和償付。在這種模式下，只需要建立起完整的互聯網金融體系，吸收一個客戶的資金，還是吸收一億名客戶的資金的成本差異，絕對不會有一億倍。這種邊際收益遞增、邊際成本遞減的逆傳統規律更是使得互聯網金融企業完全可以僅僅針對長尾部位的中小客戶，提供接近或者等同於頭部客戶的服務品質，這就形成了對長尾客戶的極大誘惑力。也許，任何一名長尾客戶的經濟價值都不高，但是數以億計的長尾客戶，將能夠給互聯網金融企業帶來前所未有的發展機遇和空前的利潤空間。

如果簡單地比較網路理財和群眾募資等互聯網金融模式，我們會發現，它們所提供的服務品質，其實都不足以打動傳統金融領域的大客戶。當一名客戶擁有數以百萬甚至更多的資本時，他完全可以委託專業的基金公司量身定做一份理財方案，獲得遠比寶寶投資更高的投資回報。這也意味著，從一開始，互聯網金融的定位，就沒有針對傳統金融所關注的資金雄厚的大客戶。單就資本運作能力而言，互聯網金融企業也不一定能夠勝出傳統金融機構，因此在對大客戶的爭奪中，它們始終是處於下風的。

只有處於金融投資市場長尾部位的中小客戶，才是互聯網金融企業的菜，也正是由於資訊科技的引入，開發長尾市場以及降低中小客戶資本的蒐集、營運和償付的成本才成為可能。而長尾理論在互聯網金融行業中的驗證，也從根本上打破了傳統金融領域只關注頭部市場的偏見，以此滿足了更廣闊的市場需求，推動了現代金融的更快發展。

發現互聯網金融的藍海

藍海市場與紅海市場

長期以來，通過中國的市場經濟發展，我們享受著市場競爭帶來的各種質優價廉的商品與服務，通過市場機制的自發作用，同一個行業不同的商家會通過價格競爭或者產品創新，以求克敵制勝，超越自己同行業的競爭對手，從競爭對手處攫取更大的市場佔有率，實現自身經濟利潤的最大化。

在現代管理思想中，管理學家通常把這種存在著激烈競爭的市場稱為紅海市場。在紅海市場中，產品與服務的基本內容已經基本成形，市場競爭將在一個已經明確界定競爭策略與競爭規則的領域中進行，每一個競爭者往往尋求在現有產品或服務的供給中改進工作流程，優化管理制度，把管理做到極致，使得自己能夠在已有的領域中做得比競爭對手更好，比如提供價格更低、品質更好的產品和服務。

然而，對於紅海來說，市場已經基本成形，沒有太大的開發餘地。那麼當自己贏得競爭、取得發展的同時，也就意味著自己從其他競爭對手處搶奪了市場佔有率，自己多了一個客戶，其實就是競爭對手的一個客戶轉投到了自己的門下而已，此時的市場競爭就構成了一種弱肉強食的零和博弈。

然而，殺敵一千，自傷八百，激烈的市場競爭又會極大地壓縮紅海中的每一個市場參與者的利潤空間，也會極大地限制紅海中的每一個市場參與者的發展空間。畢竟，即使在紅海中市場空間是在競爭之前就嚴格限定的，即使某一個參與者有可能完全打敗其他競爭對手，獨自壟斷全部市場，那麼，此時他仍將面臨一個硬的發展瓶頸，畢竟市場就這麼大，它不可能無中生有地創造出新的市場機會。

然而，如果在市場競爭中某一個市場參與者可以另闢蹊徑，改變原有的思維定式，通過創新思維，在現有的市場空間之外，創造出一個新的市場，這也就意味著，他將規避了原有紅海中激烈的市場競爭，而獨佔自己所新闢市場的全部，成為這個新的非競爭性市場的獨佔者。這樣的發展思維，就被稱為藍海戰略。

另闢蹊徑的藍海戰略

二十世紀末，歐洲工商管理學院的錢金和莫博涅最早提出藍海戰略思想之後，藍海戰略思想就開始在現代商學管理中廣泛傳播開來。畢竟傳統的紅海戰略，比如說歐洲的科學管理、美國的泰勒制，或者日本的精益生產，追求的都是生產效率的持續提升。然而，這些傳統的管理思想其實都被束縛在現有的產業領域，只是希望通過自己能夠做得比競爭對手更好，保證自己能夠從競爭對手手中搶奪市場佔有率。然而，在存在硬的市場規模上限的市場框架中，企業的發展遲早仍然會面臨瓶頸，企業的可持續發展也就只能成為一紙空談。

然而，運用藍海戰略思想，把關注的視角從競爭對手身上轉向客戶群體，通過細分市場需求，針對特定客戶群體的特殊需求，發現原有產品與服務所難以滿足的市場需求，開闢一個新的市場領域，自己將成為這個新市場的唯一供應方。作為第一個吃螃蟹者，自己將能夠最先贏得消費者的信賴，從而獲得先發優勢，這種優勢是任何跟隨者都難以輕易搶奪的。自己也將從一個既定市場的參與者，轉而成為一個新興市場的壟斷者或者領導者。這個市場地位轉換的誘惑，是任何一個企業都難以抵制的。

打一個形象的比喻。假設一幫朋友一起出去郊遊，忽然遭遇一隻大老虎，老虎向這群人猛撲過來。如果按照紅海戰略，我們知道，老虎一次應該只能吃一個人，所以大家只要往一個方向跑，我只要跑得比其他人快，那麼老虎就只會吃掉其他朋友，而我就可以倖存下來。在紅海戰略中，我不用關注老虎跑得有多快，也不用關注老虎今天打算吃掉幾個人，反正，只要勝過我的競爭對手，我就能夠不被老虎吃掉，也就意味著我贏得了競爭。

而藍海戰略則是，當遇到老虎時，我不是僅僅關注我的競爭對手，我得分析我的客戶對象。我知道老虎不會爬樹，不會游泳，好了，你們大家一起撒丫子跑的時候，我卻一個人趕緊爬樹上躲著，或者跳水裡藏起來，這樣，老虎就拿我沒有辦法了。你們剩下的人再去彼此競爭活下來的機會，而我則可以在另一個區域，開心地存活了。

互聯網金融中的藍海

在金融理財領域，大客戶的資金理財需求是所有金融機構都爭搶的優質資產，也是大家都知道的紅海。的確，這部份紅海市場十分龐大，但是當無數家傳統金融機構爭相爭奪這塊利潤巨大的市場時，不同的金融機構眼中只盯著其他競爭對手，它們總希望由自己提供更高的投資收益，或者更為周到的客戶服務，從其他競爭對手處搶奪市場。儘管大客戶資金理財是一大塊肥肉，但是當盯著這塊肉的人多了時，每個人可能也就只能夠分得一點塞牙縫的肉末。

相對而言，中小客戶的理財需求就是為眾多傳統金融機構所忽視的藍海，長期以來，它始終被眾多金融機構視為沒有開發價值的非客戶群體。然而，除了傳統的金融機構針對大客戶發行的大額中長期理財產品外，對於很多資金規模相對較小的民眾而言，他們更希望理財規模門檻更低、資金使用更為靈活的資金理財機會。只是在傳統的現場金融運作模式下，這種點對點、面對面的中小客戶資金的匯總，將面臨巨大的資金成本壓力，以致金融機構無利可圖。然而，資訊科技在金融理財領域的應用，使得金融機構能夠通過網路平台輕鬆進行一對多的資金理財服務，這也為開發中小客戶理財需求這一龐大的藍海提供了直接的技術支持。

對於資金理財而言，在傳統的產業運作規律中，只有大客戶才是值得發掘的資源，而中小客戶則是被排除在外的非客戶資源。而藍海戰略思想在互聯網金融中的應用，就認為應該摒棄一些諸如中小客戶不值得開發的想當然的傳統思想或者說潛規則，打破行業運作規律，發掘傳統觀念中非客戶群體的市場需求，重新構建市場邊界，利用技術或者觀念的創新，搞清楚並服務於眾多潛在客戶的真實需求，從而構建起創新服務與傳統服務之間的和諧互補關係。

事實上，餘額寶等寶寶軍團的崛起，恰恰是把住了市場需求的脈搏，把金融理財服務的視角從傳統的大客戶身上轉移到中小客戶身上，並據此設計出符合中小客戶需求的、投資收益需求不高但資金流動性需求較高的貨幣基金式的金融理財新途徑。

二〇一二年九月創立的「銅錢街」也把這種對中小客戶的投資需求的關注提升到了極點。它通過把貨幣基金等中小客戶投資選擇整合於一款簡單的手機APP，保證客戶從打開APP到完成對理財產品的購買的時間縮短到一分鐘。正由於其對中小客戶群體資源的開發，推出不到兩個月，其日交易額就超過一百萬元人民幣，並於次年獲得數百萬美元的風險投資。

如果簡單從技術來看，貨幣基金並不是什麼新鮮事物，金融機構的客戶理財服務也不是什麼獨家秘訣。無論是通過支付寶、銅錢街，還是其他媒介購買理財產品都不重要，關鍵是通過網路技術把貨幣基金與傳統金融理財所忽視的中小客戶的投資理財需求對接起來。這就是典型的藍海戰略在互聯網金融中的應用，同時解釋了餘額寶們成功的秘密。

CHAPTER

10

終端為王：互聯網金融的競爭優勢

搭車補貼大戰背後的客戶爭奪

激烈的叫車應用程式的市場爭奪

經過二〇一四年初的叫車應用程式大戰之後，想必很多朋友，特別是一些年輕朋友，對於叫車應用程式已經很熟悉了。從形式來看，無論是快的打車，還是滴滴打車，都只是一款功能較為單一的手機APP程式，單就其自身而言，其經濟價值絕對不會像補貼大戰所反映出來的那樣具有戰略性意義。

作為一種便捷乘客發佈叫車訊息、提高叫車效率的手機應用程式，用戶通過在網路下載叫車應用程式，輸入叫車起點和目的地之後，就可以自動向周邊的計程車司機發佈自己的叫車需求訊息。而司機則可以根據距離、路線以及是否有小費等訊息，選擇是否接單，從而幫助乘客與司機建立起一個叫車資訊傳輸的高效平台。

其實，在這場廣為人知的搭車補貼大戰之前，早在二〇一三年初，叫車應用程式就在上海、北京等經濟中心城市產生，並逐漸得到越來越多用戶的關注。然而，在其產生初期，叫車應用程式只是作為一種新奇的技術體驗，受到少數年輕消費者的歡迎。隨著騰訊和阿里巴巴兩大網路巨頭相繼收購兩家叫車應用程式公司，殺入叫車應用程式市場之後，一場叫車應用程式的燒錢大戰的戰火才開始燃起。

二〇一四年一月，阿里巴巴旗下的「快的打車」和騰訊旗下的「滴滴打車」，相繼宣佈在中國主要城市向消費者提供搭車補貼，消費者如果使用它們的叫車應用程式叫車，每次都將得到一定金額的資金補貼，而只需要向司機支付超過補貼額的金額。而司機每完成一筆使用叫車應用程式的訂單，也將得到兩大網路公司的直接的經濟補貼。對於很多消費者而言，得到兩大網路巨頭的叫車補貼，也就意味著可以低價甚至免費享受叫車服務，一時之間叫車應用程式很快就紅遍半個中國，也逐漸得到越來越多消費者的追捧。

儘管叫車補貼活動一度中止，但是二〇一四年二月底，滴滴打車重新宣佈啟動叫車補貼活動，並將補貼金額提升到每單十二元，而號稱永遠比競爭對手多補一元的快的打車，也很快宣佈補貼所有使用自己軟體的客戶每單十三元。一時之間，在全國各大城市都掀起了叫車應用程式的補貼大戰的血雨腥風。在巨額補貼的刺激之下，全國也興起了一陣叫車應用程式熱。

伴隨著滴滴打車和快的打車兩大行業巨頭相繼啟動叫車補貼方案，眾多消費者以及計程車司機當然樂於坐享雙方所提供的補貼。由於補貼金額大，對於很多消費者而言，通過使用叫車應用程式將可以實現免費搭車，而對於計程車司機而言，承接使用叫車應用程式的訂單，不僅可以得到一定的經濟補貼，有時還可以得到客戶的小費，甚至超過真實的搭車結算金額的補貼溢價。然而，由於叫車需求迅速擴張，在很多城市出現了叫車等待時間過長，計程車司機只願意接受使用叫車應用程式的訂單，而不願意接受路上攔車的訂單，以及嚴重的計程車司機挑活現象。一系列叫車亂象的出現，更是引起了民眾極大的反感。

與此同時，長時間的巨額資金補貼也使兩大叫車應用程式公司背上了沉重的負擔。據報導，快的和滴滴兩大公司在短短兩個月時間內共瘋狂燒掉了超過十五億元人民幣的巨資。當然，巨額的燒錢大戰背後又是鮮亮的成績。截至二〇一四年三月，滴滴打車的註冊用戶增至八千兩百六十萬，司機八十三萬，日均訂單一千五百萬；快的打車的註冊用戶超過九千萬，司機八十萬，日均訂單一千兩百萬。然而，在重金補貼的模式下，訂單的迅速增長，並沒能給兩大公司帶來利潤，反而意味著補貼金額的持續增長和經濟負擔的持續加大。

二〇一四年三月，阿里巴巴的馬雲最早發出求和信號，呼籲兩家軟體公司的負責人一起坐下來談，滴滴也很快做出積極的表態，響應馬雲的號召。三月四日，兩家叫車應用程式公司相繼宣佈把補貼金額降至每單九元，此後又在短短半個月時間內相繼把補貼金額降至每單三元。至此，鬧得沸沸揚揚的叫車應用程式燒錢大戰至此偃旗息鼓，走向終止。

叫車應用程式爭奪背後的客戶資源搶奪

也許很多人只是把快的打車和滴滴打車之間的這場補貼大戰視為阿里巴巴和騰訊對叫車應用程式

市場的簡單的爭奪。可是如果單純從叫車應用程式市場來看，兩大網路巨頭斥資十多億元的巨款，僅僅為了爭奪一個小小的手機APP的市場佔有率，似乎有些小題大做。然而，如果透過叫車應用程式大戰的面紗，看清阿里巴巴和騰訊對於手機支付市場發言權的爭奪的本質，大家就能夠更清楚地看透這場補貼大戰的台前幕後了。

事實上，無論馬雲，還是馬化騰，他們看中的其實並不是叫車應用程式的市場佔有率，也並不是因為叫車應用程式能夠給這兩大網路企業帶來巨大的潛在經濟收益，他們看中的實際上是通過叫車應用程式普及手機行動支付，並實現自己的第三方支付平台與行動支付的有機嫁接，為自己未來的行動支付市場培養自己的忠實客戶。

正如我們所看到的，當用戶選擇叫車應用程式之後，為了實現自己的搭車費用的支付，就必須把自己的銀行卡，通過諸如支付寶、微信財付通等第三方支付平台，與相應的叫車應用程式綁定，並以此實現利用手機終端通過相應的第三方支付體系簡便地實現資金的支付與劃撥。

特別是在補貼額度最高的二〇一四年三月間，當消費者每乘坐一次計程車時，快的打車會向其提供十三元搭車補貼，滴滴打車會向其提供十二元補貼，對於中等規模的城市而言，這樣的補貼額度幾乎相當於免費坐車。然而，可能很多搭車者都覺得麻煩的是，哪怕自己的搭車金額低於叫車應用程式公司所提供的補貼額度，根據兩家叫車應用程式公司的規定，自己也必須利用叫車應用程式的行動支付功能，向司機支付一分錢。

不知道有沒有人考慮過這樣一個問題，二馬既然都已經拿出十幾個億來補貼搭車，為什麼還會看上消費者的這一分錢？他乾脆全額補貼，不是更省消費者的事，也不會多花太多的錢嗎？

透過叫車應用程式的補貼大戰的重重迷霧，我們會發現，二馬真正爭奪的恰恰是眾多消費者所根本沒注意的這一分錢。因為當消費者使用叫車應用程式時，為了支付這一分錢，他們就必須使用叫車應用程式自身所依托的阿里巴巴支付寶或者騰訊微信財付通的第三方支付平台進行支付，他們必須把自己的資金帳戶與這些第三方支付平台對接起來，以此成為這些第三方支付平台的客戶群體。

儘管在這場叫車補貼大戰之前，阿里巴巴的支付寶客戶端已經整合了餘額寶、淘寶購物、信用卡還款和資金劃撥，騰訊的微信財付通客戶端同樣也整合了理財通、彩票、京東購物、Q幣充值、微信紅包等行動支付功能。然而，二馬都知道，很多消費者都只是把自己的行動支付客戶端視為查看網路理財收益的小工具，真正的購物消費、資金劃付、信用卡還款更多的時候還是通過電腦客戶端進行。

伴隨著智慧型手機在中國的日益普及，手機行動支付將成為未來行動通信發展的重要領域，對於已經佔據中國第三方支付前兩把交椅的阿里巴巴和騰訊來說，行動通信也將成為它們未來競爭的重要戰場。如何實現其手機客戶端的普及，並推廣其附帶的行動支付功能，將成為阿里巴巴和騰訊兩大網路巨頭在行動通信時代所關注的頭號難題，而小小的叫車應用程式恰恰成為解決這一難題的金鑰匙。兩大網路巨頭正是通過對叫車應用程式市場的爭奪，開始向中國民眾宣傳自己的行動支付客戶端，爭取更多的行動支付潛在客戶市場，為自己下一階段的發展奠定堅實的基礎。

儘管馬雲和馬化騰都看好行動支付未來的發展前景，但是在叫車應用程式大戰之前，真正嘗試過行動支付功能的消費者群體卻並不多。而事實上，行動支付的技術甚至並不像大家所想像的那麼高深莫測。早在二〇〇九年，美國的Square公司就相繼推出了Square讀卡器和Square錢包等行動支付客戶端，經過多年的培育，其行動支付所處理的總交易額已經超過一百五十億美元。然而，儘管行動支付在美國幾乎一直在以每年翻番的速度增長，然而，與美國龐大的年消費額相比，無疑只是九牛一毛而已。

當行動支付技術進入中國後，也分別衍生出拉卡拉讀卡器式的外接手機行動支付硬體，以及支付寶錢包、微信財付通等手機APP應用兩類行動支付及兩條發展思維。經過多年的耕耘，拉卡拉讀卡器基本在信用卡還款和水、電、煤氣、話費等生活付費領域站穩腳跟。手機APP更多藉助於二〇一三年以來網路理財的紅火而逐漸普及。

然而，作為一項行動支付技術，如果客戶僅僅將其視為電腦程式的簡單應用，並僅僅將其視為理財收益查看工具，那麼這就有牛刀殺雞、大材小用之嫌了。如何培養潛在客戶使用行動支付工具的習慣，就成為擺在二馬面前的一道難題。相對而言，日常習慣搭車的顧客通常是具有較強消費能力的中高端潛在客戶。因此，如何通過補貼搭車，把這些潛在的高端客戶轉變為自己實實在在的客戶群體，通過持續的搭車補貼，培養他們使用行動支付的習慣，特別是普及自己的第三方支付平台在高端客戶群體中的應用，顯然就成為阿里巴巴和騰訊搶佔行動支付市場的最好的突破口。

搶紅包就是搶客戶資源

作為騰訊微信支付的特有功能的微信紅包也可以很好地解釋二馬對於行動支付市場的爭奪。伴隨著快的打車和滴滴打車相繼取消搭車補貼，一度紅火的叫車應用程式市場開始走向寒冬。儘管一些死忠的客戶仍然習慣性地使用手機叫車應用程式叫車，然而，在很多城市很多消費者又回歸了招手攔車的傳統打叫模式。二馬花費數十億元培育的叫車應用程式市場看上去就像黃粱一夢，又將被打回原形。

為了挽救日漸衰退的叫車應用程式市場，二〇一四年六月，阿里巴巴和騰訊兩大叫車應用程式公司又開始變相推行搭車補貼。阿里巴巴選擇積分兌叫車優惠券，鼓勵客戶使用快的打車。而微信則把自己二〇一四年春節一炮而紅的微信紅包嫁接進搭車補貼，客戶只要使用滴滴打車，就可以獲得未來可用於搭車支付的若干微信紅包，不但可以自己使用，還可以分享給自己的朋友。一時之間，搶微信搭車紅包成為很多叫車一族最為熱中的遊戲。而拚人品，看各人的紅包多少，更成為大家熱議的話題。

可能很多人也發現了，有些人搶的紅包幾乎都是一毛、二毛的小紅包，有些人卻能夠連續搶到十元以上的大紅包。同樣是搶紅包，為什麼大家的人品差別會這麼大呢？

如果仔細關注搶紅包遊戲，大家其實會發現，如果某一微信帳號尚沒有綁定行動支付，那麼他如果參與搶紅包，通常都會連續搶到十元以上的大紅包。騰訊正是通過加大經濟刺激的方式，鼓勵搶到紅包的用戶選擇綁定行動支付，使用搶到的紅包進行搭車，或者進行其他行動支付。而如果某一微信帳號已經綁定行動支付了，對不起，既然你已經是騰訊的行動支付的客戶了，他們就不怕你再流失，所以你所能搶到的紅包，就只能是幾毛錢的小紅包了。從這方面來說，微信紅包金額的差別，僅僅是騰訊對於行動支付目標客戶的爭奪的升級版而已。

對於互聯網金融企業而言，客戶佔有量的多少，直接決定著自己企業的發展空間和未來的利潤空間。為了爭奪新的客戶資源，選擇像叫車應用程式補貼大戰這樣的賠本賺吆喝的策略，其實並不是像大家想像的那樣是不理智的惡性市場競爭。阿里巴巴和騰訊的搭車補貼大戰，可能被很多人視為是兩大網路巨頭的衝動的市場競爭策略，事實上，如果考慮到它們對於行動支付市場的爭奪，這樣的巨額補貼恰恰是最符合雙方利益的理智選擇。

網路經濟的燒錢潛規則

網路經濟的創富神話

自二十世紀九〇年代以來，網路經濟已經在世界各地蓬勃興起。儘管在二十一世紀初，網路經濟泡沫一度打破了眾多投資者對於網路經濟發展的幻想，使得很多網路企業陷入生存的困境，進而使很多投資網路經濟的投資者血本無歸。然而，資訊科技的日新月異，網路經濟的飛速發展，仍然對全世界的投資者有著極大的吸引力，無數投資者趨之若鶩，紛紛殺入網路經濟領域，希望通過搶灘網路，把握未來全球經濟的命脈。

從Google的佩吉和布林，到Facebook的祖克伯格，從網易的丁磊、盛大的陳天橋，到阿里巴巴的馬雲，無數網路經濟的創富神話，更是全球投資人無法抵制的致命誘惑。然而，如果問起網路經濟投資的最大規則或者特點，相信無數投資網路經濟的投資者，都會一邊摸著自己的錢包，一邊倒吸一口涼氣，從牙縫裡擠出兩個字：「燒錢」。

的確，在傳統經濟模式下，我們也同樣見證著一個個偉大的商業神話的上演，從亨利・福特到比爾・蓋茨，從胡雪巖到李嘉誠，每一個時代都有屬於這個時代的商業巨人，一個個商業傳奇也同樣能夠使不名一文的窮光蛋，搖身一變成為富可敵國的頂級富豪。看上去，網路經濟的創富神話並不是僅僅屬於網路時代的專利。

然而，與傳統的商業經濟相比，網路經濟的確擁有兩個最為引人關注的特點。首先，網路經濟的創富速度也是只能用最具時代特徵的神速二字來形容。儘管伴隨著現代經濟的發展，我們也看到了一代代富可敵國的富豪家族的誕生、成長與衰亡，然而，無論是最具傳奇色彩的羅斯柴爾德家族，獨力挽救美國經濟的摩根家族，抑或是以一己之力壟斷全球石油產銷的洛克菲勒家族，我們都可以看到，這些已經被列入現代商業神話的富翁的成長，總是從一個一無所有的毛頭小子，依靠自己超人的商業天賦，以及造就英雄的特殊時勢，經過數十年乃至上百年的經營，通過一代代人的努力，才創造了今天我們所熟悉的商業帝國。

而與那些上百年前的商業巨人的發家史相比，從網路經濟中淘金的速度無疑可以用光速來形容。就連一個乳臭未乾的八〇後小伙子祖克伯格都能夠僅僅憑藉一個類似於同學錄的創業理念，鑄就了今天的**Facebook**，在年齡不到三十歲的時候，就已經為自己打下了百億美元的身家。這樣的創富速度，可能連最具想像力的小說家都難以寫下如此令人難以置信的故事。

而在中國，這樣的創富神話，也許更令人熟知。靠一個不賺錢的遊戲公司苦苦混日子的陳天橋，僅僅憑藉自己的慧眼，引入了魔獸世界的網路遊戲，就在短短三五年內，躍居富比士排行榜中的中國首富之位，這豈不讓靠實業興家、長期佔據此位的黃光裕、王健林等人汗顏？

十年之前，可能只有最為鐵桿的網路愛好者才知道馬雲是誰。可是僅僅十年的時間，依靠在互聯網金融領域的長期佈局，通過全國最大的C2C電子商務平台淘寶網、第三方支付平台支付寶、全球第四大貨幣基金餘額寶，馬雲已經為自己，也為中國佈局了最為完整的互聯網金融體系，二〇一四年更被外國媒體認定為中國首富。試問今日天下，誰人還能不識君？

隨著資訊科技在現代生產、生活中的廣泛應用，現代人也開始習慣於更快的工作、生活節奏，我們著急學習，著急創業，著急成家，著急享受生活，我們更著急為自己、為家人賺取更多的財富，我們已經沒有足夠耐心重演傳統經濟中數十年如一日的艱苦創業的故事。我們更希望自己成為這個時代的神話，每一個人都希望通過投身網路經濟，特別是看上去錢途最為光明的互聯網金融，去發掘一個不為人所知的金礦，在短期之內，為自己創造出無可統計的巨額財富。

網路經濟的燒錢本質

網路經濟，特別是互聯網金融的一個個創富神話的不斷湧現，更是激勵著更多的人如飛蛾撲火般前赴後繼，投身互聯網金融事業，更使得對互聯網金融的投資成為一種最為人所稱道的時髦選擇。

當然，互聯網金融的堪比販毒的創富速度，成為現代社會中，我們看到當某一種互聯網金融模式成功之後，在很短時間之內，就會有數十人乃至成千上萬人，希望複製前人的成功經驗，創造自己的創富神話的最為主要的原因。這也是為什麼當餘額寶取得成功之後，網易、騰訊、百度、蘇寧、京東等幾乎所有網路經濟的重要企業都義無反顧地複製餘額寶的成功模式，紛紛推出新版寶寶的原因所在。

然而，網路經濟的另一個特性卻極大地制約了網路創富神話對投資人的誘惑，那就是它的燒錢本性。與網路經濟相比，沒有任何一個傳統產業在創業之初，甚至在成長期，需要投資人投入如此巨額的資金，很多時候卻根本看不到盈利的機會。

中國有一句俗話說「賠本的生意沒人做」，可是網路經濟的興起，卻完全顛覆了這一傳統規律。任何一個網路產業，包括錢途無量的互聯網金融，都是從燒錢開始，投資人需要拿出大量真金白銀的資本來吸引目光，吸引關注，推廣自己的客戶，盡自己的最大可能把自己的攤子鋪大，然後，再尋求更多的外部投資的進入，再持續地燒錢，最終無非兩條歸途：一是絕大多數網路經濟的最終歸途，當投資人燒光所有投資之後，企業再無營運資本，最終將默默消失在網路之中，而僅僅成為大家茶餘飯後的談資；二是少數幸運兒，將能夠在持續的投資中，在用戶之間建立良好的企業形象，籠絡住一大批忠實客戶之後，再逐漸尋找屬於自己的盈利之道，期待著自己能夠從企業的營運中，真正看到回頭客，真正創造出屬於自己的財富帝國。

網路經濟中的風險投資

正是伴隨著網路經濟的發展，我們才熟悉了風險投資的概念。自資訊科技革命以來，現代產業已經不再單純依賴於簡單的人力投資或者巨大的資本投入，網路產業的進入門檻幾乎已經降到最低。一名投資者只需要腦海中有一個簡單的創意想法，利用一台電腦設備，聯合幾個小夥伴，就可以開始自己的創業大業。當網路產業創業者的創業行為經過市場的檢驗之後，可以基本確認是具有市場潛力的發展項目之後，只需要一份詳盡的可行性報告和一張三寸不爛之舌，創業者就可以通過向眾多的風險投資者顯現自己的投資計劃的美好前景，而爭取到更多的風險投資，並依靠所獲得的風險投資，進一步加大自己的創業項目的宣傳、推廣，力爭集聚更多市場人氣，進一步贏得市場認可，再獲得更多的風險投資或戰略投資。

在整個網路經濟的發展過程中，真正網路產業的實施者往往並不具有雄厚的經濟實力，甚至不具有最為高超的技術能力，很多時候只是一群容易頭腦發熱的大學生，一通海侃之後，就確定了自己的網路創業方案。然後，像惠普或者微軟這樣，只依托於家中的車庫，一個看上去無比美好的創業方案就開始推動了。

真正在網路經濟的發展過程中向各個網路企業提供資金支持的往往是我們現在所熟悉的風險投資者，他們通過廣撒網的方式，向多個自己認為存在市場機會和發展潛質的網路企業提供資金支持，以此獲得這些企業的創業股權。也許在一百個風險投資項目中，只有一個最終取得成功，那麼這百分之一的投資成功率帶來的收益也足以彌補其他九十九個失敗項目的虧損。如果在一萬個投資項目中，能夠湧現一個類似於Google或者Facebook這樣的未來的領袖級企業，那麼最早投資這些網路企業的風險投資者的收益將是遠超一萬倍的天文數字。

作為網路產業的真實的推進者，每一個網路經濟中的創業者，更多只是自己的創業計劃的初始方向確定者和基礎的技術支持者。當獲得風險投資青睞、贏得外來資本注入之後，他們將搖身一變，成為自己的網路企業的經理人，他們的主要工作就是把風險投資者投入的資本花掉，以求最大限度地贏得市場的認可。在這個過程中，盈利與否其實並不是這些經理人所考慮的問題，畢竟，他們自己並沒有投入太多的真金白銀的資本，因此，讓他們慷他人之慨，大把地花錢，也就沒有太多的顧慮了。

追求客戶是網路企業燒錢的主要目標

對於網路經濟來說，眼光就是競爭力，只要能夠贏得客戶，搶在其他跟隨者之前搶佔市場中的客戶資源，那麼一切的花費都是值得的。以第一代網路經濟中最引人關注的門戶網站之爭為例。二〇〇〇年左右，當網路開始被眾多中國民眾所接受之際，提供一個能夠吸引網民的整合所有網民可能關注的資訊源的門戶網站，被眾多投資者視為最具錢途的選擇。於是，很短時間內，網易、搜狐、新浪、中華網等四大知名門戶網站基本在同一時間、以同一模式建立。在所有的門戶網站上，只要是網民所關注的、網民所想得到的，諸如各式新聞報導、深度評論、BBS、免費郵箱、同學錄、網路商場幾乎當時所有可以想到的網路內容都被一鍋端地全部納入門戶網站之中。

為了吸引人氣，各大門戶網站不惜重金在各種媒體上大做宣傳，在CNNIC網路調查上買選票，提高知名度，重金聘請知名網路寫手或者網路紅人入駐，可謂花錢無數。然而，除了有限的網路廣告點擊獲得的廣告費用，在發展初期，中國的各大門戶網站幾乎無一家擁有正常的盈利模式，也沒有一家能夠獲得健康的資金流，幾乎所有門戶網站都是在賠本賺吆喝，大把大把地花著風險投資家的錢。然而，這並不妨礙這幾家門戶網站至今仍然是中國網路經濟的支柱，至今仍然是廣受國外投資者看好的中國網路產業的領導者，更不妨礙年輕的丁磊在網易尚未實現盈利的時候，就已經搖身一變成為中國首富。在這樣的網路產業發展中，出現了很多傳統產業所無法理解的怪現象，明明企業一直在賠錢，可是卻仍然能夠得到資本市場的廣泛看好，能夠讓企業領導者在虧本的情況下實現自身財富的迅速增長。

在門戶網站之爭之後，網路搜索、實名網址、網路郵箱、網路購物以及二〇一三年以來賺足目光的互聯網金融，又先後成為中國網路經濟發展的關鍵詞。然而，任何一種新的網路潮流，任何一個新的網路產業，都沒有改變網路燒錢的本性。作為中國B2C網路購物的領導者的京東商城，一九九八年成立之初，只是混跡於中關村的千萬家電子產品銷售商中的一員，經過劉強東十多年的打拚，目前京東已經擁有遍佈全國的超過六千萬名註冊用戶，經營範圍包括家電、數位通信、電腦、家居百貨、服裝服飾、母嬰、圖書、食品、線上旅遊等十二大類數萬個品牌數百萬種商品，日訂單處理量超過五十萬筆，網站日均瀏覽量超過一億。

然而，即使貴為中國B2C網路購物老大，京東商城也直到二〇一三年前後才真正實現盈利。即使一直在虧錢，這也不妨礙每年的「雙十一」網購節或者店慶日，京東總是最早掀起價格大戰的角色，通過低價、優質、快速物流而逐漸贏得越來越多客戶的信賴。

而且在每次價格大戰中，京東總是以一種不差錢的姿態，威懾淘寶、當當等其他競爭對手。你們以為劉強東真的有如此花之不盡的身家財產啊，京東的資金來源於二〇〇七年以來連續七輪的外部投資者注資。而眾多外部投資者之所以願意向京東投資，又完全得益於他們不計一時之利、不惜虧本強推價格大戰所實現的市場佔有率的持續上升。

二〇一四年五月，當京東選擇赴美國那斯達克上市IPO融資時，更是得益於其在中國電子商務領域的領導地位的確立，賺足了市場的目光，其股票也得到市場的極大追捧。經過此次上市，二〇〇七年首個對京東注資的外部投資人今日資本所擁有的股權價值已達二十二億三千萬美元，短短七年，當年的投資已經獲得數百倍利潤，這樣的投資誘惑又有誰人能夠抵擋。

也許很多傳統商業人士難以理解的是，投資網路產業，投資人追求的並不是企業的利潤，因為網路產業的新穎性，很多產業至今沒有形成完整的盈利模式，即使很多領導企業，也難以實現真正意義上的盈利。在網路產業中，只要你能夠將攤子鋪得夠大，能夠贏得足夠多的客戶，賺不賺錢並不重要。

在傳統產業中，很多人往往講究薄利多銷，這也意味著，哪怕利潤再薄，企業也是必須能夠獲得利潤的，虧損的企業是沒有生存的權利的。兩種截然不同的遊戲規則，也印證了兩種不同的發展思維。傳統產業的發展講求穩，要保證企業的穩定的利潤水準，而網路產業則講究快，著重於對市場空間的搶佔，而不在乎經濟利潤的多少。中國的互聯網金融發展的歷程也恰恰為這兩種不同提供了事實的驗證。

互聯網金融的遊戲哲學

互聯網金融對客戶的追求

與其他網路產業相同，互聯網金融也基本走上了靠死砸錢、鋪攤子、做大規模搶佔市場的道路。從早期的第三方支付階段開始，客戶規模就是眾多互聯網金融企業最為關注的指標。以阿里巴巴、京東為代表的第三方支付企業，往往依托於成熟的網路購物平台，通過引入諸如「淘金幣」、「京東積分」、「京豆」等虛擬網路貨幣，或者「淘寶紅包」、「京券」、「東券」等代幣券，以及低價促銷的模式，鼓勵網路購物發展，進而實現自己的第三方支付規模的持續上升。

也正是藉助於中國電子商務的飛速發展，十一月十一日，也從民間傳言中的光棍節，轉而成為億萬中國網購用戶的盛宴，已經成為網購節的代名詞了。而在這背後，無論是B2C的京東、天貓，還是C2C的淘寶，都已經賺足了目光，賺足了人氣。它們依托的支付寶等第三方支付體系的年處理交易規模持續上升，中國的網路金融的市場規模日益擴大。

在中國的網路經濟領域，價格戰已經成為最常規的戰略性武器。在服務品質難以表現出明顯差異的情況下，比拚產品的價格、以低價取勝已經成為眾多網路商城的唯一選擇。網路比價等新型網路產業的興起，更是加劇了這種依賴於價格競爭的簡單的競爭方式。

第三方支付產業的騰飛，更是二〇一三年以來網路理財興起的最重要的經濟基礎。在實際操作中，無論阿里巴巴、騰訊，抑或京東，每一個強推貨幣基金式的網路理財的網路巨人，管理與運作自己的互聯網金融產品的核心部門，往往都是依托於自己的傳統的第三方支付體系。可以毫不誇張地說，沒有第三方支付的飛速發展，中國的互聯網金融的春天根本不會到來。

而各大網路理財產品在推出之初，一方面通過贈予客戶體驗金、理財紅包等形式，以返利或者提供經濟補償的方式，吸引更多新客戶的加入；另一方面，則是突出網路經濟的口碑效應，讓從網路理財中獲得實實在在好處的用戶，向親友宣傳，實現自身規模的突破。

網路理財成功的背後

如果以為互聯網金融的燒錢遊戲僅僅止於客戶體驗金和理財紅包，那麼各位就過於小瞧眾多網路巨頭追求客戶的急切心理了。事實上，正如前文介紹的那樣，貨幣基金其實並不是什麼新鮮事物，哪怕在中國，貨幣基金也已經有了近十年的發展歷史，而且以往的貨幣基金的交易，也往往是通過證券公司或者銀行的網路平台進行銷售，與互聯網金融的電商交易平台模式並沒有本質的區別。那麼為什麼只是到了餘額寶的橫空出世，貨幣基金才會激發起市場巨大的反響呢？

事實上，在餘額寶推出之前的貨幣基金產品，仍然沿用基金營運的模式，固然其基金的使用管道通常限定於貨幣基金，並保證其穩定的收益，與此同時，基金公司還會向認購者收取一定比例的管理費用。這種旱澇保收的基金管理費用，在以往貨幣基金收益率本身就不高的情況下更顯得刺目，也更大地挫傷了客戶購買傳統貨幣基金產品的積極性。

而餘額寶，卻並不是對傳統的貨幣基金模式的簡單複製。首先它放棄了傳統模式下貨幣基金管理公司對客戶的管理費用的收取，對於客戶來說，第一次體驗到可以以零費率購買基金產品，自然也就極大地增加了餘額寶等新型互聯網金融產品的市場吸引力。也正是這種放棄本來應該屬於自己的利潤的這塊巨大收益的策略選擇，讓市場感受到了互聯網金融在爭取客戶方面的巨大誠意，從而贏得了更多消費群體的歡迎。

另一方面，餘額寶等寶寶軍團的成功還在於它們極高的投資收益率和極強的流動性。當然，超強的流動性得益於長期以來眾多第三方支付體系的自身建設和充裕的準備金。而同樣是貨幣基金，寶寶軍團卻能夠創造遠高於此前市場中的眾多貨幣基金產品的投資收益，這更不得不使人懷疑互聯網金融企業為了迅速鋪開市場，而選擇利用自有資金補償寶寶軍團的高收益的可能性。

當然，二〇一三年五月以來的錢荒也保證了在銀行同業拆借市場中的高收益率，這也成為推動互聯網金融騰飛的外部經濟形勢的推力。然而，事實上，據很多業內人士的估計，即使這種居高不下的銀行同業拆借利率和協議存款利率，也僅僅能夠維持相關的貨幣基金產品百分之四至百分之五的年收益率，而實際上，在二〇一四年初，不少寶寶軍團的年化收益率一度甚至達到百分之七的高位，這樣的高收益其實已經很難用貨幣基金產品的協議存款利率來解釋了。

二〇一四年春以來，伴隨著中國資本市場錢荒的逐步緩解，特別是在宏觀層面，關於制約餘額寶、向貨幣基金產品徵收準備金等呼聲的不斷傳出，一度紅遍中國的寶寶軍團也風光不再，其年化收益率持續下滑，僅僅半年不到的時間，已經從百分之六以上的水準，普遍跌至二〇一四年暑期的百分之四多。這樣的收益率其實是能夠較為準確地反映貨幣基金在協議存款市場中的收益率水準的，而此前的高收益則更像是眾多貨幣基金斥資巨款所吹起的一個大肥皂泡。

餘額寶的競爭優勢

可能很多朋友也知道，早在一九九九年，美國的PayPal公司就推出了類似於今天我們所見到的餘額寶這樣的貨幣基金產品，從一美分起申購，每日計息，利息自動轉為基金股份進行再投資，其基金產品也一度在二〇〇七年達到十億美元的頂峰。然而，二〇〇八年，由於美國政府的量化寬鬆的貨幣政策，美國市場利率持續下滑，貨幣基金的收益率一度跌至百分之〇・〇四的低位，即使PayPal基金公司也如餘額寶一樣放棄了基金的管理費用，仍然低於儲蓄帳戶的一般收益。這最終導致二〇一一年七月二十九日，PayPal公司最終關閉了其貨幣基金。截至其關閉時，其基金規模其實仍然剩下四億七千一百萬美元，僅比其巔峰期的十億美元下跌一半而已。然而，由於貨幣基金市場已經無法提供具有競爭力的投資收益，PayPal公司仍然選擇結束了長達十多年的貨幣基金的嘗試。

他山之石，可以攻玉。被中國眾多互聯網金融人士稱為「美國餘額寶」的PayPal的遭遇在很大程度上其實可以揭示中國的餘額寶的發展前景。其實並不是像很多樂觀人士所想像的那樣，純粹的貨幣基金就可以永遠地提供遠超儲蓄收益的投資收益。如果不考慮錢荒帶來的暫時性的高利率，特別是當中國的利率市場化改革推進之後，與普通儲蓄相比，貨幣基金的投資收益並不會有明顯的競爭優勢。在很大程度上，餘額寶的高投資收益僅僅是中國利率市場管制帶來的高存貸差催生的銀行體系壟斷利潤的產物。

但令人關注的是，在收益率不斷下滑階段，作為最早的吃螃蟹者，也是這場互聯網金融戰爭的發起者，餘額寶的收益長期在眾多寶寶軍團中位列末端。與它相比，京東小金庫、騰訊微信財付通、百度百發、網易零錢寶儘管收益也與餘額寶相差不多，但是基本可以保持略高於餘額寶的水準。

如果按照一般的理性人假設，在眾多寶寶的產品設計大致相仿、功能並沒有明顯的差異性、推出各款寶寶產品的網路企業的資金實力和江湖地位也大致相當的情況下，決定投資者的資金投向的本來應該是投資的收益率。如果按市場機制的一般規律，在同樣的風險和流動性前提下，投資者應該把資金投向能夠給他帶來最高回報率的投資方向。

然而，事實上，在寶寶產品的收益率持續下降之時，儘管銀行的存款搬家已經基本企穩，甚至在收益率更高的銀行理財產品的吸引下，呈現出資金從互聯網金融產品回流銀行體系的趨勢，但作為行業領導者，餘額寶仍然幾乎佔據中國的貨幣基金市場的半壁江山。其他收益率高於它的眾多其他網路巨頭所推出的寶寶產品，儘管也贏得了眾多投資者的追捧，但是幾乎所有其他寶寶產品的規模加起來，才能夠與餘額寶掰掰腕子，這又似乎並不符合經濟學的理性人假設。

正如前文所說的那樣，網路經濟追求的是規模，而經營規模或者說終端的數量將最終決定不同競爭對手的市場競爭力。對於眾多網路理財產品的用戶來說，餘額寶是網路理財的先驅，也是擁有最多的客戶群體的網路理財產品。對於用戶來說，這就是它的最為閃耀的金字招牌，也成為用戶對它的信心所在。這種超乎其他品牌的信心，自然就造成了強大的品牌忠誠度，能夠維繫更多的客戶群體。

其他互聯網金融產品如果想挑戰餘額寶的領導地位，基本只有兩條道路可選。一是提供遠高於餘額寶的市場收益率，這在同樣選擇貨幣基金、產品收益率基本依賴於協議存款利率的同樣的市場中，絕對是不可能完成的任務。而戰勝餘額寶的第二條道路則是不走尋常路，不是簡單地模仿餘額寶的經營方式，而是選擇差異化策略，策略性地與餘額寶劃清限界，開闢出一個餘額寶尚無法形成絕對領導地位的新的市場，而這又對挑戰者的金融運作能力與市場細分能力提出了極高的要求。

從某種程度來說，餘額寶的龐大的市場佔有，就構成了對其他所有競爭對手的競爭優勢和市場門檻，也成為對自己的領導地位的最有力的保護。這在很大程度上就是餘額寶前期拚命砸錢、搶佔市場給自己創造的先發優勢。

互聯網金融的新遊戲規則

在網路時代，如果一個企業仍然沿用傳統經濟時期的一步一腳印、扎實基礎、腳踏實地、穩步發展的思維，這其實就意味著把龐大的市場留給了在一旁虎視眈眈的眾多其他競爭對手，恰如在下棋時，明明可以一步將死對手，卻反而連下緩手，最後當對手緩過勁來時，最後輸掉遊戲的也許就是自己。

在互聯網金融的虛擬貨幣領域，騰訊其實是較早進入市場的領導者，它所推出的Q幣一度也成為網路領域的重要流通工具，甚至有些網路企業以Q幣作為自己工資結算的單位。然而，長期以來，Q幣僅僅被騰訊公司用來交易QQ道具或者一些虛擬商品，它的應用始終被局限於一些虛擬領域，而沒有推廣到更為廣泛的網路經濟體系。經過多年的發展，它不僅沒有像比特幣那樣成為世界普遍認可的虛擬貨幣，反而泯然眾人，其用途的廣泛性甚至比不上後起的淘寶集分寶，這不得不說騰訊抓了一把好牌，卻沒能迅速搶佔市場終端，推廣自己的寶貝，最後落了個敗局。

正因為網路時代的快節奏，通過大量燒錢，迅速鋪開戰場，搶佔實地，追求最大限度的市場佔有，並擠壓競爭對手的生存空間，也成為眾多互聯網金融企業的共同選擇。從網路理財到P2P網貸，從第三方支付到網路虛擬貨幣，誰佔有市場終端，誰就擁有發言權，誰就擁有戰勝對手的戰略性核子武器，而為了實現這一目標，網路時代所通行的燒錢遊戲恰恰是最有效的競爭策略。如果在初入市場之際，錯過了對競爭對手一擊致命的機會，最後在激烈的市場競爭中倒下的，也許就將是自己。這就是網路經濟的殘酷性，也是網路遊戲的刺激性。

CHAPTER 11

團結力量：互聯網金融的利潤來源

網路經濟的團購哲學

網路經濟中的團購模式

作為一種新穎的電子商務模式，團購早已為眾多中國網民所熟悉。自二〇一〇年以來，從團購網站在中國的遍地開花到陸續關門，中國的團購產業也經歷了一場大浪淘沙的殘酷洗禮。而眾人拾柴火焰高的團購思想其實也正是互聯網金融興起的基本發展思維。

在團購交易過程中，眾多消費者通過某一團購平台下單，這就可以幫助商家在短時間內實現大量規範化的訂單交易，儘管團購價格遠低於商家的正常售價，但是因為團購產品往往都是商家的模組化、規範化的產品組合，商家可以提前做好材料準備或者前期操作工序，這也能最大限度地提高商品或服務供應的效率，通過一種薄利多銷的方式，幫助商家實現營業利潤。

特別是對一些營業場所相對偏僻、經營門臉不夠顯眼的小規模商家而言，完全指望消費者願者上鉤，自己前來消費，再通過口碑傳播，實現自己的營業額的持續擴大，幾乎是一種不可能完成的任務。通過引入團購模式，把自己的特色產品或特色服務，以極具市場競爭力的低價向市場推出，以吸引顧客的光顧，然後通過優質的產品或服務，吸引回頭客，往往是一個不錯的選擇。

在整個團購過程中，消費者享受到了低價的商品與服務，商家擴大了自己的營業額和知名度，而團購網站則充當了聯結起商家與消費者的橋樑，並從團購過程中抽取一定的利潤分成，一些擁有較為完善的第三方支付體系的團購網站，甚至還能在一定時期內佔有消費者所支付的團購貨款，獲得充足的資金流，並從中實現自己的營業利潤。可以說，在整個過程中，從商家、消費者到團購網站都從這種團購模式中取得了足夠的好處，實現了彼此的雙贏。

團購模式中的網路經濟特質

團購模式在很大程度上揭示了網路經濟的客戶碎片化與市場整合特點。傳統的工業化生產，或者我們生活中的商品零售、餐飲、物流等生活服務，包括銀行、證券等傳統的金融服務業，在客戶選擇上，往往都具有明顯的地域限制。比如說，你平時做飯需要買油鹽醬醋，你只會在你家附近的超市購買，而不會專門乘坐長途車跑到別的城市購買。

而另一方面，你在山西想買瓶醋，通常只會買當地的老陳醋，而不會去購買同樣以醋盛名的江蘇鎮江香醋。由於生活習慣以及物流成本，商品的輻射範圍也同樣存在地域限制。社區的生活圈基本就可以確定傳統產業的客戶分佈範圍。如果維持好與社區鄰里的關係，維繫好與一些老顧客的關係，那麼一個商家的日常經營業務就有了保證。它們既沒有必要花費資金去想方設法向其他商圈擴張，爭取壯大自己的客戶群體，也不用奢望自己的生活圈之外的群體能夠成為自己的穩定客戶。在這樣的商業模式下，一個商家的客戶群體往往是較為密集分佈的，具有非常明顯的地域屬性。

然而，網路極大地縮小了我們所生活的世界。通過團購或者網購，我們完全可以突破空間地域的限制，去爭取更大範圍的客戶群體。我們既可以橫跨一個城市去品嚐團購的美食，也可以縱貫全國，以團購的低價購買天南海北的優質商品。人們不用過多地考慮地理位置的差異，通過網路通信手段，我們可以把全世界的人納入同一個商圈，更可以把全世界的人都視為自己的潛在客戶。企業面臨的客戶群體的選擇可能更為分散，呈現一種碎片化的分佈，而同樣，自己所面臨的競爭壓力，已經不僅僅限於自己的社區，分居於世界各地的其他同行業商家，都將對自己產生一定的競爭壓力。

從這方面來說，網路經濟的一個重要特點就是客戶的選擇從集中轉向了分散，如何爭取到分佈更為廣泛的碎片化的客戶，則成為網路經濟所追求的目標。而無論是前面所說的團購還是網購，又同樣體現了網路經濟的整合性，通過共同的交易平台及結算平台，利用網路通信技術，現代商家可以高效地串聯起無數的分散化的客戶，幫助自己極大地拓寬客戶群體，擺脫地理區域對自己的發展的束縛，實現自己的跨越式發展。

互聯網金融客戶群體的碎片化

與互聯網金融相對，由銀行、基金公司或者信託公司所提供的社區金融理財服務，在很多城市已經不再是什麼新鮮事物了。然而，這些社區金融理財服務往往都依托於現實的金融機構的營業場所，需要客戶親自到訪辦理業務。這在很大程度上的確起到了消除客戶對理財資金的信用風險的顧慮的作用，但是這種基於地理區域的社區金融服務，又極大地束縛了金融機構的發展視野，限制了它們的發展。

然而，基於資訊科技的網路理財或者**P2P**網貸崛起後，我們已經可以明顯看到，通過資訊科技的應用，互聯網金融機構已經不再關注資金的地理來源，不考慮客戶的地理分佈。通過網路通信技術以及完善的第三方支付手段，來自世界各個角落的客戶，都可以把自己的資金輕鬆地轉入自己的網路理財帳戶。看上去碎片化的客戶分佈，反而被資訊科技有機地串聯起來，整合為一個完整的互聯網金融體系。

比如在很多人看來，**P2P**只是傳統的個人借貸業務的網路化。的確，如果從業務內容來看，**P2P**本質上的確是個人之間的資金借貸，屬於一種典型的民間金融。然而，傳統的個人借貸往往受借貸雙方的社交圈子的約束，僅僅發生於親友之間，這樣固然可以保證借貸雙方的知根知底，可以最大化地消除借貸行為的信用風險，但是，這種基於個人社交圈的借貸往往被個人的社會關係的複雜性所約束，這也極大地限制了借貸雙方的選擇面。這種雙方直接對接的模式，幾乎消除了民間借貸市場存在的可能，更無法保證借貸利息的合理性，其利息往往只能由在借貸過程中處於強勢的一方決定，這進一步擠壓了弱勢方在民間借貸中的收益。

而P2P網貸的興起，明顯擺脫了地理範圍的限制，世界各地的資金可以通過統一的網貸平台集中起來，並根據不同的資金需求方的資質、使用計劃、承諾利率等具體情況，有選擇地進行投資。通過P2P市場的中介作用，資金的供給與需求可以在P2P平台中有機地對接，並通過直接的市場競爭，形成最合理的市場化利率。

假設存在一個資金使用安全性較好的投資項目，那麼就會有更多的投資者願意對其投資。當資金供應超過資金需求者的需要時，資金供應者就會通過報出更低利率的方式通過競爭獲得對該項目的投資機會，這自然就會降低融資者的借款利息。同樣，如果無人對某一投資項目感興趣，或者以現有利率所能夠籌集到的資金沒有達到資金使用者的預期，它又會通過報更高利率的方式，力爭引起更多投資人的投資興趣。通過這樣的市場競爭，自然可以保證每一個P2P網貸市場中的項目的借款利率，都能夠與其項目的基本內容相匹配，保證利率的合理性。

事實上，無論是大家所熟知的餘額寶等網路理財產品，還是已經逐漸被妖魔化的P2P，通過引入資訊科技，都可以有效地擺脫傳統金融產業中空間地理範圍對客戶規模的限制，更有效地提高了互聯網金融機構的資金規模，實現了自身經營中的規模經濟，從而能夠幫助這些互聯網金融企業實現更高的經營利潤。

互聯網金融的規模經濟

傳統金融中的規模經濟

在傳統的經濟學原理中，有一個「規模經濟」的概念，其大概意思就是，在商業競爭中，大企業往往比小企業擁有更多的經濟資源，因此也更容易在競爭中獲得優勢，這也就保證了大企業能夠獲得比小企業更高的利潤率。而事實上，金融行業，包括互聯網金融行業，恰恰是規模經濟最為明顯的行業之一。

在傳統的中國證券市場中，我們經常聽到一些小道消息說，一些基金公司或者證券公司在操盤、坐莊、炒作某一支股票。儘管這些傳聞幾乎絕大多數都是純粹的謠言，但是這其實在很大程度上也揭示了金融證券運作的一些基本的技巧。

比如說某一個基金公司打算炒作某一支股票後，它通常會先悄悄地收集籌碼，在這支股票價格尚在低位時，先不動聲色地在二級流通市場大量購入。當它已經掌控這支股票一個較大的比重時，比如百分之三十以上的流通股，基金公司再在證券市場中激進地大量買入，通過大筆的大額買入，甚至有時其實就是自己買、自己賣的倒手交易，在很短時間內，把這支股票的價格拉升，以吸引市場的關注，吸引更多的跟風盤的跟進。當這支股票的價格已經達到一定高位時，證券公司或者通過股價的大漲大跌洗掉跟風盤，進一步增加自己的控股比例，以求進一步拉升股價，或者在股價的盤整中逐漸悄悄出貨，在高位把自己以往低價購入的股票出售變現，以實現自己的利潤。

在整個二級市場的股票炒作過程中，基金公司只有擁有雄厚的資本，才有能力實現對某一股票的掌控，才能對其炒作。如果你的基金只夠購買某一股票不到百分之十的股份，你自身的控股比率不高，那麼你的大單買入、拉升股價的過程，也正是其他投資者高價出售、獲利套現的過程。基金公司的炒作就白白成了抬轎子，只能把自己的資金深套其中，而難以獲得利潤。這也是為什麼總股本更低、流通盤子更小的股票，更容易出現股價的暴漲暴跌的原因，因為相對而言，炒作這些股票的資金門檻較小，它們更容易贏得投資基金的關注。而相反，像中石油、中石化這樣的超級大盤股，可能幾乎沒有投資資本有足夠的實力拉升它們的股價，實現對它們的炒作。

在投資市場中，如果你擁有更多的資金，也就意味著你可以動用更多的資源，那麼你所能夠炒作或者能夠進行的投資選擇就更大，你的投資獲利的機會就更高。相反，如果缺乏資金，那麼你的資金的投資方式和投資方向就更少，你從投資中獲得收益的難度就更大，投資收益將更小。這恰恰是金融領域中的規模經濟的含義。

而自次貸危機以來，被我們陸續認識的西方金融發展中的「大而不倒」現象，也幫助我們從另一個角度認識了金融行業的規模經濟。對於現代經濟體系中的每一個國家而言，在金融體系中，佔據更重要的角色的金融企業的一舉一動，往往會對本國經濟秩序產生重要的影響，如果隨便允許它們破產，將對一個國家的國民經濟產生致命的傷害。這也是為什麼美國可以允許在其投資銀行業內分別佔據第三、四、五把交椅的貝爾斯登、雷曼和美林破產倒閉，卻不惜注入重資扶持投資銀行界的前兩名摩根史坦利和高盛，同時扶持銀行業老大花旗銀行、保險業老大AIG的原因之所在了。

當一個金融企業發展水準更高時，它在國民經濟中的地位就更重要，它對經濟的發言權將明顯上升，哪怕再自由化、市場化的國家，也不會隨便讓其業績發生巨大的變化，特別是允許其破產。從某種意義來說，當一個金融企業具有強大的經濟規模之後，它就有實力要挾金融管理當局，甚至挾持政府的政策選擇，這恰恰反映了金融業中的規模經濟特徵。

互聯網金融中的規模經濟

餘額寶等網路理財工具的推出更是明顯地反映了金融中的規模經濟效應。我們都知道，儘管銀行一直在抱怨，正是由於寶寶軍團的崛起，才產生了大規模的存款搬家，大量以往存放於銀行體系中的活期存款以及部份定期存款，都轉移到了眾多的互聯網金融產品中。但是，如果要追溯這些從銀行中搬家出來的資金最終到了哪裡，我們就會發現，寶寶軍團在籌集到眾多投資者從銀行取出的資金之後，又通過協議存款的方式把它們重新轉入了銀行體系。也就是說，儘管說起來，中國的貨幣基金的總規模已經超過兩兆人民幣，但是這筆巨額款項並不是從現有的銀行體系中漏出，而只是通過貨幣基金的中轉，又重新回歸到銀行體系，並沒有明顯地改變銀行體系的資金規模。

可是，相信很多人都能夠從對餘額寶的爭議以及相關的宏觀管理政策的改變中看出現有銀行體系對餘額寶的仇視。既然貨幣基金是來源於銀行體系，又最終回歸銀行體系，似乎對銀行就不會構成大的衝擊，為什麼銀行會如此敵視餘額寶們的存在呢？

儘管在餘額寶們誕生之後，銀行體系的資金總規模沒有發生大的改變，可是銀行體系的融資成本卻發生了巨大的變化。同樣是這筆資金，在餘額寶們誕生之前，它們大多是以活期存款或者定期存款的方式存放於銀行體系中，它們的利率水準相當低。正如前面介紹的那樣，百分之〇・三五的活期利率，抑或百分之三・二五的一年期定期利率，都明顯低於寶寶軍團的年化收益率。

要知道，眾多互聯網金融企業可不是慈善家，即使在推出之初，它們可能會利用自有資金補償互聯網金融工具的收益，以保證這些寶寶們的高收益率，以及保證它們對客戶的吸引力，但是當貨幣基金的行業規模達到兩兆元的天文數字時，相信已經沒有任何一家互聯網金融企業有實力再繼續補償它們的收益，也沒有一個投資者會願意拿出自己的資金去讓互聯網金融企業向這個無底洞中砸錢。所有互聯網金融企業給寶寶軍團的用戶的利息，只能最終來源於這筆資金的投資收益。而在餘額寶的發展模式的影響下，幾乎所有的寶寶產品都是依托於貨幣基金產品，也就是說，它們的利息只能來源於這些貨幣基金資金在銀行協議存款市場中的存款利息收入，那麼銀行為了這筆協議存款所支付給貨幣基金的利息顯然應該高於網路理財的用戶所獲得的利息收入。實際上，互聯網金融企業只是把眾多銀行支付給它們的利息，再倒手轉讓給購買其網路理財產品的用戶而已。然而，在這個過程中，銀行所付出的利息成本卻成倍地增長了。

銀行不能提供具有競爭力的市場利率的經濟學分析

既然貨幣基金產品所支付給客戶的利息，從根本上來說，還是來源於銀行，不知道有沒有人產生這樣的疑問，為什麼銀行不直接給儲戶高利息，直接通過高利息吸引民眾的存款，卻還要讓貨幣基金從中倒手，賺一個盆滿缽盈呢？

首先是銀行不願意直接向民眾支付高利息。畢竟長期以來，在利率保護的中國資本市場中，眾多民眾早已習慣把錢存放於銀行體系，而基本不會過多地考慮銀行的利息。對很多民眾而言，把錢存入銀行，並不是通常意義上的理財或者投資，而只是保證資金的安全性，預防未來的資金使用需求的正常選擇。

民眾不可能在獲得收入之後，在第一時間就把所有資金全部花掉，而應該講究細水長流，要保證資金在一定週期內能夠滿足自己的資金使用需要，甚至必須為不可測的未來提供一筆預防性資本。然而，如果選擇把錢存於家中，可能會有被盜、被蟲蛀等風險，因此，對於很多保守的民眾，特別是年齡相對較大的老百姓而言，把錢存入銀行只是保證自己資金安全的一個簡單的選擇，那麼利息收入只是一個副產品而已，也就並不顯得那麼重要了。

套用經濟學的名詞，在傳統的儲蓄模式下，老百姓對銀行利率的反應並不明顯，他們的儲蓄意願是彈性不大的。若銀行提高利率，他們不會明顯地增加自己的儲蓄規模，相反，即使銀行降低存款利率，他們也不會大幅度地減少自己的儲蓄。那麼，在沒有競爭壓力的情況下，銀行顯然是沒有提高存款利率的積極性的。

而另一方面，如果銀行可以區別通過寶寶軍團流入自己體系的資金和原本就留在銀行體系的資金，也許銀行是願意直接為通過寶寶軍團流入的資金支付高利息的，畢竟利息給誰都是給，還省得貨幣基金摻和，明明沒有自己出錢，反而白賺了人情呢！然而，如果銀行僅僅針對這部份資金提供高利息，顯然就構成了對其他儲戶的不正當競爭了。同樣的儲蓄，憑什麼你給這部份儲蓄高利息，給那部份儲蓄低利息呢？

可是如果不加區別地完全提高銀行所有儲蓄的利率水準，把它提高到與當前的協議存款利率相當的水準上，銀行又會覺得，通過貨幣基金流回銀行的資金，在銀行的總儲蓄中，其實僅佔一小部份，為了這一小部份儲蓄而整個地提高自己的利率水準，極大地提高自己的經營利息成本，似乎也不合算。我明明可以按百分之〇・三五的當前利率就吸引到相當規模的活期儲蓄資本，我為什麼要出超過百分之四的高利率給這些儲戶呢？這不是把銀行當冤大頭使嗎？只為了通過貨幣基金進來的那一小部份資金，要讓我提高整個儲蓄利率，不是明擺著撿了芝麻，丟了西瓜嗎？

正是在現在的銀行存貸款業務模式下，貨幣基金資本所佔的比重並不高，這才導致銀行根本不願意從整體上提高自己的儲蓄利率。而與此同時，其實，即使銀行願意針對這筆貨幣基金儲蓄提供高利率，在中國現有的金融體系下，也不允許它們隨便提高利率。

很多人都知道，在清朝一度盛極一時的錢莊正是在八國聯軍進入中國時，在面臨眾多儲戶的擠兌後紛紛倒閉，而與之相對，在二十世紀二三〇年代的大蕭條期間，很多美國的銀行也在擠兌風潮中走向倒閉。當然，這最終引起了現代銀行體系中最為重要的存款保險制度和準備金制度。但是很多學者也從另一個角度看待這兩次銀行倒閉風潮。在他們看來，在銀行業競爭相對完全的這兩次銀行業危機中，各個銀行為了追求儲蓄，紛紛提高了自己的利息報價，希望以更高的利率吸引客戶，獲得更多的儲蓄，這樣才能保證自己有足夠的資金發放貸款，並從中獲取收益。然而，銀行的存款利率的不斷提升，也意味著銀行的經營成本的迅速提升，這又對銀行的經營安全產生了極大的衝擊，使得一旦宏觀經濟形勢出現惡化，銀行利潤水準下滑，銀行的經營就很容易陷入困境，並走向破產。這也使得二十世紀中後期，即使在金融市場化水準相對較高的美國，對於銀行存貸款利率的管制也是一種普遍的現象。

特別是在中國，儘管利率市場化的改革呼聲已經不絕於耳，但是當前的中國金融管理當局仍然是限定了銀行的存款利率和貸款利率水準，希望借此避免銀行之間的惡性價格競爭。這也是為什麼我們看到，每到年末、季末，銀行需要階段性地增加自己的存貸款規模時，往往會在金融管理當局所允許的利息水準之外，再附加給予儲戶一些食品、生活用品等贈品，希望在不違反金融管理當局的利率管制制度的前提下，通過對儲戶的經濟補償，吸引到更多的儲蓄存款。而事實上，金融管理當局也完全清楚銀行的這些小伎倆，只是對這些違規不違法的做法往往選擇睜一隻眼閉一隻眼罷了。

但是，如果讓銀行完全無視金融管理當局的利率限制，突破其利率管制，直接給予儲戶遠高於當前利率水準的利息，那就是嚴重的違規甚至違法行為了，這樣的做法是當前中國的金融管理體制所無法容忍的。而與之相比，協議存款市場是市場化程度更高的貨幣市場，在這個市場中，資金供求雙方完全可以根據當前的資金供應狀況協商確定協議存款利率，這一利率也是不在金融管理當局的利率管制之列的。因此，通過協議存款的方式，給予貨幣基金高利息，而由其轉遞給貨幣基金的購買者，恰恰是規避當前金融管理制度約束、間接實現利率市場化的途徑。至少從制度上來說，這比直接讓銀行給予儲戶更高利息更可靠。

貨幣基金享受高利率待遇的原因

我們可以從另一個角度來思考這個問題：為什麼銀行願意給貨幣基金如此高的利息？問題很簡單，當千萬普通用戶購買了寶寶產品之後，它們所依托的貨幣基金就可以把千萬普通用戶的資金集中起來，共同與銀行進行議價。當你只是向銀行存入幾百元、幾千元時，對於銀行龐大的儲蓄規模而言，你的存款就連九牛一毛都算不上，就算你想為這幾百元錢跟銀行討價還價，銀行也根本不會願意理會你。

然而，當一個擁有數億元甚至數千億元資金的機構提出想把資金存入銀行時，無論哪一家銀行聽到這個消息，肯定都得兩眼冒光，這可不是一筆小錢。如果要靠通常的櫃檯儲蓄，那可得好幾家銀行營業據點幾天甚至幾個月的工作量，這其中所耗費的人力、物力也不少。如果能夠一下子就吸納如此巨額的資金存款，那麼銀行把它們省去的日常經營費用拿出一部份來補償其利息，這又有什麼好奇怪的呢？

說白了，貨幣基金的經營策略與前面所說的團購交易有著異曲同工之處。如果僅有一名消費者到團購商家進行消費，進行討價還價，通常根本沒有說服力，商家往往不願意對其做出太多的價格讓步，因此很難享受到團購的優惠價格。相反，如果存在一家團購網站，可以集聚起數百名消費者一起購買該團購商家的商品或服務，那麼其業務規模將是商家所難以抵制的誘惑，對其進行讓利，給予最優惠的價格當然也就根本沒有問題了。

從這方面來說，無論通常的網購消費中的團購、網路理財，還是**P2P**網貸過程中的高投資利率，其實都得益於通過資訊科技，高效、低成本地實現眾多客戶群體的集合，通過發揮群體的力量，增加客戶在市場定價過程中的發言權，從而在市場機制運作中享受到單個消費者所無法獲得的額外利益，這恰恰是互聯網金融中團結的力量的最大體現。

比特幣的集聚特質

在互聯網金融的另一個重要的領域，虛擬貨幣領域，我們也許可以看到更多的這種利用網路實現的聚沙成塔、集腋成裘現象的發生。事實上，比特幣的交易過程，恰恰利用了這種網路經濟的集聚發展的特性。

作為一種全球應用最為廣泛的虛擬貨幣，比特幣其實是一種交易的安全性和價值的穩健性相當高的虛擬數位貨幣，它實際上只是一種特殊的數位簽名鏈，它可以記錄其中所有的交易經歷。換而言之，任何比特幣的交易，使得比特幣從一個持有人手中轉移到另一個持有人手中之後，都會在原有的比特幣的數位代碼中重新生成代表相應的比特幣交易過程的新代碼。這也保證了當持有者獲得比特幣之後，他其實可以完全回溯這些比特幣的所有交易過程，這也成為比特幣的交易安全性的一個重要方面。

而對於比特幣的交易安全最重要的設計規則是所有簽署的比特幣交易都會被發送到網路進行廣播，儘管不會披露交易當事人的基本資訊，但是所有比特幣的交易都是對外開放的。而交易的過程，就是在原有的比特幣資訊代碼之上，附加上代表本次交易的驗證代碼。為了避免比特幣的重複交易或偽造，所有交易資訊都必須通過網路進行驗證，而在整個比特幣交易網路中的、具有強大的運算能力的計算機，就必須承擔起驗證網路中的比特幣交易的角色，而它們也就成為通常所說的礦工。

一旦擁有最強運算能力的礦工搶得某一區塊的交易資訊的記帳權，也就是在完成比特幣交易的驗證工作之後，它將獲得五十枚新創建的比特幣，這也是創造比特幣新貨幣的唯一辦法。

對於網路中的任何比特幣交易者而言，他們在處理比特幣交易資訊的驗證工作時，所面對的不再是單個的交易者，而是除他們之外的、整個比特幣交易網路中的CPU處理能力。而對於任何企圖在比特幣交易中弄虛作假的玩家而言，他們將必須對抗整個網路。對於擁有數量眾多的礦工的比特幣交易網路而言，這樣的對抗無疑如蚍蜉撼大樹、螳臂擋車般可笑。這也意味著確保比特幣交易安全的恰恰是整個網路的集聚力量，以集體的力量共同對抗任何一個企圖在比特幣交易過程中違反遊戲規則的用戶。

正是通過上述別致的設計，整個比特幣的交易和驗證都演化為個體對抗集體的遊戲，而通過這樣的力量對抗，最終才實現了比特幣交易的安全性。與比特幣相反，在現代網路經濟中所產生的很多企業貨幣，都存在遊戲規則或制度上的不合理之處，使得任何投資者一旦擁有整個網路百分之五十一的運算能力，就可以隨意地掌控市場交易，甚至隨意地破壞市場交易規則，最終毀掉了整個虛擬貨幣的運作基礎。

而與之相比，在當前如此龐大的比特幣交易網路中，如果想控制百分之五十一的比特幣網路運算能力，所需要的CPU的運算能力將是一個無法想像的龐大的天文數字，這基本是一項根本不可能實現的任務。

此外，考慮最為極端的情況，假設某一個人發明了一款足以打敗市場中其他所有礦工力量總和的礦機，從而獲得了超過百分之五十一的網路運算能力，也就是說，他其實可以欺騙他人，在比特幣交易中偷回自己的比特幣。當然，他也可以用自己的礦機去驗證市場中的比特幣交易。此時，他就會發現，利用自己的尖端的礦機，自己在比特幣交易網路中按既定的遊戲規則進行比特幣交易的驗證，每驗證一筆比特幣交易，自己將從中獲得五十枚新創比特幣，這樣遵守規則能夠給自己帶來的好處，要遠遠大於破壞規則和交易體系，進而破壞自己的比特幣財富的有效性的違反規則的做法，這反而更能夠保證比特幣交易過程的穩定與安全。

互聯網金融的整合

產業經濟的集聚發展與網路經濟的整合發展

傳統經濟講究產業發展的集中，很容易在區域範圍內形成眾多產業的聯合體，或者若干同一行業企業的集中。比如，在大慶等石油城市中，可能半數以上居民都是直接或者間接地服務於石油行業，也許最初僅僅是一個油田的興起，隨之各種對於油田的生產服務、對於石油工人的生活服務會逐漸在周邊興起，最終形成一個產業體系完整的龐大的城市。而另一方面，像義烏小商品的集聚，像福建晉江運動鞋的集聚，都反映了這種傳統經濟機制的集中化。

然而，網路經濟的興起，逐漸消除了地理空間位置對於產業分佈的限制，開始針對碎片化的市場需求，提供有針對性的商品與服務，實現產業結構的重構。更為重要的是，網路可以把一些原本看上去風馬牛不相干的技術有機地聯結在一起，實現產品與服務的整合化。

早期的互聯網金融，可能更多只是眾多金融企業主導的網路化的營運。在整個推行過程中，發揮主導作用的往往是金融機構，它們仍然是遵循固有的金融產業的發展規律和金融產業運作機制，只是為了適應資訊科技的日新月異，而選擇利用資訊科技，改造原有的工作流程，實現網路與金融服務的對接。在這方面，像我們熟悉的網路銀行、電子銀行、手機銀行，都是在這樣的發展思維下發展起來的。

從嚴格意義來說，上述以金融機構為主導力量所推進的金融網路化，並不是真正意義上的互聯網金融，它們只是網路武裝的金融網路化。從某種意義來說，這兩個概念同屬於網路與金融發展的有機結合，然而二者的主導力量與發展思維卻存在著明顯的差異。

網路武裝的金融網路化，的確也是透過對接網路技術來發展現代金融產業，然而，在它的發展過程中，網路只是一個媒介，或者說工具，它並沒有改變傳統金融的發展思維。比如，對於銀行而言，在營業據點銷售基金產品，與在網路銀行中通過網路技術銷售基金產品，或者通過網路銀行進行轉帳交易與在銀行櫃檯進行資金轉帳，只是交易媒介的差異，它們在產品設計、運作流程、客戶選擇等金融化的所有主要方面，幾乎都沒有發生明顯的變化。

正是由於金融機構所主推的金融網路化，由於長期以來的專業知識積累和經驗總結，在這些金融機構的領導者的腦海中，金融是什麼已經基本定型，金融應該如何發展，也已經有了清晰的發展思維。只是由於網路所帶來的資訊化革命，整合到金融發展過程中，可以有效地降低這些金融機構的運作成本，提高經濟效率，因此，它們才會選擇通過資訊科技對現有工作流程進行革新，而不會選擇顛覆性地變革掉傳統的金融發展思維。也正由於此，它們很難被直接納入互聯網金融的範疇。

互聯網金融的實質

真正意義上的互聯網金融，往往是由一些網路企業所推動。也許正是由於無知者無畏，正是由於缺乏足夠的專業知識，正是由於對金融模式、金融規則並沒有清晰的理解，反而能夠使得這些網路企業有足夠的想像力，在一張白紙上繪畫出最美麗的互聯網金融畫面。

的確，在很多金融機構的專業人士看來，掀起當前的互聯網金融的腥風血雨的很多網路企業都缺乏基本的金融常識，它們也在做著一些在專業人士看來是根本不可能有市場價值的傻瓜工作。這些傻帽式的想法在很多金融業內的專家學者看來是根本沒有市場價值，也不可能創造任何市場利潤的愚蠢選擇。比如，沒有親至營業場所，怎麼會有人放心大膽地把資金直接交給虛幻的網路世界中的一個從來沒有見過的人、從來沒有瞭解過的企業去使用？一個虛幻的存在於網路世界的網路理財機構如何可能贏得客戶的信心？就連銀行經過細緻調查的信貸都有極高的壞帳率，那些通過網路發放出來的資金，怎麼可能控制信用風險？

然而，藉助於資訊科技，很多當初看上去根本不可能實現的金融產業化運作模式都被證明是完全可行的。互聯網金融已經徹底地顛覆了傳統金融機構的很多遊戲規則。從這方面而言，互聯網金融不僅是金融網路化的革新，而是一種徹底的革命。現有的既得利益者是不可能有能力和魄力來主推針對自己的革命的，這就決定了在這場革命中，金融企業只是扮演被革命者的反面角色，或者是輔助網路企業推進互聯網金融的配角，而絕不可能充當起革命的核心力量。只有充滿著革命精神的網路產業人士才能夠充當這場革命的領導者。

正如我們所看到的，無論是以餘額寶的崛起為代表的中國的互聯網金融，還是在大洋彼岸美國的以行動支付、虛擬貨幣為核心的互聯網金融的發展，都是由眾多網路企業利用它們的資訊科技而推行的。這些新興的產業與其被納入現代金融產業，倒不如說更像一些網路產業，它們更多地表現為資訊科技與客戶的金融服務需求對接而實現的新技術的整合。

正是由於資訊科技的廣泛應用，互聯網金融才擺脫了傳統金融受空間地理的限制的不足，針對分佈更為廣泛、客戶需求更為多樣化、企業營運更為靈活的新的市場特徵，把資訊科技有機地整合到客戶金融需求解決方案中去，才實現了今天的繁榮的互聯網金融的產生。

互聯網金融的去中心化趨勢

在互聯網金融的發展過程中，傳統金融所倚重的金融中介的作用已經被逐漸地淡化，金融脫媒（Financial Disintermediation）或者說去中心化則成為發展的主導趨勢。正如我們所看到的那樣，在傳統銀行主導的信貸機制中，銀行居於籌集市場存款、發放貸款的核心地位，儘管從資金的供需對接來看，銀行仍然起著中介作用，然而這一中介作用卻是主導著整個產業發展的基礎。也正是由於銀行在資金供需中的核心作用，銀行才得以從中獲得更多的發言權、更高的營業利潤。

然而，在網路企業所主導的互聯網金融的發展中，金融企業已經被技術性地邊緣化，其中介作用被極大地弱化，已經無法在整個互聯網金融中充當核心角色。即使是提供資訊科技支持的網路企業平台，也不再追求產業發展的核心地位，而更多地扮演服務性角色。因此，在互聯網金融的發展過程中，每一個角色都被合理地安置在不起眼的位置，只有客戶才是整個市場的主導，他們的需求，決定著互聯網金融企業會提供什麼樣的服務，他們的供給主導著互聯網金融體系中的資源供應。在整個互聯網金融體系中，已經不再存在傳統意義上的核心組織，而是表現出明顯的去中心化特徵。

以典型的P2P模式為例，在整個P2P網貸過程中，P2P網站往往只為雙方提供借貸資訊的匯總和核實，借款者在P2P網站中根據自己的需要發佈借款資訊，而貸款者則根據不同借款者的資訊決定自己資金的投向。在整個過程中，借貸雙方都可以自主地決定自己的決策，而不會受到P2P網站的過多影響。而P2P網貸平台最多只是在核實借款人的個人資訊、借款資訊與信用水準時，會對貸款方產生影響。然而這樣的影響也是微乎其微的，與傳統的銀行機制在籌集存款、發放貸款過程中的強勢的主導作用相比，P2P網站的作用幾乎可以忽略不計。

在整個P2P過程中，所有參與者，無論是借貸雙方還是P2P網站，都是遵循著網路的平等哲學，各方能夠在交易過程中平等共處，公平獲益，自由決策，極大地降低了金融交易過程中的不公平因素，這與傳統金融體制中金融機構的強勢地位是截然不同的。

而在激化互聯網金融企業與銀行體系矛盾的虛擬信用卡的設計過程中，我們也可以明顯地看到這種去中心化或脫媒化特徵。虛擬信用卡不再區別信用卡的發行行、結算中心和刷卡行，它只擁有一個單一的發行單位，由它對消費者在發行單位的消費活動提供信貸支持。它也由一個由金融機構發行的，需要串聯起不同金融機構，並在不同金融機構之間分配收益的金融中介產品，轉變為由單一機構所發行的個人消費信貸支持工具，而更多地扮演信貸支持的角色。其角色的變化，以及在金融交易中地位的改變也是顯而易見的。

正是在網路的公平、自由、平等的遊戲規則的主導下，互聯網金融儘管通過資訊科技有機地串聯起了民眾的金融需求與網路的技術支持，但是它更多地向民主金融或者說普惠金融的方向發展，從根本上改變了原有的金融產業的遊戲規則和運作方式，從而實現了運用資訊科技對金融進行翻天覆地的改革。

CHAPTER

12

需求導向：互聯網金融的創新方向

從福特製到DIY

現代工業體系中福特製的產生

現代工業體系的建立也給社會生產模式帶來了巨大的變化。十九世紀，隨著工業革命的興起，蒸汽機開始大量應用於工業生產，社會生產開始走出自然經濟的小打小鬧的作坊式經營，開始採用機械化大生產的經營模式。二十世紀初，第二次工業革命後，我們現在所說的工業生產流水線開始在工業生產中大量應用，以福特汽車為代表的現代工業企業，開始進入飛躍式的發展狀態。

在整個工業經濟階段，我們看到的生產模式基本都是集中生產、大規模投入、大規模生產的營運模式。由於福特汽車是這種生產模式的最早實踐者，也是最典型的代表，因此，在現代經濟發展中，這樣的工業經濟發展革命通常被稱為「福特製」。

不可否認，「福特製」的產生既有著其特殊的歷史背景，又有著極為重要的社會影響。正是得益於機械化生產設備包括此後的資訊科技在社會生產中的廣泛應用，原來一體制供應的工業生產，已經根據生產工藝的差別實現了模組化生產。在模組化生產過程中，首先根據構成及工藝將整個產品劃分為不同部份，再由不同的原材料生產單位（既可以是企業內部的不同組織部門，也可以通過外包轉移到獨立核算的其他企業）組織生產，最終把各種分散化的部件組裝成完整的最終產品。

在「福特製」的生產過程中，往往講究通過細緻分工使得生產的每一個部份只集中專業化地從事某種單一的生產工藝，這樣做既可以通過機器設備提高生產的準確度和效率，也可以通過培養人的熟練度或者條件反射能力優化生產的營運。

在「福特製」生產模式下，社會生產往往追求「標準化」。一方面，既希望通過標準化的產品供應能夠最大限度地滿足最多的社會階層的不同的社會需求，另一方面，也需要通過標準化的生產設置，確保不同零部件之間的匹配和產品的兼容性。而大家所熟知的福特汽車所生產的「T型車」就是這種以同一產品滿足不同社會需求的標準化社會需求模式的典型代表。

在標準化生產模式下，既然不同的廠商所生產的產品在功能設計甚至外觀設計上都有著極大的相似度，因此，為了贏得市場競爭，不同的廠商只能追求不斷地提高自己的生產效率，持續降低生產成本，從而以低價贏得競爭。另外的競爭戰略選擇則是向市場提供品質更加穩定、使用時間更長的優質產品，以培養自己的品牌優勢，確立自己在市場競爭中的優勢地位。

事實上，自二十世紀以來，在工業生產中的絕大多數創新，基本都是圍繞上述兩個思維進行的。無論是通過引入生產流水線或者電腦輔助生產，以機械或者電腦替代人力來提高生產的穩定性，還是日本豐田式的精益生產，強化不同生產環節之間的銜接度，減少產品與資源在生產過程中的積壓和沉澱，降低庫存壓力，提高資源的利用效率，都可以從中看到這種「福特製」下的戰略思想的選擇。

「福特製」的生產模式追求使用一種產品滿足全部社會需求，因此在很大程度上其實是宣傳人之間的共性，而最大限度地抹殺一切個性化的因素。在社會生產尚未極大豐富、人們的消費能力尚不高的時期，人們追求的只是獲得商品，而非獲得什麼樣的商品，因此，這種追求統一性的消費理念很容易被人們所接受。比如說起二十世紀六七十年代中國人的衣著，人們的腦海中總是湧現出綠軍裝、藍大褂的形象，從某種意義來說，綠軍裝和藍大褂就是可以滿足那個時代所有人的衣著需求的標準化的商品。

現代經濟的差異化需求

隨著社會生產的不斷發展，以及人民生活水準的持續提高，這種傳統的標準化生產模式及標準化消費模式已經無法滿足生活水準、審美觀點不同的人們的消費需求。因此，二十世紀九〇年代以後，消費的差異性、品牌化開始在中國的不同消費領域表現得日益明顯。而網路領域恰恰是民眾展示自我、展露自身消費差異性的最重要的領域之一。

在網路時代，每個人都可以自由地在網路中發表自己的觀點，即使是草根、平民，也可以像明星、大咖一樣，通過微博等網路資訊展示自己的生活，曬出自己的個性。通過如QQ、微信等行動通信程式，人們也可以自由地進行交流。因此，在網路中，自由、平等、分享和協作，已經打破了傳統經濟模式中等級森嚴的階級差異、貧富差異以及性別差異。

在網路經濟中，一些積極參與網路活動的群體，特別是一些年輕人群，更希望通過網路打消家庭、學校乃至社會刻在自己身上的一些印跡，而自由地展現出自己張揚的個性。網路消除了人與人之間的隔膜，也使得很多人可以克服在現實生活、工作中的束縛，從而展現出很多在現實生活中不敢表現或者不願意表現的第二性格，因此在網路中，人們總能夠表現出遠勝於現實生活中的勇氣與決斷。這些都推動著一種個性張揚的網路新文化的普及和發展。

事實上，在網路中，人們已經不再甘於永遠扮演被傳統的教育模式所製造出來的標準化的乖寶寶，不再願意永遠地壓抑自己的個性，而充當父母、學校或者社會心目中的形象。他們一方面可以寄托於QQ秀、虛擬人生等遊戲角色，在遊戲端表現出自己所期望的個性；而另一方面，也希望在網路中進一步展現自己在遊戲中的個性特徵，實現人生的自由選擇。

與此同時，網路經濟的繁榮，也為現代人的個性張揚提供了前所未有的發展空間。在網路興起之前，哪怕是在最繁榮的經濟大都市的商業中心，在購物選擇方面，消費者可能也只有幾十種或者上百種不同的選擇。而這些產品的選擇，可能為了迎合絕大多數消費者的需求，而更多地表現出一些共同的特徵，為了防止引發爭議或者激怒普通消費者，都不願意表現出與其他商品的差異性。這也導致消費者的購物選擇往往千篇一律，缺乏個性色彩。

而現代，通過網路購物，消費者可以輕鬆地獲得數萬個甚至更多差異性極大的同類商品。哪怕一些容易引發爭議的、重口味的設計，也並不罕見。對於很多網路商家而言，它們最擔心的就是由於缺乏個性而埋沒在眾多的網路商家之中，無法在數以萬計的網路賣家中脫穎而出，無法贏得關注。在網路中，爭議就意味著點擊率，意味著關注，意味著巨大的市場潛力。因此，即使出於追求點擊率，很多網路商家也願意通過更具個性化的設計來表現出自己的不同。因此，它們本來就不是追求億萬被打上相同烙印的標準化的客戶群體，在這個市場中，它們會面臨極為慘烈的市場競爭。它們只需要去迎合極少數與自己擁有相同品味和審美觀點的客戶群體，把他們發展為自己的真實客戶，就可以實現自己的經濟價值。

也正因為此，在網路經濟中，DIY已經成為一種生活品位的象徵。每一名消費者都不希望與其他人享用相同的物品，撞衫更是被最講究個性文化的文藝圈視為大忌。而展現自己個性的最好辦法，就是由消費者自由參與消費品的設計，由自己和商家共同打造一個專屬於自己的特殊商品。因此，隨著網路經濟的發展，個性的張揚早已取代了標準化的人格形象，產品的設計已經取代價格而成為商家吸引客戶的最重要的因素。DIY文化的興起，進一步使得網路經濟對消費者需求的關注達到了極限。

從技術拉動到需求驅動

工業革命中的技術拉動型經濟發展

現代經濟的幾次工業革命，往往都是源於特定的科學技術的突破或者廣泛應用。十八世紀的第一次工業革命，使蒸汽機得以在工業生產中大量應用，由此帶來了紡織業的飛速發展，推動了資本主義經濟的興起。二十世紀初，電力開始應用於社會生產，並帶來了電報、電燈等新產品的不斷湧現，實現了現代經濟的第二次騰飛。

第二次世界大戰之後，電子計算機的發明及其在工業生產中的廣泛應用，則成為新的工業革命的標誌。當然，在很多人看來，二十世紀末，現代通信技術，特別是資訊科技的廣泛應用，可以被視為第四次工業革命，也極大地改變了現代化生產的發展。

也許很多人會發現，每一次工業革命的興起，往往都得益於某一重大的科學突破在社會生產中的廣泛應用，甚至我們現代所關注的網路經濟，似乎也同樣得益於現代通信技術的廣泛應用。從這方面來說，現代化的工業發展，更多是得益於技術進步的拉動，由技術進步為社會生產提供了飛躍式發展的可能性，以此來帶動社會經濟的飛速增長。

事實上，正如西方經濟學的發展框架所揭示的那樣，現代經濟往往更多地關注社會生產的供給，這種供給往往取決於社會資源與技術進步。當技術保持穩定時，只有社會資源的供應在短時間內大量增長，比如在資本主義經濟早期，資本主義強國通過對外發展殖民掠奪，大量搶佔殖民地國家的經濟資源，並將其輸入母國，才能極大地推動本國的經濟發展。

在這樣的傳統發展思維下，國與國之間更容易形成以鄰為壑的發展理念。如果一個國家可以通過經濟交易或者直接的戰爭搶奪的方式，從其他國家輸入經濟資源，那麼將可以極大地增強本國的經濟實力，卻削弱了資源流出國的發展能力。

這種傳統的經濟發展思維其實形成了一種零和博弈。也就是說，全世界的經濟資源總量是恆定的，當一國佔有的經濟資源多時，其實就意味著其他國家的經濟資源受到了削弱，影響了其他國家的經濟發展。這也迫使各國只能選擇通過武力實現經濟資源在全球的重新劃分，由此引發了兩次世界大戰。與此同時，在國際貿易中，屢禁不止的貿易保護主義，其實也是這種強調經濟供給的發展思維的直接產物。

而在各國的宏觀政策選擇中，各國政府也樂意通過戰略性的產業政策，引導資源在不同產業間分配，通過引導資源向政府鼓勵發展的產業流動，以增加相關產業的發展能力，加速這些產業的發展，然而，同時又導致其他未受鼓勵產業由於資源的大量流失而發展受限。包括次貸危機之後中國的戰略性新興產業發展戰略，其實也是基本依照這樣的發展思維進行。

在現代西方經濟理論中，技術進步往往被視為一種外生的變量，它的發展可以改變經濟資源的利用效率，影響最終的社會產出能力。在傳統經濟體制中，技術進步往往得益於專業的技術工人在社會生產中的幹中學和用中學，比如第一次工業革命中紡織業的技術突破大多來源於技術工人。然而，隨著科學技術的不斷發展，幹中學已經很難實現大的科技進步，新型的科學技術只能來源於專業的研究人員，如第二次工業革命中電燈、電報都是來源於實驗室中的專業化的科研成果。

利用資源決定供給能力，進而影響社會生產的發展思維，政府完全可以通過公立的實驗室建設，或者為私立科學研究提供資金支持，鼓勵產學研協作，提高實驗室科研成果的產業化轉化率等影響科研工作的資源供給的方式，推動科學研究的更快發展，引領社會生產的進步。

正是通過對社會資源的再分配，改變了不同產業的生產能力和發展潛力，推進了科學技術的進步，最終實現了社會經濟的一輪一輪的飛速增長。這樣的發展規律在每一次工業革命甚至在資本主義經濟發展的每一個階段都可以清楚地看到。

網路時代的需求驅動型經濟發展

儘管現代的網路經濟的發展，從某種意義來說，也具有與前面的三次工業革命相同的特徵，也無法忽視現代通信技術在工業生產中的普及與應用，然而在網路經濟中，不僅強調經濟資源的數量，對社會需求的關注也已經被提高到極高的水準。

在網路經濟中，電腦通信技術其實只是在最初階段承擔著技術上的支持作用，而事實上，從網路到電子商務，從網路理財到虛擬貨幣，真正主導著網路經濟的每一項發展的，實際上都是客戶的真實需求。

如果單純想強調網路的作用，早期的「萬維網」的建立的確是基於資訊科技的突破。然而，在資訊科技成形之後，其他每一項網路經濟的革命，從門戶網站的建設到網路搜索，從電子商務到互聯網金融，與網路剛剛產生之初相比，在技術上，其實並沒有特別重大的突破。在整個網路經濟發展的過程中，真正推動網路經濟發展的，恰恰是市場的需求，並通過市場的需求把技術上已經基本成形的資訊科技與行動傳媒、商貿流通、金融等傳統產業有機地對接起來，以此形成了我們當前所看到的生機勃勃的網路經濟。

互聯網金融發展中的需求導向

如果僅僅聚焦於互聯網金融，純粹的資訊科技的突破，可能在更大程度上源於前面所說的由傳統金融機構所推動的依賴於資訊科技的金融網路化，比如我們所熟悉的網路銀行、手機銀行、網路證券交易平台、網路基金超市等等。在資訊科技產生之前，我們的金融交易往往依托於面對面、一對一式的現場交易，這往往會對金融機構的地理範圍產生強烈的要求。正如我們所看到的那樣，無論銀行，還是證券公司，往往都會選擇在經濟繁華地段設立分支機構、營業場所，以便於吸引客戶前來進行現場交易，營業場所的場地費用也就構成了很多金融機構的經營成本的重要組成部份。

而當資訊科技產生後，傳統金融的很多面對面的現場交易都可以轉而通過網路實現線上交易，通過網路把金融機構的工作人員與數以億計的客戶群體聯繫起來，通過電腦程式的應用，進行批量處理的執行程式予以大量解決。這也把以往的一對一式的櫃檯交易模式，變為了通過電腦系統和網路實現的一對多式的網路交易，從而極大地提高了網路金融的營運效率，降低了金融機構的營運成本。

在互聯網金融領域，一個典型的案例就是行動理財市場的發展。伴隨挖財和信用卡管家等行動理財APP的興起，傳統的必須委託專業化的財務公司進行的客戶理財，已經被簡化成為僅僅通過一款款手機APP就可以實現的簡化的財務服務，每一個哪怕是只擁有少量資金的投資者，也能夠像以往的億萬富翁那樣擁有專業化的隨身理財顧問。這樣的平民化的理財需求，恰恰又成為推動網路理財發展的最有力的動力之源。

然而，在傳統的經濟發展模式下，金融機構只會關注自身的營運成本的降低，並不會在自己已經佔據市場領導地位、能夠獲得豐厚的壟斷利潤的時候，勇於變革自己的營運模式，甚至從根本上改變整個行業的發展趨勢，實現產業發展的飛躍。這種利益上的保守性，也就決定了金融機構絕對不可能承擔起發展網路金融的職能。

從技術上來看，金融機構主導的金融網路化與網路企業主導的互聯網金融所依托的資訊科技並沒有太多的差異，更不意味著網路企業能夠獨佔那些發展互聯網金融的獨家秘訣，掌握某些秘不告人的核心技術。網路企業之所以能夠推動互聯網金融的發展，更多源於它們對於傳統金融機構在金融領域的壟斷地位的挑戰，它們希望分沾金融行業所具有的豐厚利潤，由此才實現了我們所看到的自下而上的革命性的互聯網金融。

單從技術推動角度來看，資訊科技被應用到金融領域，只會產生由當前主導金融領域的金融機構所推動實現的金融網路化，作為外部人，且缺乏足夠的金融專業知識支持的網路企業是根本沒有機會對金融機構的領導地位發起挑戰的。因此，也就很難解釋當前的互聯網金融的勃勃生機。

而互聯網金融的興起在很大程度上完全是由於金融機構在引入資訊科技時根本不願意觸及自身的利益，或者說是在有意識地利用資訊科技來實現自身營運成本的降低，而不願意通過資訊科技更好地滿足客戶的新需求，從而導致在網路經濟時代，在金融服務領域，金融機構的金融服務的供給與民眾的金融需求產生了明顯的背離，這就為網路企業留下了龐大的市場機會。

如果不考慮市場對互聯網金融的強烈的真實需求，單單從技術進步的角度是很難解讀當前的互聯網金融的飛躍式發展的。從這個角度考慮，網路經濟的一個重要特點就在於群體性的廣泛的參與性與平等性。通過網路這個媒介，民眾可以自由、平等地表達出自己對金融發展的真實需求，在金融交易過程中，網路媒介也可以極大地淡化傳統金融體制下，金融機構相對於客戶的強勢地位，從而培育出一種公平交易的市場氛圍。

在網路中，當民眾對金融的發展產生了明顯的需求，而傳統的金融機構又出於維護自身的固有利益考慮，而不願意主動做出變革時，就出現了馬雲所說的「假如銀行不改變，我們就改變銀行」。當眾多網路企業開始針對客戶的金融需求推出一系列顛覆傳統金融機構的變革措施後，即使金融機構不願意主動做出變動，在互聯網金融的巨大競爭壓力之下，它們也必須選擇被動地進行經營決策的調整，從而引起金融業的巨大地震。而引起所有這一切變革的最核心的因素，並不是傳統經濟模式下眾多經濟學家所關注的供給因素，更不在於技術的突發性進步，而是源於社會需求的引導，也更是來源於網路企業勇於變革、敢於挑戰的自由、平等的網路精神。

中國式互聯網金融的需求導向

第三方支付發展中的消費需求變化

如果仔細探究互聯網金融在中國的火爆發展，我們當然不能完全忽視資訊科技的日臻完善，對於現代互聯網金融發展所提供的完備的技術支持。然而，幾乎從當前的互聯網金融的每個方面，我們看到的更多的都是社會需求結構的變化對於原有的金融機構產生了巨大的挑戰，而在金融機構不願意主動做出變革來適應這種市場需求調整的情形下，自然而然引發了網路企業的參與積極性，推動了當前的互聯網金融的爆棚式發展。

如果分別從本書所關注的互聯網金融的四個領域來看，第三方支付的發展源於電子商務發展所帶來的安全支付需要。在二十世紀末網路剛剛引入中國之際，很多早期的網民只是把網路視為一種獲取新聞資訊以及便捷即時通信的工具，對於網路的經濟應用並沒有清晰的認識。因此，早期的網路經濟更多著眼於通過燒錢、跑馬圈地來吸引市場關注，擴大市場影響力，卻很難發現真正具有經濟意義的網路應用。

儘管二十世紀九〇年代網路購物就已經在中國興起，通過網路端口進行諸如圖書、影音製品的銷售，並且已經在一些年輕人群體中成為一種時尚，然而，由於網路支付支持體系滯後的限制，這些早期的網路交易通常需要通過郵局或者銀行營業網站辦理匯款，因此，客戶在網路購物中獲得的便利卻被網路支付的麻煩所抵消，以致很多客戶只是把網路購物視為一種體驗，而非真正的生活的一部份。

對於銀行而言，特別是在二十一世紀初銀行的資訊化改革持續推進過程中，銀行已經可以為網路購物提供線上的網路自主轉帳交易，客戶在完成網路購物之後，完全可以通過電腦終端，僅僅通過銀行所提供的電子銀行體系，就可以實現貨款的支付。在這個過程中，銀行仍然主導著交易貨款的支付和劃轉，並能夠從中獲得相關的利潤。

然而，線上式網路交易與現實中面對面的現場交易存在著巨大的差異。由於貨款的支付與貨物交付的分離，預付款式的提前通過電子銀行劃轉貨款，將使得消費者面臨巨大的信用風險。一旦賣家交付的貨物貨不對路甚至違約，沒有交付相應貨物，消費者將可能損失其支付的部份甚至全部貨款。這也意味著，單純由銀行體系所提供的電子銀行的銀行業務的資訊化，並不能很好地解決電子商務的支付結算問題。這也極大地阻礙了電子商務的繁榮發展，從而為第三方支付的引出提供了前所未有的市場空間。

其實在國際貿易中也存在類似於當前的電子商務中的第三方支付的慣例。在彼此不瞭解信用狀況的交易者之間通過引入銀行信用證，把商業信用轉化為更高的銀行信用，讓銀行充當國際貿易雙方的結算中樞，早已成為現代國際貿易發展的重要選擇。賣方只要按合約約定安排貨物的發貨之後，憑藉相應的國際運輸的運單、倉單、檢驗證明等相應證明，就可以直接向買方銀行索償貨款，而買方銀行只要收到全套貨物單據，就可以直接履行付款義務。這樣，即使交易對方對於彼此的信用狀況並不瞭解，但是只要充當交易媒介的信用證銀行具有較高的國際影響力和信用水準，那麼，國際貿易依然可以順暢地進行。

通過引入第三方支付，在電子商務的買賣雙方之間也引入了一個類似於國際貿易中信用證發行銀行這樣的支付與結算的媒介機構。買方先把貨款交付第三方支付企業，等收貨確認後，再確認付款。如果貨物存在問題，在一定的交易週期內，又可以向第三方支付單位申請索回付款。只要第三方支付單位尚未把貨款交付賣方，在確認賣方履行貨物交割過程中的確存在瑕疵的情況下，第三方支付單位就可以把貨款歸還買方，以避免電子商務雙方不見面、支付與交割分離過程中可能出現的信用危機。

第三方支付的介入，既有效地消除了電子商務過程中的信用風險，也推動了電子商務在中國的迅猛發展。到了今天，網路購物已經成為很多人生活的一部份，甚至馬雲和王健林兩位大老為電子商務能否超過社會商品零售額的一半而開出億元豪賭，這些都必須歸功於以支付寶為代表的第三方支付體系的建立。

網路理財中的需求導向

儘管在第三方支付體系中，銀行接口仍然是資金流入與流出的源泉，從某種程度來說，進出第三方支付體系的資金仍然需要通過客戶的銀行帳戶，通過電子銀行實現資金的流轉，也就是說，第三方支付的根基其實仍然是發達的銀行支付體系，然而，第三方支付畢竟脫離了銀行體系的獨立的支付機構，大量資金沉澱於第三方支付體系中，更是給第三方支付企業帶來了巨大的資金供給，並蘊藏著巨大的商業利潤。而另一方面，很多客戶為了日常的網購便利，也選擇把部份資金提前預支到第三方支付帳戶，這其實就以犧牲這筆款項本來存入銀行可以獲得的利息為代價，以獲得支付的便利。儘管也許對於某一單個的消費者而言，這樣的利息損失是非常有限的，然而，當很多第三方支付企業發展到擁有億萬名用戶之後，這樣的沉澱資金的利息收益就將成為一個龐大的天文數字，因此，能否撬動起第三方支付體系中的巨額資金，增加其黏合度，將成為第三方支付企業實現二次騰飛的關鍵。

而另一方面，伴隨著行動通信技術的普及，碎片化資源的開發與利用也被提上了議事日程。在此之前，由於人的精力有限，在很多經濟活動中，無論是人的精力，還是資金，都需要專業化的投放，工作之餘的業餘愛好則很難佔有各個經濟主體的大量資源，也就成為人們經常說的「工作是工作，愛好是愛好」，二者通常是截然分開的。

然而，通過資訊科技的發展，一方面大數據增強了資訊的傳播與擴散，降低了很多非經濟活動的資源佔有度，而另一方面，行動通信也使得人們可以隨時隨地從事各種經濟活動，無論是行動辦公、娛樂，還是適時資訊的交流與傳播都成為可能。人們完全可以充份利用起諸如在車上、廁中、床上等碎片化的時間。同樣，很多以往難以投入經濟活動的零散的資金資源的開發和利用，也成為可能。

儘管以銀行體系為主體的現有金融機構已經針對財富佔有量較多的富裕階層推出了很多財富理財、投資等金融業務，然而，被現有銀行體系所忽視的碎片化的資金，卻很難找到合理的經濟應用管道，而更多地以現金或者銀行活期存款的方式，保存於現有的經濟循環之中。對於銀行體系而言，利用現有的銀行業務類型來籌集碎片化的社會資金將承擔巨額的成本，從而顯得極不經濟，相對而言，資金規模更大的集中型社會資金才是銀行體系所關注的對象。這也使得擁有少量資本的中小客戶的理財需求被極大地漠視，而這些客戶恰恰通常是對網路利用率更高、對第三方支付的黏合度最強的網路活躍用戶。他們需求的滿足程度，對於繁榮網路經濟，推進第三方支付的發展，也具有更為重要的作用，這才促成了二〇一三年以來網路理財的繁榮發展。從這方面而言，推動網路理財發展的，同樣並不是資訊科技的突飛猛進，而只是網路企業對於碎片式的經濟資源、對於中小客戶需求的極大關注。

P2P網貸產生的需求導向

網路理財更多地從資金供給角度實現了對社會閒散資本的有效籌集和再配置，這些資金經過網路企業高效的籌集之後，通常仍然是以貨幣基金協議存款的方式重新回流入銀行體系。然而，在現實經濟的營運中，由於中國銀行的國有化屬性，往往導致銀行資金的再配置缺乏彈性，其資金的投向更多地是政府政策引導的地方政府、國有企業或地方性龍頭企業，而在網路經濟發展中最為活躍的中小型企業，則成為這種國有銀行主導的資金配置體系的受害者，它們的資金需要通常被銀行所漠視。

傳統的依賴於個人社交圈的民間借貸模式，在中國的多年發展中，也逐漸形成了以傳銷模式為主的龐氏融資陷阱。在劣幣驅逐良幣的逆向選擇下，中國的民間借貸已經成為極具信用風險的地雷區。特別是在銀行都陷入錢荒的二〇一三年以來，因民間借貸資金鏈斷裂而引發經濟糾紛以及一些群體性事件的消息，已經不再是新聞，這進一步迫使中國的資本市場建立起一個能夠有效連接龐大的民間資本市場和解決中小企業融資難困局的社會資金的再分配體系，這恰恰促成了中國的**P2P**模式的飛速發展。

通過**P2P**網貸的發展，資金供需雙方可以擺脫社交圈的限制，在線上實現直接的對接。資金需求者在**P2P**網貸平台中發佈資金借貸資訊，而資金供給者則可以根據自己的判斷自由地進行選擇，這完全符合網路經濟的自由、平等、民主的精神，並通過雙方的對接，實現利率的市場化，推動社會資金的優化配置。**P2P**網貸的發展仍然體現了運用網路精神，針對中小企業對社會資本的需求，在現有銀行體系之外進行的有益嘗試。

事實上，如果銀行體系能夠擁有充足的資金來供應社會經濟，而中小企業也能夠像大型企業那樣輕鬆地從現有銀行體系中獲取信貸支持，也就根本沒有**P2P**網貸產生的土壤了。從資訊科技的應用來看，P2P僅僅是利用線上資源，為資金供需雙方提供對接的平台而已，最大的技術難題也僅是對借貸雙方的資信評估、客戶維護，以及信貸資本的回收。然而這些難題都是基於金融層面，而非技術層面，這也意味著真正推動P2P網貸發展的，同樣不是技術因素，而更多地源於社會需求的驅動。

虛擬貨幣發展中的需求導向

與上述三個互聯網金融的熱點應用相比，虛擬貨幣的產生與發展要顯得複雜得多。早在網路經濟興起之前，在很多商業領域，其實就已經產生了很多諸如會員積分、積分抵現、積分換禮的現象。很多商家，包括金融領域的銀行，都會針對客戶的交易規模的積累，推出相應的積分獎勵政策。實際上，這些積分獎勵與當前網路中以比特幣為代表的虛擬貨幣在本質上並沒有太大的區別。

當然，上述商業領域的虛擬貨幣通常只能在單一企業內部充當替代貨幣進行交易的作用：一來是因為它的使用領域的限制性相當明顯，並不像貨幣那樣擁有廣泛的應用領域和價值的權威性；二來是因為即使具有可以應用於經濟交易結算的經濟價值，但也只是替代貨幣的流通工具，而並不具有真正貨幣的價值尺度功能。因此，可以說，包括現代中國互聯網金融中影響相對較大的支付寶積分寶、騰訊Q幣在內的這些虛擬貨幣，更多只能被稱為準虛擬貨幣。

真正的價值得到普遍認可的網路領域的虛擬貨幣似乎只有比特幣，只有它才有資格被稱為真正意義的虛擬貨幣。從技術方面來說，它也的確源於中本聰的天才的設計。然而，如果在全球經濟的宏觀形勢中，旁觀比特幣的產生與興起，也許我們能夠更清楚地看透比特幣的本質。

比特幣產生於二〇〇八年末，也正是在這一年，起源於華爾街的次貸危機已經席捲全球。截至當年九月，包括貝爾斯登、雷曼、美林在內的華爾街五大投行之中的三家已經走向破產，已經卸任的小布希和新任美國總統歐巴馬都推出了強有力的市場注資方案，一連串的量化寬鬆貨幣政策已經在美國以及其他經濟發達國家得到了有力的推行。然而，所謂的量化寬鬆貨幣政策，其實就是傳統經濟學中的貨幣擴張的變形。在美國聯準會開動印鈔機的同時，作為全球最重要的關鍵貨幣，美元的市場價值也在不斷地被稀釋，處於持續的縮水之中。從經濟學家到普通民眾都一方面痛恨經濟危機對自己生活、工作的傷害，而另一方面又不禁對政府的這種濫發貨幣的選擇產生懷疑，希望能夠創造出永遠不會濫發、不會出現價值貶值的完美的理想貨幣，以替代廣受質疑的美元。

想必大家也知道，在比特幣的設計中，最關鍵的部份就在於其設計的數量總量是恆定的，最多也僅能達到兩千一百萬枚。由於不存在獨立的政府背景的貨幣發行當局，比特幣只能通過一種內生的循環機制，實現流通數量和價值的調節。對於質疑美國聯準會與財政部在次貸危機中的責任的當時的經濟學家，乃至具有經濟思想的資訊科技人士而言，這樣的機制設置無疑顯示了極為明顯的逆反思想，無疑也是講究自由、平等及藐視權威的網路精神在網路中的集中展現。

如果沒有恆定的數量天花板和自我驗證的交易模式，比特幣的價值和安全性也就根本無法得到廣泛認可，更談不上成為世界廣泛接受的虛擬貨幣了。而這樣的機制設計看起來更像對量化寬鬆貨幣政策和引發次貸危機的華爾街金融機構的缺乏監管的盲目發展的一種無言的抵制。

另一個值得關注的問題是，儘管在二〇〇八年中本聰就已經設計出了完備的比特幣的流通與自循環機制，但是它的價值真正得到廣泛認可卻是在二〇一一年之後。而恰恰在同一時間，歐洲的債務危機也開始奪人目光。從某種意義而言，這次是由於美國之外的全球第二大經濟體歐盟的經濟問題，把世界第二關鍵貨幣歐元推到了危機的深淵，才使得深受危機影響的投資者們，希望在傳統的美元及歐元之外，找到另一個價值相對穩定、可以挽救自己財富的資產形式。此時，擁有既定的規模限制，永遠不會遭受通貨膨脹的比特幣才成為世界各國投資者所關注的新目標，這才推動比特幣的價值從數十美元很快漲至上千美元。

而在二〇一四年世界經濟相對穩定、美元與歐元的價值也趨於平穩之時，世界市場對於尋找新的替代傳統貨幣的流通的網路虛擬貨幣的需求再次下降，比特幣也走出暴漲暴跌的價格走勢，其價值重新趨於穩定。

從比特幣的產生、興起以及歸於平淡的發展歷程來看，比特幣其實與我們通常所說的「亂世買黃金」的投資理念並沒有本質的差別。當經濟處於下行期，特別是擴張性貨幣政策帶來通貨膨脹的持續上升時，民眾往往希望尋找黃金或者像比特幣這樣的虛擬貨幣，即尋求使得自身資產價值更為穩定的投資方式。當黃金的數量受自然開採量的限制而表現出國際分佈的不平衡時，擁有更死板的規模限制、藉助資訊科技、流動更便捷、價值更容易分拆的虛擬貨幣比特幣也就應時而生。就這方面而言，它的產生與其說是資訊科技的突破，不如說它恰恰反映了國際形勢的變化與民眾的資產選擇的新需要。

事實上，對於互聯網金融的發展而言，技術絕不是最核心、最基礎的因素，真正引起互聯網金融的燎原之勢的只能是社會需求的巨大的引導力量。這樣的變化規律在此之前的每一次工業革命中並不能清楚地看到，然而，隨著自由、平等、民主的網路精神的興起，網路企業對於社會需求的敏感度遠超此前的所有傳統社會經濟主體，它們也更加勇於利用現有的資訊科技，針對客戶需求的巨大的市場空白，尋找最優的解決之道。這才推動了我們今天的互聯網金融的大繁榮與大發展。

Part 4

路在何方：
互聯網金融的困局與發展

經過短暫的火爆之後，中國的互聯網金融似乎又歸於平淡。藉助於電子商務的飛速增長，第三方支付市場仍然穩中有升，只是虛擬信用卡的被緊急叫停，使人們對其政策風險有了新的認識；身處風暴口的網路理財，在經歷了餘額寶的飛速大躍進以及寶寶軍團的群雄崛起之後，也面對現實經濟的吸血蟲的指責，並承擔著銀行與金融監管部門的雙重壓力；連續的P2P跑路、倒閉的消息，更使中國的P2P市場成為過街老鼠，面臨輿論的指責；一度價格持續飆升的比特幣的國際市場價格終於企穩，然而關於比特幣盜竊的新聞使其安全性開始受到更多的質疑。

總體歸結起來，互聯網金融由於依托於虛擬的網路工具，實現了遠端交易，卻難以消除由於無法直接接觸而產生的信任危機。特別是在網路理財與P2P的發展過程中，公眾對互聯網金融產品的信任不足，對其自身發展的制約更加明顯。這一切都凸顯出完善互聯網金融的制度設計，解決其信任危機對於促進互聯網金融發展的重要性。

作為一種新鮮事物，互聯網金融的發展一直處於摸著石頭過河的階段。一方面，作為從業者的企業對於後市的發展缺乏預判，對其未來的發展趨勢仍然沒有形成清楚的認識；而另一方面，管理層對互聯網金融的認識與管制仍然處於真空，過多的管制將限制互聯網金融的活力，制約其發展，而過於放縱，又會導致市場的無序發展，引發眾多的法律問題。如何在制度建設層面對互聯網金融實施最合理、也最有效的監督與管理，將是中國未來金融制度建設的重要內容，也是中國政府政策制定者所必須思考的問題。

CHAPTER

13

固本強基：第三方支付的自強之道

被忽視的大金礦

第三方支付的興起

在現代互聯網金融的發展體系中，第三方支付是出現最早、發展最完善，同時也是爭議最小的領域。與網路理財、P2P、比特幣基本是在二〇一三年前後相繼興起不同，第三方支付是伴隨著中國的電子商務的發展而形成的。

在二十世紀九〇年代中期，利用網路資源開展電子商務已經逐漸成為一種潮流，然而，電子結算技術的發展滯後又嚴重制約了當時的中國電子商務的發展。如果每一筆電子商務業務都仍然需要通過銀行或者郵局匯款的方式了結貨款，那麼電子商務的網路交易的便捷性將被貨款結算的不便所抵消。如果由銀行針對每一筆B2C甚至C2C交易中的賣家開放網關端口，分別單獨進行貨款結算交易，又會極大地增加銀行結算處理的工作量，增加其結算成本，進一步削弱電子商務的優越性。

正是出於推動電子商務發展的考慮，引入第三方支付機構，串聯起銀行和眾多電子商務交易賣家，提供最方便、高效、低成本的線上網路資金的結算服務，並從中收取服務費，也就成為一種自然而然的市場選擇。

特別是，藉助於淘寶網等網購交易平台，通過第三方支付來克服網路的虛幻性所帶來的信用缺失以及信用體系不完善所帶來的信用風險，也成為維護中國電子商務順利開展、規避網路信用風險、懲治網路欺詐現象的重要手段。

第三方支付的最初發展的確極大地倚重於電子商務而實現。然而，隨著網路經濟的日益興旺，通過網路進行一些生活服務所帶來的資金結算與劃轉變得越來越普遍，諸如信用卡還款、手機話費充值、水電等生活繳費。此外，通過第三方支付進行基金、證券或者網路理財產品的購買等第三方支付新用途開始被越來越多的民眾所接受，這些網路第三方創新支付的市場規模基本已經和電子商務資金結算並分第三方支付天下。

正是由於第三方支付在網路經濟中所能夠起到的重要作用，它的重要性早在二十世紀末就已經被網路經濟專業人士所關注。到二十一世紀初，中國已經形成了擁有數百家第三方支付企業的競爭充份的第三方支付市場。眾多第三方支付企業的支付工具在功能設計上幾乎完全雷同，在網路經濟中所發揮的作用也沒有明顯的差異。更多的第三方支付企業，如支付寶、財付通只能通過附屬在自身之上的電子商務平台淘寶和拍拍網的業務，最大限度地發展第三方支付與網路經濟的黏合度，維繫自己的市場地位。而對於像快錢、匯付天下等沒有電子商務網站支持的獨立的、開放的第三方支付體系來說，尋找獨特的市場定位和發展切入點，對於其生存就至關重要了。

隨著越來越多的企業選擇進入第三方支付行業，眾多第三方支付企業開始在幾乎同一層面跑馬圈地，紛紛以降低結算成本甚至提供免費服務的策略最大限度地吸引客戶，搶佔市場。中國市場所通行的價格競爭、價低者勝的競爭哲學又一次發揮作用，大家發現第三方支付行業的利潤迅速降低，第三方支付也陷入了降價找死、不降價等死的兩難境地。

第三方支付市場的規範

儘管第三方支付的市場規模持續擴張，其在當前中國金融領域的重要性也不斷提升，但它卻因更多地被視為資訊科技的創新而被排除在金融監管之外。這種經營與監管的真空，又進一步放縱了第三方支付市場的惡性價格競爭和無序發展。

正是由於看到第三方支付領域的野蠻競爭帶來的諸多亂象，二〇一〇年，隨著中國人民銀行《非金融機構支付服務管理辦法》及《非金融機構支付服務管理辦法實施細則（徵求意見稿）》的出爐，第三方支付行業結束了原始成長期，被正式納入國家監管體系，擁有合法的身份。

《非金融機構支付服務管理辦法》明確規定，非金融機構提供支付服務，應當依據該辦法規定取得《支付業務許可證》，成為支付機構。支付機構依法接受中國人民銀行的監督管理。未經中國人民銀行批准，任何非金融機構和個人不得從事或變相從事支付業務。

對於支付業務申請人資格，《非金融機構支付服務管理辦法》規定，申請人擬在全國範圍內從事支付業務的，其註冊資本最低限額為一億元人民幣；擬在省、自治區、直轄市範圍內從事支付業務的，其註冊資本最低限額為三千萬元人民幣。註冊資本最低限額為實繳貨幣資本。

自二〇一一年五月十八日中國人民銀行首批發放二十七張第三方支付牌照後，中國人民銀行共分七批陸續對中國的主要第三方支付企業發放第三方支付牌照，並將其納入央行的監督範圍，這也代表著中國的第三方支付行業的發展逐漸向規範化、制度化和市場化的道路發展。

也正是從《非金融機構支付服務管理辦法》執行開始，中國的第三方支付市場開始擺脫了以往單純的價格競爭，開始了百花齊放、百家爭鳴的市場競爭新格局。從競爭策略來看，阿里巴巴支付寶和騰訊財付通藉助於淘寶和拍拍網這兩個電商平台，主打電子商務結算，同時兼容了生活繳費、信用卡還款等創新支付服務，成為中國第三方支付的領導者，其在行動支付、條碼支付、虛擬信用卡等新型的第三方支付領域掀起的戰爭，更是引領著中國第三方支付的行業發展方向。「快錢」、「易寶支付」等獨立第三方支付企業，則通過滲透航空、保險等垂直領域，通過深耕專有領域，形成自身獨有的市場競爭優勢。拉卡拉則專注於便民金融服務，其自助終端遍佈中國主要城市的各大知名便利商店。利用拉卡拉為自己的信用卡還款及進行相關的生活繳費，已經成為很多人生活的一部份，而且行動拉卡拉的普及，已經成為在支付寶和騰訊之外新型的行動支付途徑的嘗試。

而更為值得關注的是，在獲得中國人民銀行的第三方支付牌照的企業中，並不鮮見銀聯商務、上海銀聯這樣的來自傳統銀行體系的力量，而中國移動、中國聯通也在積極籌劃行動支付市場的佈局。

未來的第三方支付市場也將呈現以銀行、國有企業為主導的正規軍與以支付寶、財付通為代表的民營資本之間的激烈競爭。

第三方支付發展的困局

在十多年的激烈競爭之後，第三方支付的利潤空間日益萎縮。在傳統的第三方支付模式中，第三方支付企業在替客戶進行資金的結算時，通常會向客戶收取一定的手續費，並從中扣除一部份作為自己的利潤之後，再把剩下的手續費支付給銀行。通常情況下，第三方支付企業應該繳納給銀行的基本手續費為相當穩定的比例，其獲得更高利潤的關鍵在於盡可能向客戶索要更高的手續費。然而，由於第三方支付的激烈競爭，向客戶索取更高的手續費就等於白白嚇退客戶，把市場拱手相讓給其他競爭對手，因此，為了爭取更多的客戶資源，各第三方支付企業往往盡可能壓低自己向客戶索取的手續費，甚至將其壓至自己交給銀行的基本手續費水準，這也意味著第三方支付企業已經很難從其提供的支付服務中獲得高額的手續費收益。

同時，伴隨著網路理財的興起，沉澱在第三方支付體系內的資金也將不再能夠被第三方支付企業無償佔用，而必須與客戶的網路理財資金帳戶相聯通，享受相應的理財投資收益。這筆外快消失之後，第三方支付中的油水更是少得可憐。

第三方支付在互聯網金融中的重要地位

然而，就是這看似毫無油水的第三方支付產業，卻是現代互聯網金融的根基，也是眾多互聯網金融企業贏得市場競爭的關鍵。正如前文所說，對於網路企業而言，有時利潤的高低並不是決定它們的決策計劃的關鍵，能否贏得市場，搶佔市場終端的佔有率，才是決定網路企業在市場競爭中的勝負的關鍵所在。

仔細推究起來，我們會發現，第三方支付看似簡單，也沒有太高的營業利潤，然而，它卻是串聯起其他互聯網金融領域的明珠。特別是大家所熟悉的網路理財，它更是完全脫胎於第三方支付，基本就是盤活原來沉澱在第三方支付體系內的閒置資金的金融創新行為而已。網路理財資金的進出，網路理財產品的購置與贖回，基本都是通過代表這些網路理財產品的第三方支付平台實現的。第三方支付體系的完善程度，其資金劃轉的效率，以及交易的安全性更是決定這些網路理財產品的市場競爭力的最為重要的因素。如果沒有完善的第三方支付平台，幾乎不可能建立起真正具有市場競爭力的網路理財產品。從這方面而言，把第三方支付視為網路理財的根基是毫不為過的。

與網路理財相似，**P2P**網貸的借貸資金的劃轉，通常也是通過第三方支付體系完成的。儘管**P2P**網貸紅遍全國，在網路中到處開花，然而相當多的**P2P**網貸企業並沒能獨立獲得中國人民銀行的第三方支付牌照，這也導致了基本沒有一個正規的**P2P**網貸項目可以脫離第三方支付而存在。如果通過電子銀行直接實行資金的劃撥，一方面P2P項目參與者將承擔更高的資金轉移成本，另一方面，也容易由於不同銀行網關接口的不對接而影響資金劃轉的效率。而引入一個成熟的第三方支付，P2P網貸項目就可以把資金的結算完全外包給專業化的第三方支付企業，不僅極大地降低了P2P網貸項目的營運難度，更可以提供更為高效、低成本的資金轉移和流轉。

乍看上去，虛擬貨幣的興起與第三方支付是八竿子打不著的彼此獨立的關係，然而，在通行的比特幣交易市場，或者其他常見的虛擬貨幣的交易過程中，買賣雙方仍然需要一個發達的第三方支付體系的技術支持。虛擬貨幣也許可以從技術上脫離當前的經濟體系，甚至脫離現有貨幣，而在網路的虛擬世界中流通，然而，無論虛擬貨幣與現實貨幣的兌換，還是直接使用虛擬貨幣進行網路結算，都仍然需要依賴強有力的第三方支付體系的存在。

因此，儘管在多年的激烈市場競爭的壓力下，真正來源於第三方支付行業內部的利潤已經極為微薄，在很多業外人士看來，第三方支付領域已經是一個不值得網路企業投入重資進行競爭的雞肋行業了，然而，如果從整個互聯網金融發展的關聯度的角度來看，從互聯網金融整個行業發展的戰略性眼光來看，第三方支付領域作為整個互聯網金融的根基與力量之源，仍然是決定市場競爭勝負的關鍵。只有擁有發達而安全的第三方支付體系，只有擁有最廣泛的第三方支付的客戶群體，互聯網金融企業在躍進其他互聯網金融領域時，才會擁有無窮的力量，它們完全可以通過在其他互聯網金融領域取得的成功及獲得的更龐大的利潤來補償發展第三方支付時的微利。

如果由於缺乏戰略性的、全局性的視野，放棄第三方支付行業而跳躍進入其他互聯網金融領域，就只能選擇與其他第三方支付企業結成戰略夥伴，將其資金的結算選擇外包給自己的戰略夥伴，這樣的確也能在一定時期內贏得競爭勝利，但是由於沒有親手掌控第三方支付，就等於選擇把決定勝負的關鍵拱手讓與他人。一旦與第三方支付企業的戰略性夥伴關係破裂，那麼自己在其他互聯網金融領域取得的全部成功都將化為泡影，相信這是所有互聯網金融企業都不願意看到的結果。

也正是由於第三方支付在互聯網金融領域的基礎性作用，它才成為雖然不具備強大的盈利能力，因此容易被忽視，然而卻又對互聯網金融的成敗至關重要的發展領域，也成為互聯網金融行業發展中不能開採出黃金的最大的金礦。

錯位發展的第三方支付

第三方支付企業與銀行的初始分工

至少在第三方支付興起之初，第三方支付企業與銀行是相得益彰、相安無事的。在當時的銀行看來，處理電子商務交易結算資金，特別是交易規模相對較小的C2C交易資金的確是一件吃力不討好的事情。在第三方支付推出之前，網購交易不僅涉及數量眾多的交易對手，資金的劃轉也通常需要在多個銀行帳戶之間進行，而交易金額卻通常不大。如果針對每一名網購交易者開放電子結算的網關，將其納入銀行的資金結算體系，將會造成大量交易資訊堵塞銀行結算體系，甚至造成銀行間資金結算體系的崩潰。

除了處理網購交易可能會擠佔一定規模的交易資金外，一方面，在二十世紀末第三方支付剛剛推出時，中國的電子商務的總體規模並不大，這一小小的交易規模，根本不被財大氣粗的眾多銀行放在眼中。而另一方面，網購交易中必不可少的交易糾紛所導致的大量退款或者索賠的資金結算，又會給銀行的資金結算帶來巨大的壓力，鬧得銀行焦頭爛額，痛苦不堪。如果能夠擺脫這一爛攤子，把這部份負擔轉嫁給其他經濟主體，至少在二十世紀末的銀行看來，是一件不可多得的好事。

第三方支付的推出有效地解決了銀行所頭痛的海量的中小規模網購資金的結算難題，相當於銀行把它的網購交易資金結算外包給了一個個獨立的第三方支付企業。它們不僅利用自己在資訊科技上的領先優勢，能夠高效、低成本地處理好眾多的網路交易資金結算，而且第三方支付企業在處理網路資金結算過程中所上繳的手續費，更成為銀行收入的一個重要組成部份。

在第三方支付崛起之初，第三方支付企業和銀行基本上堅持了「銀行做大商戶，第三方支付做中小商戶」的潛規則。銀行可以依照其堅持的「二十／八十」法則，緊緊抓住它們最看重的大商戶資源，集中重點資源開發能夠給自己帶來最大利潤的大商戶，以求實現自身利潤的最大化。

在二〇〇三年之前，網路購物在中國並沒有得到極大的普及，網路購物仍然只是中國商貿流通行業的一個有益的補充而已。特別是主導當時中國網購市場的易趣或淘寶模式的C2C交易所涉及的基本都是中小商戶，其交易規模與單筆交易的結算額度都並不大，而銀行所看中的大商戶則更多是百貨公司、連鎖超市等擁有實體營業據點的商貿企業，這些企業與銀行之間的資金結算大多仍然堅持傳統的客戶到銀行辦理現場結算的方式。這樣，通過商貿類型的自然劃分，就可以實現第三方支付與銀行的客戶群體的自然分離。在這種雙方各有倚重的發展模式下，在很多銀行看來，第三方支付只是輔助自己開展中小客戶的資金結算的手段，它們之間更多表現為一種友好的合作方式。

銀行與第三方支付企業的相互滲透

二〇〇三年的非典在重挫中國經濟的同時，卻給非現場交易的網路購物帶來了前所未有的發展機遇。至此，中國的電子商務開始以前所未有的速度高速發展，也帶來了中國的電子商務企業的黃金發展期。淘寶、當當、卓越、京東等一大批電子商務企業得到了極大的成長，它們的銷售規模早已遠遠超過在中國證券市場上市的一些傳統的百貨類商貿企業的經營規模。此時，銀行才發現，原來被自己忽視的網路電子商務交易中也藏著一大批巨大的金礦，如果錯過這些企業，顯然對銀行而言是一個巨大的損失。然而，此時這些依靠電子商務發家的電商龍頭要麼早已建立了自己的第三方支付體系，它們要麼通過自建的第三方支付體系進行結算，要麼委派專門的獨立的第三方支付企業幫助自己進行網購資金的結算，銀行已經很難滲透進這些已經展現出巨大市場潛力的網路經濟中。

也正是在同一時間，各大銀行也都投入巨資開展自己的網路銀行的建設，通過組建電子銀行、手機銀行，讓客戶選擇藉助現實營業據點之外的網際網路或者手機網路，實現一些常規資金的劃轉和撥付。這也極大地增強了商業銀行利用資訊科技處理中小商務結算的能力，使得它們也有能力滲透進傳統第三方支付獨佔的網路電子結算領域。這也是為什麼在獲得央行第三方支付牌照的企業名單中，我們可以看到以銀聯商務為代表的多家傳統銀行機制的身影的原因。

正是由於形勢的飛速發展，第三方支付企業和銀行都開始向傳統的對方優勢領域進行滲透，希望最大限度地擴大自己的市場影響力，提升自身的競爭力和利潤空間。這才導致到二〇一〇年前後，第三方支付企業與銀行之間的友好協作關係逐漸被打破，雙方開始保持一種表面溫和、內部競爭的面和心不和的微妙關係。

然而，由於第三方支付企業在與銀行的關係中的先天不足，使得第三方支付企業在與銀行的暗戰中處於相對不利的地位。正如前面所說的，在網路電子商務結算中，第三方支付企業並不是直接進行資金的交付，而更多地扮演串聯起不同客戶的銀行帳戶的角色，資金往往是從一個客戶在某一銀行的資金帳戶，通過第三方支付平台，進入其第三方支付帳戶，等客戶完成交易後，確認付款，再把資金轉入對方的第三方支付帳戶，或者轉入對方的銀行帳戶。在整個第三方支付的資金周轉過程中，資金的起點和終點往往都是銀行帳戶，第三方支付帳戶只是資金短暫停留的中轉站。因此，銀行對於第三方支付體系的網關開放程度，會直接影響到第三方支付企業處理第三方支付資金結算的速度和廣度。

如果銀行有意識地對第三方支付結算設置一些限制，如二〇一四年各大銀行紛紛調低從銀行卡帳戶轉入支付寶的資金規模，工商銀行把針對支付寶的資金結算的快捷接口從以往的五家削減為杭州分行一家，這都明顯地限制了第三方支付企業的資金處理能力，極大地限制了餘額寶的擴張速度。從某種程度而言，由於在合作模式上受制於人，在與銀行的博弈中，第三方支付企業並不擁有強大的發言權，這也使得它們的發展存在太多的不可測因素。

特別是在虛擬信用卡的推出問題上，第三方支付企業更是觸及了銀聯的最後一塊奶酪，引起了銀行業的普遍反擊，促使央行緊急叫停虛擬信用卡和二維碼支付，使得中國的第三方支付的發展面臨著巨大的壓力。然而，京東的類似虛擬信用卡的京東白條的成功推出，似乎表明金融監管層並不願意完全限制第三方支付的自由擴張，它們似乎也在期待著第三方支付能夠帶給市場更大的驚喜。

事實上，近年來，從表面上看，第三方支付企業與銀行之間的蜜月期已經終結，第三方支付企業與銀行之間既表現出緊密的經濟協作，又有激烈的利益衝突現實。特別是管理層的曖昧態度，進一步使得很多人對第三方支付的未來發展表現出極大的擔憂。

第三方支付企業與銀行的錯位發展

由於市場定位的錯位，第三方支付企業與銀行之間的利益衝突並沒有外在表現得那麼深刻。作為中國經濟中最重要的金融中介機構，銀行最重要的貢獻表現在社會資金的集散，通過大量吸引存款集聚起社會閒置資本，並發揮市場化的資金導向作用，實現銀行體系資金向實體經濟的轉移，其資金的投向往往偏重於傳統經濟體系的實體經濟。

儘管網路經濟在中國保持著高速的增長趨勢，然而其燒錢的本性使得其盈利能力往往並不明顯。這種高投入、高風險卻看不到短期盈利點的資本投向，本來就不是傳統銀行體系所喜好的資金投向，而網路經濟更多地倚重風險投資等股權投資方式實現資本籌措。

正是由於當前中國銀行體系的資金籌措與貸款投入都無意識地迴避了網路經濟媒介，中國銀行業所推動的銀行業務的資訊化，在很大程度上只是當前銀行業務方式的轉移，而不是業務目標的轉向，這也使得銀行資金的結算更多仍然是圍繞明確的法人或者經濟人的銀行帳戶所進行的資金結算。儘管利用資訊科技可以通過電子銀行實現不同銀行帳戶之間的高效結算，但是整個資本的流轉都是在現實的銀行體系之中，而根本不會涉及網路經濟。

與此同時，第三方支付的飛速發展，已經不僅僅局限於傳統的電子商務領域，而是在諸如信用卡還款、生活繳費等領域對於銀行的網路業務產生了巨大的衝擊。然而，上述網路結算的第三方支付新業務往往仍然是依托於強大的電子商務平台和電子商務客戶群體。儘管包括高校學費收取等第三方支付的創新，已經不再完全拘泥於傳統的電商平台，而是被整合到諸如支付寶、財付通、拉卡拉這樣的功能強大的第三方支付平台，然而，使用這些第三方支付新業務的客戶往往仍然是構成這些第三方支付平台根源的電商平台的原有客戶群體。通過第三方支付業務的創新，這些客戶把一些原來依托於銀行實現的資金結算工作，轉而通過第三方支付完成，也的確在一定程度上制約了網路銀行的業務擴張。

在銀行市場化改革的大幕拉開之際，第三方支付的不斷創新，正是激活中國銀行業一潭死水的大鯰魚，它們也逼迫中國銀行業選擇不斷地開展金融創新，為市場提供更高效而低成本的金融服務。

然而，我們仍然要看到，第三方支付所搶佔的銀行市場，其實本來就不是中國銀行業的主要市場，它們大多是伴隨著銀行資訊化而開拓的新市場。然而，在資訊科技與金融的結合上，由於受當前的制度約束，現有銀行所提供的網路銀行、電子銀行在業務選擇的廣泛性、業務操作的簡易性、交易資訊的安全性、交易體系的友好性等方面都無法與專注於網路結算的第三方支付企業相抗衡，這才導致銀行電子結算的節節敗退。從某種意義而言，第三方支付的成功，恰恰是中國的金融市場化改革的成功，這也是管理層之所以仍然願意扶持第三方支付體系發展的重要原因。

網路的確是一個看不到邊界的廣袤無垠的海洋，其中蘊藏著無窮無盡的經濟機遇與財富，然而，這些其實都不是傳統中國銀行業所關注的市場。鱸魚固然鮮美，可不是老虎這一叢林之王的盤中之飧，與其覬覦不屬於自己的美食，逼迫老虎下海學游泳，學捕魚，最後不僅吃不飽，可能連祖宗留下的山林都讓其他獸類搶佔了，不如訓練老虎在叢林中的捕食能力，真正確立自己的百獸之王的江湖地位。

因此，以網路經濟作為界限，傳統銀行專注於實體經濟和現實經濟中的資金結算需求，而依賴於網路所實現的經濟交易和資金結算，則使用第三方支付結算將會更經濟。這實際上是由雙方在市場競爭中所確立的競爭優勢所形成的自然分界。

虛擬信用卡背後的定位之爭

儘管央行於第一時間就叫停了阿里巴巴和騰訊策劃已久的虛擬信用卡業務，但是，幾乎同一時間，定位於依托自身的網購平台對網購客戶提供消費信貸業務的京東白條卻成功獲得批准上市。如果從虛擬信用卡與京東白條的業務內涵來看，二者的功能設計並沒有本質的差異。如果要細究二者命運的差異，虛擬信用卡的叫停就在於其定位不清，過度滲入了本應該是銀行領地的信貸領域。

京東白條之所以定位於消費信貸，首先在於，在所有信貸領域中，消費信貸是開放最早的領域之一，市場上已經有多家小額信貸公司在專注於消費信貸的投放，以此為突破口，顯然更容易得到決策層的認同。其次，更為重要的是，京東白條將其用途限定在京東網路平台，看上去限制了其通用性，制約了其發展的空間，但這一方面可以充份發揮京東的網購終端的領導優勢，推動京東白條的普及，而另一方面，如果京東白條能夠像阿里巴巴和騰訊設想的那樣，只限金額，不限用途，可以像傳統信用卡一樣廣泛使用，固然可以最大限度地開發它的市場價值，然而，這實際上是摒棄了自己有傳統優勢的網路領域，轉向了金融領域，而且是銀行完全壟斷的資金信貸領域。這是無論銀行還是金融管理層都不願意看到的現象，這也就決定了虛擬信用卡被緊急叫停的命運。

必須強調的是，即使沒有政策上的緊急叫停，虛擬信用卡的發展也很難像眾多互聯網金融企業所設想的那樣順利，其自身的營運模式的創新，仍然面臨著巨大的壓力。阿里巴巴和騰訊在設計虛擬信用卡時，基本上仍然套用了信用卡的運作規則，只是把虛擬信用卡的申請、審批和發放環節全部放在網路中，極大地提升了信用卡的申領效率而已。客戶在使用虛擬信用卡、得到一定的免費資金使用期的同時，刷卡商戶仍然必須為用戶的刷卡行為支付一定金額的手續費，而且，阿里巴巴在淘寶和天貓中初步推出虛擬信用卡時，將其手續費額度也定在與真實信用卡相同的百分之一的水準上。

可是，眾多互聯網金融企業顯然沒有考慮到，在信用卡的使用已經相當普及的今天，很多客戶其實已經擁有不止一張信用卡，而且即使在淘寶與天貓的網購平台上進行快捷支付，消費者其實仍然可以輕易地使用自己的真實信用卡進行付帳和資金的結算。既然已經擁有了使用方便的真實信用卡，你憑什麼說服消費者在你的平台中使用你所發放的虛擬信用卡，而不是他們所原有的真實信用卡？特別是，在虛擬信用卡發放初期，眾多互聯網金融企業為了控制信用風險，甚至將相當數量的信用卡的額度確定在一百元至兩百元之間。要知道，很多白領消費者可以很輕易地從銀行獲得信用額度為數萬元的真實信用卡，很多網購達人每月在淘寶與天貓上的消費都超過千元。相比之下，信用額度僅為一百元左右的虛擬信用卡，似乎根本就英雄無用武之地。

與淘寶虛擬信用卡相比，世界上最早、也最成功的第三方支付企業PayPal早在二〇〇五年就推出了PayPal金融卡。儘管PayPal金融卡不能像淘寶的虛擬信用卡那樣透支消費，但是每次購物可以享受百分之一的返回現金。當然，這裡的返回現金並不是說PayPal公司自己從口袋裡掏出錢來補貼消費者，而實際上僅僅是將它向商家收取的手續費返還給了消費者。但是這樣的消費返回現金對於眾多網購客戶而言是相當有吸引力的，也導致了PayPal金融卡在很短時間內就受到了眾多消費者的歡迎。

同時，PayPal公司為了推廣它的行動支付項目電子錢包，於二〇一三年五月又推出了Cash for Registers方案，宣佈所有使用它的行動支付體系PayPal Here的商家都可以免除交易手續費。

事實上，無論是免收商家手續費，還是將收取的手續費返還給消費者，都只是一種市場策略。對於網路支付市場而言，通過信用卡進行網路快捷支付其實已經得到了普遍推行。如果在收費或者服務方面，虛擬信用卡對比真實信用卡並沒有實質性的創新，那麼怎麼能夠吸引消費者放棄已有的使用真實信用卡結算的習慣，改用自己的虛擬信用卡呢？

同樣的道理，儘管很多客戶在京東購物可以享受京東白條所提供的延期支付的服務，但是，如果購物者選擇用信用卡結算，他們本身也是可以享受由銀行所提供的無息資金使用期限的。如果合理使用真實信用卡結算，它的免息結算期甚至長於京東白條，那麼京東商城有什麼理由來說服消費者改用京東白條進行支付呢？

正如前面分析的那樣，對於互聯網金融而言，眼前利潤並不一定重要，而抓住一切機遇，迅速擴大市場，增強市場影響力，才對自己的發展至關重要。因此，如果互聯網金融企業想推出諸如虛擬信用卡這樣的互聯網金融創新產品，那麼選擇讓利，讓消費者從中獲得好處，是必然的選擇。

作為創新力度最大的領域之一，同時作為整個互聯網金融的根基，第三方支付經歷了長期的市場培育期，二〇〇三年以來的高速增長期，以及二〇一四年以來的政策挫折期。但是，只要堅定網路經濟應用的市場定位，選擇與傳統的銀行機制的錯位發展，未來的第三方支付還將迎來更為光明的未來。

安全性與通用性：第三方支付發展的關鍵

第三方支付的信任危機

在第三方支付發展的歷程中，支付的安全性是始終繞不開的關鍵話題。在很多保守的用戶看來，在虛幻的網路中，僅僅通過網路網頁甚至手機應用軟體就輕率地進行大額資金的劃轉，沒有任何的紙質憑證，簡直是一個瘋狂的選擇。

如果我們是在銀行營業據點辦理資金轉帳交易，辦理完各種業務之後，銀行都會給我們存單、存摺、相應的紙質回單收據。如果由於銀行工作人員的錯誤導致我們的資金損失，那麼跑得了和尚，跑不了廟，我們只需要去當時辦理金融業務的銀行營業據點，拿著證據確鑿的紙質單據，就是打官司，我們也能告倒銀行。

可是如果我們是使用第三方支付體系進行資金的劃轉，一旦在此過程中出現了問題，交易者到哪裡說理去呢？對很多人而言，第三方支付只是一個能夠幫助我們進行網路資金結算的網站或者APP小程式，我們對它的信用狀況並不瞭解。我們根本不知道，如果在資金結算過程中我們選擇把自己銀行帳戶裡的資金轉入第三方支付體系，第三方支付體系會不會挪用我們的資金，或者說，我們的資金會不會就此消失無蹤。

很多擁有一些金融常識的朋友，可能會把第三方支付視為一場龐氏騙局，把它視為第三方支付企業運用新顧客的資金來清償老顧客的資金結算的資金騙局。在這一過程之中，即使第三方支付企業套取一部份客戶資金，挪作他用，只要能夠保證穩定的業務增長率，那麼它仍然可以保證自己的資金結算的正常進行。

當然，在二十一世紀初第三方支付野蠻生長階段，上述顧慮並不是沒有道理的。然而，就像現代全球經濟中那些聲名顯赫的銀行大多是通過數百年的市場競爭的大浪淘沙而存活下來的佼佼者一樣，在第三方支付遍地開花的階段，並不鮮見希望借開展第三方支付業務以從中非法套取資金的無良商人。然而，經過十多年的規範化發展，特別是自二〇一〇年以來，中國人民銀行對第三方支付採取發放牌照措施、嚴格進入門檻之後，這種源於第三方支付的信用風險已經被極大地降低了。

網路資訊安全對第三方支付的衝擊

真正困擾第三方支付用戶的資金安全的信任危機，更多來源於網路資訊的安全。事實上，伴隨著第三方支付的日益興旺發達，近年來，很多不法分子也紛紛盯上第三方支付帳戶中龐大的資金規模。他們通過編製木馬病毒，誘騙用戶點擊病毒，然後盜取用戶存放於第三方支付帳戶內的資金。

儘管以支付寶、財付通為代表的中國的主要第三方支付企業紛紛制定諸如簡訊驗證、安全證書、安全卡等多重安保措施，但是基於簡化結算流程設置的第三方支付體系，恰恰為其資金的安全埋下了很多隱憂。

一個典型的例子就是快捷支付。在網路支付過程中，第三方支付企業為了簡化客戶的支付流程，往往會利用自己和銀行的協議，選擇把客戶的銀行卡與第三方支付帳戶綁定在一起。客戶在第一次使用某張銀行卡時，的確需要輸入卡號、密碼，甚至電子銀行出於資金安全考慮還設置了U盾等安全措施。然而，當客戶設置完快捷支付之後，再次使用這個銀行卡進行資金支付時，就可以繞過上述煩瑣的安全措施，只要選定銀行卡號碼，再輸入第三方支付資金密碼，就可以輕鬆地完成全部付款工作。對於客戶而言，選擇快捷支付的確省去了反覆驗證帳戶的煩瑣，然而，如果不法分子通過種種非法手段獲取了客戶的第三方支付帳號與密碼，客戶不僅會損失存放於第三方支付體系內的資金，甚至連與這個第三方支付體系綁定的所有銀行卡內的資金，都會隨之而消失。

從這個方面而言，網路交易的便捷性和資金的安全性是矛盾的兩個方面。一方面，網路經濟的發展，從便捷性方面總想最為簡便地實現資金通過網路的自由劃轉，降低安全性，以最大限度地實現便捷性；而另一方面，出於安全的考慮，又需要增加更多的資金驗證手段，確保只是客戶本人才能夠有資格主導自己資金的劃轉，這又需要犧牲便捷性來增加安全性。網路經濟的興起，特別是第三方支付的出現，在某種程度上都是提升網路支付的便捷性的自然選擇，而這恰恰導致了民眾對這種便捷資金周轉的安全性的極大擔憂。當民眾無需再使用任何證件證明，僅僅通過網路的使用，依賴於第三方支付體系的相關個人資訊，就可以自主進行資金的周轉時，一旦個人在第三方支付體系中的相關資訊被洩漏，這就意味著他人可以在網路中隨意支配失密者的個人網路資產，在傳統金融體系中，這是根本不可思議的現象。

正所謂道高一尺，魔高一丈。即使各大知名的第三方支付企業都在確保自身企業的安全性方面做出了很多創新，希望最大限度地消除客戶使用自己的支付體系進行資金結算與資產管理時對資金安全的顧慮，然而，現實中的第三方支付資金失竊的案件卻層出不窮，這在很大程度上進一步揭露了完善第三方支付安全性的艱巨性和重要意義。

消除第三方支付的門戶之見

另一個未來第三方支付發展需要解決的問題就是第三方支付的通用性，簡單來說就是如何在所有主流的第三方支付解決體系中建立起一座橋樑，實現資金在不同第三方支付體系中的自然流轉。在當前中國第三方支付市場中，阿里巴巴的支付寶依托於淘寶，騰訊的財付通依托於拍拍網和騰訊QQ，拉卡拉偏重於便民金融服務，快錢著眼於B2B企業現金流管理，各大主要的第三方支付體系都憑藉在某一方面的超人影響力而奠定自己的江湖地位，也確保了自己的第三方支付體系在特定領域內的超強影響力。

然而，各個第三方支付體系都可以自由地串聯起不同的客戶在不同銀行之間的資金管理，卻不能便捷地實現同一客戶在不同第三方支付體系內的資金的共通共融。比如，當我需要使用支付寶體系內的資金在騰訊財付通體系內進行資金結算與劃轉時，我通常必須先把資金轉入相應的銀行卡，再從與財付通綁定的銀行卡實現對財付通資金的充值與使用。在目前的機制下，儘管不同的第三方支付體系在功能設置和安全保障方面具有明顯的相似性，但是由於市場的排他性考慮，它們並不願意提供不同第三方支付體系之間的資金結算的接口，這也極大地影響了資金在第三方支付體系中的使用效率。

當第三方支付日益成為現代人生活的自然選擇時，通過引入第三方支付，消費者可以享受到銀行所難以提供的便捷的資金管理與個人金融服務，然而，也正是出於差異化發展的考慮，不同的第三方支付體系在不同領域的口碑並不完全一樣。如果非要客戶排他性地僅僅選擇一種第三方支付體系，而放棄對其他第三方支付體系的自由選擇的權利，這也是對自由市場選擇的一種不合理的干預。

正如在二〇一四年快的打車與滴滴打車的行動支付之爭背後，蘊含著阿里巴巴的支付寶與騰訊的財付通對於行動支付市場的爭奪一樣，事實上，在這場爭奪大戰中，儘管阿里巴巴和騰訊都不惜投入重金，希望吸引並維繫盡可能多的客戶使用自己的叫車應用程式，使用自己的行動支付端口，然而，事實上，對於慣於使用叫車應用程式的眾多客戶而言，快的和滴滴只是他們輔助叫車的不同選擇，很多人可能同時安裝這兩款APP，而會根據自己的喜好或者軟體公司的補貼情況，適時選擇使用其中一款叫車應用程式。我今天使用快的打車，並不代表我就會永遠使用快的打車，更不代表我從此不會使用滴滴打車。由於叫車應用程式之爭而炒得火熱的行動支付更不代表著某種永久的排他性的存在。

既然存在就代表著合理性，那麼在市場中存在多家第三方支付企業，而且客戶會出於使用的便捷性考慮而適時選擇使用某個第三方支付體系，卻並不會永久性地僅僅忠於某一第三方支付體系的情形下，消除多家第三方支付企業的門戶之見，打通不同的第三方支付企業之間的資金對接管道，保證資金在不同第三方支付體系間的通暢流動，將成為提升整個第三方支付體系的適應性和市場競爭力的關鍵所在。

其實，既然在第三方支付體系與銀行之間可以通暢地進行資金的結算，那麼放開資金結算端口，從而實現不同第三方支付體系之間的資金對接，在技術上並不存在大的障礙，真正阻礙其實現的只是一種狹隘的排他性的獨佔市場想法。只有摒棄這一狹隘的思想，推動大一統的行業一體化與市場一體化發展，才能夠把整個第三方支付推向更為光明的未來。

CHAPTER

14

突破自我：網路理財的艱難陣痛

信任：網路理財的成長基石

非國有制金融的成功典範

在見證二〇一三年餘額寶的異軍突起之前，可能很多人都難以想像，僅憑藉一家民營網路企業的信用，就能夠吸引數億中國人自願把錢投入網路理財產品，在得不到任何存款憑證的前提下，進行著自己資金的投資理財選擇。

至少在當代中國社會中，中國人對是否擁有國家背景，是否能夠被納入體制內，擁有著莫名的熱中度。這也導致了經常會在一些媒體上看到一些新聞，一些人花費幾十萬元用於打點關係，只為了獲得一份體制內的公務員或者事業單位的工作，而有時這些工作的月薪卻只有一兩千元，也許需要他們工作半生才能夠收回獲得這份工作時自己付出的成本。然而，在當代很多中國人看來，這種看上去毫無理性可言的選擇卻是他們的最優選擇。

畢竟，在很多人看來，擁有國家背景，也就相當於給自己買了一份永久的保險，體制內的工作，即使收入再低，似乎也意味著永遠不用擔心失業或者退休之後的保障，而像民企或者外企這些所謂的體制外的工作，即使當前看上去光鮮靚麗，收入頗豐，但是未來卻似乎根本沒有保障可言。也許不知道哪一天，老闆就會通知你，企業倒閉了，或者你被開除了，你就會瞬間被無助地拋向市場。也正因為此，選擇國字背景，在很多人看來，就是選擇一種放心、穩定。

在投資理財領域，這種對國字背景的崇拜進一步被無限地放大。在很多人看來，如果一家金融機構沒有國字背景，就會隨時有倒閉的可能，那麼自己投入這些金融機構的資金隨時都有打了水漂的風險。因此，儘管從一九九六年民生銀行創辦以來，中國的股份制銀行就已經如雨後春筍般在中華大地到處湧現，然而，仔細推究起來，幾乎所有股份制銀行的背後都擁有一定的政府背景，或者擁有一定的政府財政資金的注入，因此也仍然與政府之間擁有著千絲萬縷的聯繫。即使不能與中、農、工、建等四大國有銀行相提並論，但它們背後的政府聯繫仍然被視為對其投資的保障。

如果沒有這種政府背景，那麼投資理財的風險似乎就將被無限地放大，因此它們所對應的投資風險也會成倍地增長，這也恰恰是在中國遍地開花的民間借貸興衰的教訓。然而，很多人根本想像不到，由阿里巴巴這家名符其實的民營資本所推出的餘額寶，卻完全逆轉了民眾對投資必須擁有政府背景的這種傳統的偏見。

餘額寶成功的關鍵

很多人把餘額寶的成功歸結於阿里巴巴在中國網路經濟中的領導地位，然而，事實上，餘額寶的用戶遠遠不止以往淘寶或者天貓的客戶。很難想像，一些根本沒有在淘寶上有過購物經歷或者消費總額只有百十元的用戶會放心大膽地把上萬元的資金轉入餘額寶這一由民營資本營運的基金產品。

有些時候，很多餘額寶的投資者甚至根本不瞭解淘寶是幹什麼的企業。馬雲是何許人也？貨幣基金到底是如何營運的？即使回答不出上述這些最基本的問題，眾多投資人仍然會毫不猶豫地選擇把錢投入餘額寶中，而根本不考慮其背後有無政府背景，有沒有政府替自己的資金充當擔保，這些以往在投資中最為關注的經濟問題。這當然應該歸結於餘額寶在制度設計方面的很多獨具匠心的設想。

其實餘額寶成功的最大原因只是源於一個最為簡單的設計，那就是投資收益的日結。試想一下，餘額寶的客戶每天一睜開眼睛，打開手機餘額寶APP，就能看到自己的餘額寶資金前一天的投資收益。哪怕只有幾元錢，他們也會覺得很開心，想著今天的早點錢賺回來了，今天的油錢由餘額寶掏了，這樣的喜悅心態會使投資者一天都能夠保持愉快的心情。

其實，相信很多餘額寶用戶並不非常在乎每天所能夠獲得的這幾元或者幾十元的投資利息收入，但是仍然有很多餘額寶的用戶習慣於每天起床後先看一下自己的餘額寶收益，給自己的一天加油鼓勁。這其實就是餘額寶的按日計息對人的投資心理的巧妙把握。

與餘額寶不同，如果客戶把錢存入銀行，投資的利息通常是按季度核算的。也許一個季度的利息額會比將同樣的資金放入餘額寶帳戶一天的利息要高很多，但是一個季度才能獲得一次利息收入和每天都能夠獲得利息收入的感受是完全不同的。

正如心理學揭示的一些最為基本的規律所說的那樣，如果有一堆小的好消息，那麼一個一個地分批宣佈，給人的愉快心情會更大。如果有一堆小的壞消息，那麼集中起來一次性全部宣佈，儘管給人的傷害會很大，但是比起分開宣佈的傷害還是會小很多。對於基金公司而言，按年、按季還是按天計息，只是統計方式選擇的一種差異，並沒有本質的區別，而且從技術上來說，按天計息也許會比按年計息麻煩一些，但是技術含量並沒有大的改變，也根本不會存在任何計息難度上的限制。然而，每日都能夠獲得利息收入這樣的持續的利益誘惑對於投資者的吸引力卻是極為巨大的，這也保證了餘額寶的成功。

銀行理財產品的不足

相信在餘額寶火爆的二〇一四年初期，很多餘額寶用戶的帳戶資金都高達數萬元甚至數十萬元。可是，大家也知道，很多銀行都會推出一些資金理財產品，很多銀行代理的理財產品的收益其實是遠高於餘額寶的收益的。可是為什麼投資者還是不理性地選擇把錢存放在餘額寶中呢？這是不能用一句不理性行為就可以解釋的。

當然，正如前面已經分析過的那樣，銀行的理財產品往往針對大客戶，它的投資門檻通常在五萬元甚至十萬元以上，這就把很多餘額寶的中小客戶排除在市場之外了。另外，銀行理財產品往往會有一定的資金凍結期，在購買理財產品的一段時期之內，客戶是無法再使用這筆投資資金的。這樣對於一些對資金的流動性需求更高的客戶而言，把錢存入餘額寶，基本可以獲得完全的流動性，隨時可以應對自己的流動性資金需要，那麼，即使利息低一些，也是更適合自己的選擇。

然而，還有一種奇怪的現象在於，一些對於資金的使用頻率並不高的客戶，也就是說，對資金的流動性需求不高的客戶，卻仍然會選擇把超過十萬元的資金存入餘額寶，而非自己其實完全可以選擇的、利息收入更高的銀行理財產品。

相信上述現象中的投資者，都是一些風險厭惡型投資者，導致他們的這種投資選擇的，其實仍然源於銀行與餘額寶的利息類型的差異。銀行理財產品的投資收益往往是預期年化收益率，在購買這些銀行理財產品之初，銀行只會告訴你一個預期的年化收益率，通常並不保本，也不保息。這就意味著，如果這筆理財資金到期後，銀行說沒有達到預期年化收益率，甚至說投資虧損了，投資者是根本無處去說理的。而事實上，就在餘額寶崛起的二〇一三年，有一些銀行的理財產品被暴出大部份面積地達不到預期年化收益率，很多理財產品的收益率甚至低於同期銀行活期儲蓄的利率，這也極大地挫傷了客戶購買銀行理財產品的積極性。

相對於銀行，餘額寶每天的利息都是可見的，投資者完全可以根據它的年化收益率的走勢，決定存入更多資金，還是取出資金。這樣，投資者的投資收益更有保證，投資者也可以更為主動地根據其利息的變動改變自己的投資決策，以此降低自己的理財收益率。這才是餘額寶贏得民眾信賴的關鍵因素。

當然，正因為沒有政府背景，以餘額寶為代表的寶寶軍團要想贏得投資者的心，還必須擁有殺手鐧，那就是資金被盜無條件賠款。要知道近幾年，銀行卡資金失竊的案件多發，在這些案件中，銀行通常都會以客戶沒有妥善保管好自己的銀行卡及密碼為由，拒絕承擔責任，而讓儲戶個人承擔全部經濟損失。這也使得很多民眾對自己存入銀行的資金沒有足夠的安全感。

而餘額寶在推出之初，就高調宣佈客戶資金被盜後，自己無條件先賠款，再報案追回損失。事實上，儘管餘額寶在帳戶資金的安全性保護方面也做出了很多有效的措施，但是帳戶資金失竊的案件仍然偶有發生。然而，每一起案件發生後，餘額寶都高調宣佈全額賠償客戶損失。儘管餘額寶損失了賠償客戶的資本，但是這些事件背後的廣告效應卻是無價的。這才使得越來越多的民眾開始信賴起沒有政府背景、看上去不那麼可靠的純粹民營資本的餘額寶投資理財。

暫無收益背後的信任危機

值得注意的是，對於餘額寶的信任是建立在長期的高收益和存款保險制度之上，而不是客戶對於餘額寶的絕對的信任。相對而言，這樣的信任是脆弱的，一個簡單的突發事件，就有可能動搖這種不穩定的信任關係。

可能很多餘額寶投資者還記得在二〇一四年新年剛過的二月十二日，很多餘額寶的投資者早起習慣性地打開手機餘額寶APP查看收益時，看到的不再是每天例行的新增多少收益，卻是鮮紅的「暫無收益」四個大字。這也引起了市場對餘額寶投資安全性的極大猜測。儘管事件很快證明是由於餘額寶系統升級導致的收益支付延遲，而且當天的收益也的確都在中午十二點之前發放完畢，然而，此次事件卻成為餘額寶發展過程中的一個轉折點，很多投資者開始正視餘額寶投資過程中的信用風險與政策風險，這也引起了自餘額寶產生以來第一次大量的基金贖回潮。此後，伴隨著餘額寶投資收益的持續下降，餘額寶的淨贖回已經成為一種常態，不久前的榮耀也已成為明日黃花，而只存在於記憶之中了。

可以相信，如果是一家國有銀行，或者其他政府背景的金融機構，它們在發放投資收益時也出現了同樣的延遲，所造成的市場振動絕對不會像餘額寶的這次暫無收益這般嚴重。這一事件背後所凸顯的，其實還是民眾對非國有背景的阿里巴巴進軍金融的信任度的缺失。

對於所有互聯網金融產品而言，客戶的信任與否是決定自身發展前景的關鍵。相對而言，作為行業絕對領導者的餘額寶憑藉其搶先進入市場時所搶佔的半個身位，以及淘寶的興旺發達、馬雲的江湖地位，在與其他寶寶軍團的競爭中，仍然是擁有絕對的優勢的。因此，即使餘額寶的投資收益已經略低於財付通、零錢寶、小金庫等一眾其他網路理財產品，但是它的基金規模卻仍然相當於整個行業的半壁江山，這更從另一方面驗證著信任在網路理財中的價值。

餘額寶的推出，開始從根基上撼動了以國有資本為基礎的原有金融秩序，但是要想從根本上建立起以民眾信任的市場化營運的民營資本為基礎的金融新秩序，仍為時尚早。而實現這一點的關鍵恰恰在於長期的市場化發展中，通過穩健的經營，贏得客戶的信賴，打破對國有資本的盲目迷信，這也許才是中國金融未來市場化發展的重要方向。

網路理財突破已有模式的自我革命

網路對貨幣基金的改革

沒有人能夠相信，一個簡單的貨幣基金居然能夠把中國的網路理財市場攪得天翻地覆。對於成長中的中國金融市場而言，貨幣基金本不稀奇，金融機構觸網也不是什麼特別的創舉。然而，就是這個看上去稀鬆平常的貨幣基金，一旦與網路對接，居然可以迸發出巨大的能量，甚至從根基上撼動了中國當前的金融體系。

當然，在最具盛名的貨幣基金PayPal或者說外國版的餘額寶遭遇滑鐵盧、慘遭清盤厄運之際，以餘額寶為代表的寶寶軍團卻能夠取得巨大的成功，應該歸結於兩個得天獨厚的金融環境。首先是中國銀行市場的不開放，造成了銀行體系存貸款利差長期保持在較高的水準。這就為餘額寶的營運提供了充足的利潤空間。設想，在利率市場化程度相對較高的歐美國家，銀行體系中的存貸款利差通常在三個點之內，也就是百分之〇．三左右，那麼即使貨幣基金能夠從銀行處得到最高程度的利率，也就是貸款利率，那麼最多也只能比市場的存款利率高出百分之〇．三，這對於儲戶的吸引力當然就相當有限了。

與PayPal不同，中國銀行業的存貸款利差超過百分之三。如果與活期儲蓄利率相比，這種存貸款利差還將進一步拉大。對於銀行而言，當自己的吸儲能力不足以滿足自己的貸款需求時，它們當然願意以相對較高的利率從貨幣基金處籌措大額資金，只要其籌資成本仍然低於銀行的貸款利率，銀行就仍然可以從中獲得收益。這當然就為貨幣基金的營運提供了充足的利潤空間，而導致這種巨大的利潤空間的恰恰是中國銀行資本市場的不開放。從某種程度來說，餘額寶們的推出反而更有力地推動著中國銀行體系的利率市場化改革，這倒成為推動中國金融體系進一步完善的重要契機。

而第二個推動中國餘額寶飛躍式發展的金融環境就在於自二〇一三年中開始的錢荒。當資本市場的資金缺乏成為一種常態時，很多金融機構出於本能開始通過各種途徑在資本市場中籌集資本。當上海銀行同業拆借利率開始飆升至百分之三十時，相形之下，貨幣基金的協議存款利率就相當低了。這推動了很多銀行紛紛以更高的利率報價尋求貨幣基金的資金，並進一步推動了貨幣基金利率的持續走高，最終把餘額寶等網路理財產品的利率推高到接近百分之七的高位。

網路理財的興衰

然而，隨著互聯網金融的持續發展，貨幣基金持續膨脹，極大地增加了貨幣基金的供應規模。隨著錢荒的逐漸褪去，至二〇一四年中期，貨幣基金的協議存款利率已經跌至百分之三左右的水準，眾多互聯網金融理財產品長期高達百分之六以上的高收益已經成為明日黃花，風光不再。

而為了對抗網路理財所造成的存款搬家，各大銀行紛紛推出各種高收益銀行理財產品，通常在百分之五左右的預期年化收益率已經普遍高於一些主流的網路理財產品的年化收益率水準。一方面，網路理財產品長期倚重的高收益率優勢被逐漸蠶食，而另一方面，擁有國有資本背景的國有銀行，包括現有的股份制銀行的信用程度，是純粹民營資本營運的網路理財所難以比及的，因此，自二〇一四年中期起，網路理財的主要貨幣基金規模的增長速度紛紛放緩，它們的很多客戶甚至會選擇贖回自己的網路理財資金，轉而投向安全性與收益率相對更高的銀行理財產品。

隨著管理層放鬆對民營銀行的建立門檻，在越來越多的民營資本進入銀行業之後，中國資本市場的市場化也將進一步被推進，現有銀行體系的高存貸款利差也不可能再長期存在。隨著這種存貸款利差的持續壓縮，現有網路理財產品所普遍依賴的貨幣基金的投資收益還將持續萎縮，現有的網路理財模式已經不再能夠持續營運下去。

應該說，現有的依賴於貨幣基金的網路理財模式的建立，只是在中國資本市場的市場化程度不高和錢荒這兩大特殊金融局勢之下的市場的自然選擇，畢竟通過貨幣基金的方式，大量籌措資本之後，就可以輕易通過協議存款的方式從銀行索取遠高於銀行存款利率的協議存款利率，在不需要具備專業的金融知識和高超的金融市場運作能力的前提下，就可以輕易獲取高投資收益，再把從銀行處獲得的高利率轉付客戶，網路理財企業可以說躺著也能賺大錢。

當阿里巴巴的餘額寶最早開啟這種依托貨幣基金營運網路理財產品的營運模式之後，該模式就以其簡便易行、市場認可度高、營運利潤增長快的優勢，自然被其他網路理財企業所模仿，最終形成了整個市場清一色的貨幣基金支持的網路理財模式。

然而，當錢荒逐漸過去之後，銀行協議存款利率也持續走低。經歷過高達百分之六以上的高利率的網路理財的客戶，已經不再滿足於百分之四左右的網路理財收益水準，而且，如果爭議之中的貨幣基金的存款準備金制度真的得到推行，當前的網路理財的收益率還將進一步降低。從這方面而言，依靠銀行協議存款的貨幣基金模式的網路理財已經面臨發展的巨大瓶頸，現有的市場已經不再能夠支撐其高收益。要想不被現有客戶拋棄，就必須尋找提升其收益水準的新機制或者新模式。

當然，為了應對收益率的持續走低，各網路理財產品的基金經理們也在現有模式之內，進行了一定的持倉結構的調整，比如購買期限更長的銀行產品。在二〇一三年第三季度，網路理財產品剛剛出世之際，餘額寶百分之七十的資金是投資於六十天以下的銀行產品，而到了銀行協議存款利率持續走低的二〇一四年第二季度，六十天以下產品的比重已經跌至百分之四十三，而九十天以上長期產品的比重已經上升至百分之三十三。

而伴隨著長期銀行產品比重的持續上升，餘額寶等網路理財產品再維繫當前的高流動性的難度加大。為了維持其產品的高收益，餘額寶等網路理財產品已經出現了借短貸長的期限錯配。一旦其產品市場出現突發性變化，由於資金大量存放於長期產品，導致資金流動性供給不足，就有可能給這些網路理財產品帶來信用違約的風險，進而造成整個資本市場的不穩定。

除此之外，餘額寶還增大了對於帶有回購協議的高收益表外貸款產品的投資比重，這些表外貸款產品的比重在餘額寶的資金中的比重從二〇一四年第一季度的百分之三・五，飆升至第二季度的百分之九。然而，這些高收益的貸款產品，也蘊藏著遠高於貨幣基金協議存款的高風險，如何控制資產投資的風險也將成為網路理財產品所面臨的重要挑戰。

網路理財的革命

對於中國的眾多網路理財企業而言，與其繼續堅持貨幣基金營運模式，坐等資產收益率的持續降低，讓市場自然淘汰，不如痛下決心，實現自動的營運模式的改革，豐富其資產組合，通過不同期限結構、資產結構的投資組合，實現營運資本收益率的穩定。

事實上，現有的以貨幣基金為主體的互聯網金融產品的營運模式已經難以繼續維繫。如果要保證網路理財產品的高收益，眾多寶寶們必須放棄現有資金營運的高流動性或者資產營運的安全性。在資本市場供需失衡的現代經濟中，通過資產結構的多樣化，實現投資收益、資金流動性和資產安全性的平衡並不存在特別的難度。但是如果中國宏觀經濟形勢或者資本市場出現劇烈的變化，再想維持網路理財的穩定性，其難度將急劇上升。這也成為對當前眾多網路理財產品基金經理的金融營運能力的一場大考。

無論如何，單純依靠貨幣基金的高協議存款利率就可以躺著賺錢的美好時光已經一去不返。眾多互聯網金融企業，只能選擇到底是堅持已有模式，坐以待斃，還是實現自身營運模式的根本變革。

原有的以貨幣基金為主體的網路理財企業的營運，更多是依賴於網路企業對於資訊科技的利用，體現了網路精神在金融領域的發揮。而未來的互聯網金融，必須更多地依托於專業的金融資產管理能力與營運能力。從網路真正實現跨界到金融的轉變，才是互聯網金融的最重要的發展趨勢。

產品多樣化：互聯網金融的發展之道

網路理財的多樣化

為了應對貨幣基金協議存款利率持續走低帶來的網路理財產品投資收益率的降低，自二〇一四年春節後，包括阿里巴巴餘額寶、京東小金庫在內的眾多網路理財產品已經開始摸索提供不同產品結構的多樣化的理財產品以求更好地滿足差異化的市場需求。

從目前來看，除了傳統模式的建立在貨幣基金基礎之上的網路理財產品之外，眾多網路理財企業的選擇往往是加強與其他金融機構的合作，通過引入其他基金公司，特別是保險公司，打破原有只與單一的基金公司合作的僵局，引入競爭機制，提供更為多樣化的投資收益的選擇。在這其中，採取類似於銀行的理財產品營運模式的定期寶以及與保險公司合作的保險理財產品最為常見。在上述兩種模式下，網路理財企業放棄了對資金流動性的極度追求，轉而建立一種中長期的理財資產的營運模式，客戶在購買這些中長期理財產品之後，資金將被凍結一定時期。在這種模式下，由於不必考慮客戶的突發性提現需求，網路理財企業就可以將資金更多地投向收益率更高的中長期資產的營運，最終實現將網路理財產品的收益保持在較高水準的目標。

在這樣的模式下，網路理財企業其實是運用類似於銀行存款的投資策略。在現有的銀行存款利率體系下，如果客戶想追求資金使用的自由，希望得到充份的資金流動性，那麼就可以選擇將自己的資金存放入活期存款帳戶，在獲得充份流動性的時候，放棄對高利息收入的索求。而如果客戶可以在一定時期內犧牲自己資金的流動性，那麼他們就可以選擇不同期限結構的定期存款，得到遠高於活期存款的利息收入。在網路理財市場中，也可以看到上述資產結構選擇的規律：通過引入一些期限更長的理財產品，提高資產的使用效率，提升資產的收益率，以維持更高的投資收益。

二〇一四年八月，阿里小額金融服務集團宣佈正式上線餘額寶的兄弟項目「招財寶」。招財寶被定位為小微企業或者小微理財客戶的投資理財開放平台。在招財寶中，客戶可以購買到銀行、基金公司、保險公司等多家金融機構所發行的理財產品，也可以為中小企業或個人借款者發佈借款產品。它實際上就是在高流動性的餘額寶之外，針對一些可以犧牲一定流動性、承擔一定的融資風險的個人借款人所搭建的網路理財平台。

其實，早在二〇一四年四月，阿里金融就已經上線試營運招財寶產品，而到其正式宣佈上線的八月，阿里招財寶的成交額已經突破一百一十億元，其中百分之九十的資金都來自餘額寶，覆蓋二十多萬家小微企業。客戶可以使用餘額寶中的資金購買招財寶理財產品，也可以使用銀行帳戶內的資金直接進行交付。當所購買的理財產品到期後，到期資金將全部回到餘額寶帳戶，從而在阿里金融的生態圈內實現閉環循環，保證了招財寶與餘額寶的無縫銜接。

在招財寶平台中，如果客戶購買的理財產品尚未到期，但客戶因突發事件需要使用相應的理財資金，招財寶平台可以將用戶還未到期的理財產品作為抵押品，通過與有存款需求的投資者撮合，完成個人借貸，以此減少由於理財產品缺乏流動性而給投資者帶來的損失。這其實就是把部份P2P功能整合到了其中，使得阿里得以建立起一個更為完整、產品類型更加多樣化的互聯網金融服務帝國。

通過細分客戶的投資需求和風險承受能力，在網路理財平台中整合更加多元化的投資理財產品組合，更好地實現網路時代客戶的碎片化投資資金的優化投資組合，滿足客戶的投資理財需求，也成為阿里金融帝國確立的根基。

除了阿里金融所關注的通過豐富投資的時間期限實現金融投資的多元化選擇之外，一些網路理財企業還從金融營運出發，通過集中多種金融資產的流轉，實現投資的多元化。二〇一四年四月，新浪微財富平台率先推出了一個網路票據理財產品，「一元起標」，年化收益率可達百分之十。儘管新浪很快就終止了關於網路票據理財的嘗試，但八月，兩大互聯網金融巨頭又連續推出網路票據理財產品。八月十一日，蘇寧雲商正式上線票據理財產品——「金銀貓票據」，而短短一天之後，京東商城則上線了其網路票據理財產品——「小銀票」。網路票據理財成為網路理財的新寵，開始受到市場更多的關注。

其實，所謂的網路票據理財也並沒有太大的技術含量，只是把傳統的線下銀行承兌匯票轉移到了網路之上，企業以其所持有的銀行承兌匯票為質押擔保，在網路上向投資人融資，並承諾借款到期後一次性還本付息。因為相關的質押標的銀行承兌匯票得到了銀行的無條件承兌，因此，相對而言，其風險極小，而融資利率卻通常可以達到接近百分之十的高水準，其收益的優勢相當明顯。

網路票據理財的興起其實就是互聯網金融企業改造現有的單一貨幣基金產品，豐富產品類型的有益嘗試。事實上，投資理財是一項專業性相當強的金融業務，並不是像當前的餘額寶等寶寶軍團這樣，僅僅靠單一的貨幣基金產品的佈局就可以躺著收錢。

儘管互聯網金融是網路企業進軍金融領域，向傳統金融機構發起的挑戰，它們也極大地改革了現有的金融體系，但是並不代表網路企業就不需要學習金融知識，不需要具備金融專業素養。通過強化互聯網金融企業的資產管理能力，進一步豐富其產品組合，實施不同策略的資產管理策略，為網路客戶提供差異化的投資收益，才是互聯網金融企業未來的最為重要的工作。

一元團購銀行理財新模式

自二〇一四年以來，伴隨著中國資金供應緊張的緩解，銀行間資本市場利率水準持續下跌，銀行協議存款利率也隨之下降，這也帶來了依賴於銀行協議存款的眾多互聯網金融產品的收益率的持續下降。截至二〇一四年初期，包括餘額寶、財付通、小金庫在內的眾多寶寶軍團的收益率普遍已經下跌到百分之四左右。而另一方面，伴隨著銀行對於互聯網金融的反擊，銀行理財產品的收益率卻在持續上升，很多一百天以上的銀行短期理財產品的收益率都在百分之六以上，這也引起了很多原本流向互聯網金融的資金又重新回流到銀行中。

然而，很多銀行理財產品的起購額度通常都在五萬元甚至更高，投資門檻相對較高，這就把很多中小規模的網路理財用戶排除於市場之外。更為不便的是，很多高收益銀行理財產品往往只會由特定銀行在特定區域發行，即使投資者在異地的同一家銀行，也無法購買到相應的高收益理財產品。

正是針對銀行理財產品收益率上升後，客戶對銀行理財產品的需求上升，以及銀行理財產品資金門檻過高、異地認購無門的不足，一些網路理財企業推出了「一元起購，跨行購買銀行理財產品」的新業務。

以最早推出這種團購銀行理財的第三方理財平台「錢先生」為例，客戶可以在其平台上閱覽數百款不同銀行、不同地區的理財產品。只要通過註冊該理財平台，就可以隨意認購任意金額的銀行理財產品，認購沒有金額和區域的限制。客戶認購後，將獲得網站發送的「購買成功回執」，詳細說明所認購的理財產品名稱、收益、期限等理財產品資訊，以及客戶的購買金額和會員編號等客戶資訊。

事實上，「錢先生」的營運模式更像是一種群眾募資。所謂的一個個產品的認購，就是一個個單一的群眾募資項目，客戶在第三方的錢先生處選擇認購某一銀行理財產品後，資金將被劃到第三方平台受其監管。到理財產品的出售日，如果在該平台上對該理財產品的認購金額達到該銀行理財產品的最低門檻要求，那麼，眾多客戶的認購資金就自動進入銀行體系成為理財產品，並於理財產品到期後，按客戶的認購金額將其投資本金加利息一併由第三方支付平台返還客戶帳戶。如果客戶所認購的銀行理財產品的投資總額沒有達到銀行理財產品的最低門檻，則相當於該群眾募資任務失敗，資金將直接返還客戶帳戶。

「錢先生」只是把網路經濟中的團購模式與互聯網金融理財結合起來，就很自然地發掘了一條網路理財的新管道。自二〇一四年三月底獲得金融資訊服務資質之後，短短三四個月，其已經擁有接近一百萬名註冊用戶，人均投資金額在四千至五千元。它也極大地動搖了現有銀行理財的呆板、生硬的制度設計，為中國互聯網金融的發展開闢了一條新的思維。

網路理財對於群眾募資的對接

二〇一四年以來，很多網路理財產品還通過引入群眾募資模式，通過一些公益性的、非投資的資金籌集與營運，達到集聚人氣、吸引社會關注的目的。儘管這些群眾募資投資的規模大多通常在數萬元至數十萬元之間，網路理財機構從中能夠獲得的收益並不會太高，但是這種新型的投資方式對於投資者的吸引力仍然是極大的。

最為典型的群眾募資產品應該是由支付寶公司所推出的娛樂寶產品了。娛樂寶通過「一百元也能當製作人」的口號，讓投資者自己決定投資哪一部影視劇作品，並號稱將把籌集來的資金都用於相應的影視作品的推廣。這對於喜好八卦新聞的很多年輕一代的投資者而言，其娛樂效果當然是遠大於投資目標的。特別是支付寶公司對每一款娛樂寶產品都設置了最低五十元或一百元的投資門檻，而最高通常也就一千元的投資上限，即使投資者能夠從中得到宣傳所說的高達百分之七左右的年化預期投資收益，對於投資者而言，其投資總收益也不過只有幾元或者幾十元，從經濟價值來說，完全沒有太大的投資價值。然而，從增加社會轟動效應、吸引目光、提升餘額寶的社會知名度和市場形象而言，其最終起到的效果卻是極大的。

當然，從產品設計來說，娛樂寶更像是網路理財企業對接保險公司推出的一款保險投資產品，其資產營運的設置與餘額寶所推出的其他高收益保險類理財產品並沒有太大的區別。事實上，也是由於對接的是保險公司的資產營運，從某種意義來說，投資者到底購買哪一部影視劇作品並沒有本質的區別，也不存在事實上這些籌集資本將真正定向投向這些影視劇作品，使得投資人成為眾多製片人的一員這樣的宣傳噱頭。

而且，群眾募資模式在海外產生並推廣時，往往也強調不承諾經濟收益，而更多強調其公益性。事實上，群眾募資模式在中國取得成功的一些案例，也大多發生在公益領域。如社會影響比較大的「免費午餐」、「讓候鳥飛」、「女童保護」、「點亮心燈」等群眾募資公益項目，都取得了非常好的社會反響。

與之相對，像娛樂寶這樣的準群眾募資產品，一方面宣傳會將籌集到的所有資金定向投入指定的領域，因而具有明顯的群眾募資屬性，但是為了提高籌資的效果，他們又對相應的群眾募資項目承諾相應的預期投資收益率，這又明顯違背了群眾募資模式的融資內涵。

從某種程度來說，在社會信用體系沒有建設完善且社會捐助沒有成為一種風尚時，在中國單純地引入公益性質的群眾募資將難免陷入叫好不叫座的命運，而承諾收益反倒成為推動群眾募資被更多中國人所接受的最好的辦法。事實上，單從娛樂寶推出後所引起的輿論關注來看，即使完全讓阿里巴巴公司掏出它所承諾的投資收益，考慮到此項目造成的廣告效應，阿里巴巴公司也絕對是賺著了。

在現代中國的互聯網金融領域中，由眾多互聯網金融公司所推出的諸如阿里巴巴的「娛樂寶」、「淘寶眾籌」、「百度眾籌」、「騰訊樂捐」、「京東眾籌」等群眾募資項目，固然很多都是對接一些文化作品或者小發明創造項目，但是其社會效應遠大於經濟效應，只是眾多互聯網金融公司擴大企業影響、豐富資產組合的一個策略選擇而已。

民營銀行對網路理財發展的推動作用

相對而言，中國的互聯網金融企業儘管已經推出了較為豐富的投資選擇組合，但是其投資運作模式仍顯單一。除了定期理財、保險理財與群眾募資之外，其他理財資產結構幾無可見，這也反映了中國的網路理財營運的低水準。

事實上，二〇一四年中國「兩會」期間，在十家民營企業獲准組建五家試點的民營銀行之後，中國的互聯網金融企業其實已經面臨著一個更為巨大的機遇。畢竟在首批獲准參與組建民營銀行的十家企業中，阿里巴巴和騰訊恰恰是坐穩當前網路理財領域的頭兩把交椅的市場領導者。

如果能夠藉助於未來將獲批成立的民營銀行，把通過互聯網金融籌集到的資金，通過實體的銀行體系，以及它們所擁有的淘寶、天貓、拍拍網、騰訊網等網購平台，以小額貸款、消費信貸等模式，將網路閒散資金轉化為社會借貸資本，必將進一步豐富這些互聯網金融企業的資產結構，進一步完善互聯網金融的營運模式，構建起依托於貨幣基金、短期小額貸款、中長期市場投資以及公益性的群眾募資的資產營運結構，實現互聯網金融的資產結構的多元化。

CHAPTER

15

立信為本：P2P的重生之路

重建P2P網貸信用

混亂的P2P市場

在整個互聯網金融體系中，P2P可以說是發展最為混亂，也是負面影響最大的一個領域。與第三方支付推動網路電子商務發展、網路理財加速中國的銀行市場化改革、虛擬貨幣重塑現代貨幣理論不同，P2P在中國的發展，基本上就是長期以來中國政府始終打擊的民間非法融資、非法借貸藉助資訊科技的死灰復燃。特別是自二〇一三年下半年以來，中國各地紛紛爆出P2P網貸平台倒閉、P2P經營者跑路的新聞，更使得P2P發展中所蘊藏的高度危險性暴露無遺，P2P的發展也面臨著最為嚴峻的生死存亡的挑戰。

儘管中國經濟的飛速發展使得民眾手上持有巨大的民間資本，但是，社會保障體制的不完善使得社會消費需求長期不能得到啟動，中國老百姓更加願意持有具有較強流動性的貨幣資本，以求能夠隨時應對一些不測風雲。與此同時，CPI的居高不下，則在不斷地蠶食著民眾的資金，這也使得這些民眾手上的閒置資本有著強烈的尋求保值增值的投資機會的願望，這才導致了餘額寶推出後爆發式的迅猛發展。

而另一方面，目前以中國國有銀行為主體的銀行機制又難以滿足市場對資金的需求。銀行資本更多地根據政府的政策引導投向了地方政府、國有企業和資本實力相對雄厚的龍頭企業，而缺乏資金實力特別是缺乏可用於貸款擔保的固定資產的中小企業，則成為這種銀行機制的受害者，面臨著巨大的資金短缺的壓力。

然而，儘管民間資本市場既存在著天量的閒置資本，也存在著強烈的尋找借貸資本的渴望，然而現有政府主導的銀行體系及利率管制機制，卻無法實現這些資本供需的對接。

儘管自古以來，民間借貸市場就是中國式的資本市場的一個重要組成部份，然而，這種建立在個人信用機制基礎之上的民間借貸，往往依賴於個人的社交範圍，通過資金的供需雙方的直接對話，確定具體的借貸條件。這也導致了在這種民間借貸模式下交易條件的對話中，資金供應方往往擁有更多的發言權，在缺乏競爭機制的條件下，導致資金供應方對於借貸行業的利率水準的決定權，最終形成了我們常說的高利貸。

民間借貸利率的高企不下，又使得借貸者背負著沉重的債務壓力，極大地推高了民間借貸的壞帳率，從而迫使資金供應方尋求更高的借貸利率。這也形成了一個惡性循環，最終，當民間借貸利率被不斷推高後，正規借入民間閒置資本用於實業投資，有足夠資金償還能力的借貸人將不再借入高利率資本，而留在市場中的借款人，大多是一些營運風險更高、投資風險更大的其他投資人，這樣的逆向選擇更進一步加劇了民間借貸市場的壞帳率。

正是由於傳統的藉助於借貸雙方的社交圈而形成的民間借貸市場的高風險，往往導致其演變為一場龐氏陷阱，也才導致民間借貸陷入人人喊打的不利地位。P2P網貸藉助資訊科技，打破了現代民間資金借貸對於借貸雙方社交圈的依賴，進一步擴大了資金的供給與需求的範圍，通過自動生成資金借貸中的競爭機制，形成了更為合理的借貸利率，也更為合理地串聯起資本市場的資金供給與資金需求，搭建起輻射範圍更廣的資本市場。

然而，正是由於P2P網貸是建立在資訊科技之上，無論借貸雙方還是串聯起借貸雙方的P2P網貸平台都無需直接見面，而是通過網路通信技術直接串聯起來，因此，在缺乏對P2P網貸市場各個參與者的基本概況特別是個人信用情況的瞭解的基礎之上發展起來的P2P網貸的信用違約風險，也就難以控制。當P2P網貸違約普遍發生後，P2P網貸的崩潰也就成為必然了。

中國P2P發展中的信用危機

對於P2P市場而言，困擾其發展的不是市場資本供應的不足，不是對於P2P借貸模式下的資金借貸需求的不足，更不是資訊科技的不過關，導致中國P2P市場崩潰瓦解的關鍵在於普遍的信用違約。這種普遍的信用違約，既包括一些不良分子通過虛設P2P網貸平台，虛擬網貸項目，以虛報高利率為手段，進行對社會資本的騙取，也包括一些正規營運的P2P網貸項目在發出借款之後，面臨著嚴峻的回收借款的困難，大量借款項目無法收回投資及利息，最終使得P2P網貸陷入資金運轉的困境，從而走向滅亡。

事實上，在中國的P2P發展過程中，表現得最為嚴重的現象，就在於假借P2P網貸之名、行詐騙之實的網路詐騙。在現代中國的網路中，只需要在任何一家搜索引擎中輸入「P2P網貸」，或者「網上借貸」，甚至只是簡單地輸入「互聯網金融」，無數家看上去營運規範、管理制度嚴格，甚至號稱有著銀行或者保險公司的信用擔保的P2P網貸公司就會很快出現在我們的搜索結果中。這在很大程度上反映了當前中國互聯網金融特別是P2P市場的火爆。然而，事實上，這樣的火爆場景更多是一種人為製造出來的虛火，而非真正意義上的市場繁榮。可以大膽地推測，在網路中可以隨意搜索出來的這些看上去很規範的P2P網貸平台，可能八成以上都存在著資金詐騙或者非法集資的嫌疑。

之所以說中國的P2P網貸平台大量存在著資金詐騙和非法集資現象，在於在這些P2P網貸平台中，投資者看到最多的是投資的高收益、無風險，卻難以看到對於投資項目的具體描述。為了營運的便利，某些P2P網貸平台將自己包裝成網路化營運的私募基金，僅僅標明資金的大致用途或投向，並標明資金的高收益，對自己的資產營運的具體情況並不會詳細說明。它們在宣傳中往往只會宣傳自己資本營運的成功歷史和經驗、資金管理的規範，甚至相關金融機構的擔保，卻隻字不談風險。事實上，即使像巴菲特和索羅斯這樣的資本營運的大咖，也不敢絕對保證自己的資產營運百戰百勝，更不敢提前預判自己的投資收益，這樣營運的P2P可能絕大多數都是意在詐騙客戶資金的騙子公司。

此外，的確還有一些P2P網貸平台看上去更規範，存在著很多網貸資金項目，然而對於網貸主體的描述往往語焉不詳，更多用某公司、某個人這樣的模糊語言，其資金的使用用途、未來的還款保障也並不清楚。比如某個人想通過P2P網貸項目借款十萬元購買一輛汽車，那麼他計劃的還款時間是多長，他的收入是多少，每月積蓄是多少，如何保證到期後他能夠如數歸還全部借款及利息，這樣的資訊基本不會涉及。或者說某家工廠希望通過P2P網貸平台借入十萬元購買一批貨物，或者一套設備，該企業的固定資產是多少，營業額是多少，營運成本是多少，利稅有多高，借入資本對於企業的盈利能力會有如何的影響，如何保證其還款能力，這些資訊都鮮有涉及。

當然，根據P2P在國外的發展經驗，採取上述含糊的表述往往是出於保護借款人的個人隱私的考慮。然而，在中國，當信用缺乏成為阻礙P2P進一步發展的最大攔路石時，甚至應該保證選擇投資後，投資人能夠得到借款人的具體情況。實施相當程度的資訊公開，才是保證中國的P2P網貸借貸資本安全的最重要的因素。可是在絕大多數P2P網貸平台中，都很難看到如此完備的資訊公開。

缺乏足夠的資訊公開，單純地吹噓自己的盈利能力或者資本營運能力，只會給投資人以浮誇而不真實的感覺，這當然也就抑制了投資人把自己辛辛苦苦賺來的錢投向這些通過網路的虛幻方式獲得、沒有足夠保障的投資項目，這進一步阻礙了P2P網貸的擴大。

事實上，對於P2P網貸項目的信用評價、客戶管理、資金管理都涉及極為專業的金融管理能力與分析能力，而不是僅僅精通網路技術的幾個小網蟲就可以設想出來的一個簡單的資訊交換的網路中介。如果P2P網貸公司僅僅把自己定位為類似於房屋中介這樣的資訊中介的角色，而不對所有網貸項目的真實性、營運的安全性進行細緻的考核與評價，不僅難以實現自身的發展，贏得客戶的信賴，甚至將會把自己推向法律訴訟的被告台。

正是由於太多的本不具有金融分析與管理能力的個人與企業盲目地進入P2P網貸領域，導致P2P網貸跑路成風，反而進一步刺激了利用P2P網貸行騙的犯罪行為。的確，在很多P2P網貸平台的營運人看來，即使他們正規地營運這些P2P網貸機構，也會出現大量借貸錢款無法收回的現象。與其把錢款讓其他人騙去，不如留著自己大肆花費，好好享受生活。

在很多以P2P為借口的網路詐騙過程中，其實並沒有實現真正的P2P網貸資本的運作，也不存在資本的需求方，更不存在通常的P2P網貸所關注的對於網貸借款人的信用評級、借款利率的競爭性報價、借款項目的後續管理以及借款資金及利息的回收等關鍵步驟。事實上，正是由於這些營運人不具備規範化地營運P2P的能力，才會選擇以此來作為詐騙的手段。中國P2P市場的魚龍混雜、真假難辨，特別是投資者對P2P營運模式的不瞭解，進一步加劇了這種P2P網路騙局。

當然，誘使P2P網路騙局大量出現的一個重要原因就是，即使很多P2P網貸平台其本意是好好營運P2P網貸項目，然而，由於很多在它們看來擁有雄厚的資金實力且擁有充實的還款能力的借款人在借到錢款後，卻以各種理由拒絕還款，最終告上法庭，花費巨額的司法成本，通過長時間的法律訴訟之後，P2P網貸平台即使贏了官司，也很容易陷入執行難、收回錢款難的困境，因此，最終P2P投資項目壞帳率的持續上升，使得這些擁有營運好P2P網貸項目的雄心壯志的P2P網貸平台，最終也因回天無力而落得個以失敗收場。

信用建設是導致中外P2P發展差異的關鍵因素

與中國相反，藉助於次貸危機重挫銀行體系的契機，近年來，歐美各國的P2P網貸獲得了飛速發展。從早期的市場領導者Prosper和Zopa到後起之秀Lending Club的網貸規模的迅速擴張，更是讓它們贏得了包括谷歌在內的眾多投資者的注資，正在處於快速發展的黃金時期。

其實，想必很多中國的民眾都可以理解P2P網貸發展過程中的這種「橘生淮南則為橘，生於淮北則為枳」的怪異現象。由於中國金融產業發展的滯後，中國仍然沒有建立起完備的個人徵信體系，投資者在做出投資決策的時候，沒有辦法以一種便捷且低廉的方式瞭解投資對象的信用狀況，這當然就增大了P2P網貸的投資信用風險了。

更為重要的是，在金融徵信體系不完善的今天，民眾對於個人信用的漠視已經成為一種普遍的社會現象。當學生以作弊作為考取高分的首要選擇，當商人以偷工減料、非法添加對人體有害物質作為致富法寶，當企業主以不支付工人工資為獲取流動資金的手段，當借款人以不還欠款為佔便宜，當一切看上去那麼不協調的信用違約成為社會的共同選擇時，社會的信用底線已經到達極限。

在歐美國家，每一名公民的任何一項行為都有可能被記入信用檔案，哪怕偶爾的偷逃車票、考試作弊都有可能終生影響自己的就業、信貸，都會給行為人造成無法彌補的損失，那麼每一名公民都會把維護自己的聲譽視為與維護自己的生命一樣重要。當人人都講究信用、注重誠信成為一種普遍的社會風尚時，通過網路手段達成的網路信貸，也將與每個人視同生命的個人誠信緊密聯繫在一起。試想在這樣的機制之下，**P2P**網貸的借款者怎麼敢隨意違約，付出終生的代價僅僅為了換取**P2P**網貸所提供的小額信貸資金呢？

然而，在中國社會中，個人與企業的信用已經被很多人視為一種無用的奢侈品，維護信用需要長期的克制與堅持，而破壞信用，也許只需要一時的衝動。當衝動帶來的信用損壞，僅僅換來輿論的批評，或者少量的經濟處罰，而這些經濟處罰甚至遠低於行為人從破壞信用中所獲得的非法收益，哪怕是最具美德的謙謙君子，也很可能會慢慢演化為漠視信用、損人利己的不法小人。

近年來，在世界市場中一直以嚴格產品標準而為人所知的麥當勞與肯德基，卻在中國屢屢暴出銷售過期食品、衛生環境不達標等負面新聞，而全球最具盛名的零售企業沃爾瑪與家樂福，更屢屢傳來銷售假冒偽劣產品、偷換食品生產日期等醜聞，而其最後的結果也大多以被工商部門罰款數萬元了事。對於這些五百強企業，區區數萬元的罰款根本不是處罰，而更像是一種縱容。這也無怪很多跨國公司被指責在中國執行與國外完全兩套品質標準和營運標準了。

連應該最規範化營運的全球知名企業都不愛惜自身羽毛，屢屢暴出信用風險，中國當前的信用缺位已經可見一斑了。在目前的法律體系之下，對於違反道德與信用的處罰更多流於形式。儘管很多地區開始嘗試公開老賴姓名，禁止老賴乘坐飛機或者進行奢侈性消費，然而，沒有強制性處罰的事實，將導致很多借款行為特別是民間借貸行為中的信用違約成為普遍現象。

在很多國人看來，如果是基於朋友關係的借貸，可能會礙於面子而不容易賴賬，但是，如果是通過網路這種不見面的方式達成的借貸，網路這種虛擬的資訊手段可以說褪去了很多人最後一絲羞恥之心，通過抵賴的方式不歸還借款當然成為一種自然的選擇。

從某種程度而言，在沒有完善的個人信用機制、沒有形成全社會的信用觀的今天，盲目地推行P2P是一種不理智的超前消費，其帶來的風險也就不言而喻了。而真正想要實現P2P的規範化營運和推廣，更需要整個社會層面的信用機制的建立。這不僅是規範中國的商業文化、規範中國社會主義市場經濟營運的必然選擇，更是制約中國P2P的發展。

中國的P2P發展必須依賴於個人信用觀的普遍建立，並不是說看到P2P模式在美國取得了成功，就可以簡單地通過「拿來主義」把它原原本本地照搬到中國來。如果不考慮東西方的文化差異、制度差異，這樣的照搬只能是邯鄲學步，空遺人以笑柄罷了。

規範P2P的准入門檻

P2P網貸應注重企業自有資金率限制

中國的P2P發展陷入誤區的一個重要表現就在於，藉助P2P手段，實施金融詐騙成為一種普遍的選擇。當前中國的P2P網貸市場早已陷入了騙子滿街跑的尷尬境地。

儘管網路經濟崇尚的是自由主義和公平主義精神，但很多國家，包括中國，都逐漸接受了「法無禁止即可為」的原則，從而為網路的創新精神提供了最有力的制度保障。然而，互聯網金融畢竟也是金融產業的一部份，即使是完全市場化營運的美國，金融產業也並不是所有人都可以參與分一杯羹的自由田。我們很難設想，在華爾街乞討過日的某一名流浪漢，某一天突發奇想，就自己創辦了一家銀行，然後大量吸收民眾儲蓄，發放貸款，從此過上富足的銀行家的生活。

早在一九八三年，由國際清算銀行主導制定的《巴塞爾協議》中就已經嚴格限定了商業銀行的自有資本比率。也就是說，你如果沒有真正屬於自己的資本，光想空手套白狼，在金融領域是吃不開的。按《巴塞爾協議》規定的百分之八的自有資本比率，如果你擁有八萬元自有資本並開了一家銀行，那麼你的存貸款的最大業務量只能是一百萬元。儘管你也可能從這一百萬元資本借貸中獲得一定的利差收益，但是你的整體利潤率也就被嚴格限定了。

當然，如果沒有《巴塞爾協議》對自有資本的限制，假設你擁有一萬元自有資本，最後實現了一百萬元資金借貸業務，那麼其中如果發生百分之一的信用違約，那麼你虧損的其實就已經不是你自己的錢，而是眾多儲戶存在你的銀行的錢了。當然，如果你有一萬元自有資本，卻硬要做一千萬元甚至更多的借貸業務，那麼賺的錢當然都是你的，賠錢的時候，你只有一萬元錢賠，剩下的可都賠的是儲戶的錢了。在這樣的模式下，銀行或者其他金融機構當然更加願意選擇一些激進的投資方式，要麼賺大錢，要麼賠大錢。由於賠的不是自己的錢，最終極易造成整個金融市場的振盪。這也正是《巴塞爾協議》出爐的基本初衷。

儘管在很多人看來，P2P網貸平台更像一個金融中介機構，而非傳統意義上的銀行金融機構，然而，從基本操作思維來看，它們都是採用從社會籌集資本，然後以更高的利息把資金投放出去，從中獲取利差的營運模式。從這個方面來說，如果僅僅把它視為一個網路企業，而對其根本不設置門檻，至少不設置自有資金門檻，顯然是不合適的。

從某種意義來說，我們可以把P2P網貸市場的開放，視為在網路領域對中國的銀行市場化改革的推進，那麼，P2P網貸在當前的中國金融領域，其實仍然是對傳統銀行體系的一個補充，甚至是替代。如果至少規定其資金准入門檻，限定其自有資金比率，起碼可以最大限度地減少P2P網貸中的投機心理，減少對投資者的毫無意義的浪費與激進投資。

P2P發展的新定位

與其把**P2P**視為銀行的替代，不如把它視為對於小額信貸公司的替代。因此，一般而言，借貸金額相對較高的大筆貸款業務，仍然只會由傳統的銀行機構來提供，進入**P2P**網貸市場的，通常是無法從正規途徑獲取銀行借貸資本的小微企業與個人消費者。而事實上，在很多城市，一些小額信貸公司，特別是消費信貸公司、典當公司，已經在開發這部份市場資源的道路上進行了很多嘗試。**P2P**網貸的形成，只是通過引入網路手段，進一步簡化小額貸款的流程，為客戶提供差異化的貸款選擇。

當然，如果按當前中國商業社會慣行的潛規則，只需要短期拆入一個相對大的金額作為註冊資本，就可以算作企業的自有資本，而註冊成功後，所謂的自有資本又迅速消失於無形，那麼對於**P2P**企業的自有資金的考核將只是流於形式，而沒有任何實質性意義。

各地的金融監管部門，特別是銀監會，應該承擔起對**P2P**企業的註冊資格的審核，特別需要關注它們的財務狀況，尤其是流動性資金的走向，防範**P2P**企業挪用網貸平台資金的現象的出現，並對**P2P**企業的自有資本與業務規模的合理比例進行適時監控，以防範信用風險的存在。

P2P發展中的中國道路

在當前中國信用體系尚沒有完全建立的情況下，完全照搬歐美模式組建純網路營運的P2P網貸平台，必然會誘使P2P企業的信用違約行為。在中國模式下，P2P更適宜於組建線上線下兩線前進的集團化營運模式。首先，把組建P2P網貸平台的自由，交由具有一定資金規模的現有大企業集團承擔。當P2P依托於一個相對較大的企業集團之後，一來它的資本營運就可以擁有足以充當信用擔保的經濟價值，可以最大限度地消除投資者對其的顧慮。二來當P2P企業擁有一個相對龐大的企業集團作為後援時，它發生信用違約的可能性將會極大地降低。事實上，正如很多人看到的，發生信用違約、造成信貸欺詐的P2P網貸平台，絕大多數都是由一些小資本投資組建的。正是由於其投資規模不大，它發生信用違約可能造成的自身損失將非常有限，相對而言，企業能夠從信用違約中獲取的收益卻是一個更為龐大的數字。

因此，中國的P2P網貸的發展，不應該學習歐美，純粹作為一個網路產業而任其自由發展，而更多應該在金融監管部門的嚴格監管之下，由一些現有的大企業特別是網路大企業，比如網路商城、門戶網站等具有較大知名度且擁有較長發展歷史的專業性網站，或者由現有的一些擁有經濟實體的小額貸款公司等小型金融機構，承擔起在中國發展P2P的責任。

必須強調的是，在中國之所以P2P網貸欺詐現象層出不窮，一個很重要的原因就在於P2P網貸資金與網貸平台的自有資金帳戶的混淆。如果P2P網貸平台的投資者選定投資項目之後，需要把自己的投資資金投入P2P網貸企業的企業帳戶甚至企業負責人的個人帳戶，其收回投資也是通過這些企業帳戶或者個人帳戶進行，那麼屬於P2P網貸企業的自有資本與接受的外部投資資本其實就被混淆在一起管理了。而實際上，在P2P網貸過程中，網貸平台更多扮演的是金融中介的角色。從身份上而言，其是不應該接觸客戶資金的，以免過於巨額的客戶投資注入企業帳戶之後，成為企業事實上可以自主支配的資金，也就很容易誘使企業挪用、非法佔用客戶投資資金，增大P2P網貸平台的營運風險。

事實上，就是在歐美國家的P2P網貸發展過程中，網貸平台的自有資金帳戶與客戶的投資資本帳戶通常也是嚴格區分開來的。來源於企業外部的客戶的投資資本是出於追求更高的投資收益而通過P2P網貸平台投向其選擇的投資項目，而非直接投向網貸平台，因此按照正規管理程式，這些外部投資資金通常應該保存於專門的第三方支付平台，由第三方支付平台負責對這些投資資金按其選擇的投向，投向不同的具體投資項目，並由此保證其投資的獨立性和自主性。

之所以在中國的P2P網貸產業發展過程中，騙子金融公司遍地，正是由於網貸企業自身資金與網貸資本可以存放在一個帳戶中。事實上，歐美國家的P2P之所以能夠健康發展，不僅是由於它們的發展有著信用社會的支撐，有著強勁的網路經濟的支持，更是由於它們有著設計科學的管理制度的約束。

當權力處於沒有監督管理的自由放縱的狀態時，當決策者的決策行為可以隨意決定數萬元甚至更多的資金的流轉，可以直接決定其他決策人的經濟利益時，在利益的驅使下，追求經濟利益最大化的經濟人總會尋找對自己最有利的決策選擇。然而，這樣的逐利行為有時卻是在傷害他人利益的基礎上達成的，因此，市場經濟的運作必然不能缺少完善的制度的約束。

對於金融市場發展尚不成熟的中國而言，P2P網貸是一個新鮮事物，因此，在很多時候，它們也經常在監管的真空之下，自由自主地發展。特別是對於社會信用水準尚未極大提升的當前中國而言，這種自由放任並不是網路經濟所鼓吹的自由發展或者鼓勵創新，而更多地是放縱犯罪。因此，如果想使中國的P2P網貸走出今日的泥潭，加強主管部門的監管與考核將是關鍵之中的關鍵。

完善P2P網貸的運作制度

信用體制建設是發展P2P的基石

其實，中國的P2P網貸並不完全是由一些心懷叵測的不法企業營運的。的確也有相當大一部份企業，出於對外國的P2P網貸模式的欣賞，胸懷改變當前中國金融格式的夢想，而努力進行著打造一個網路化的未來金融帝國的嘗試。然而，當真正投入P2P網貸行業之後，這些企業才發現對網貸項目的客戶的信用水準進行評估，對所有正在進行的網貸項目實現全流程的監控，以及完成網貸項目之後，網貸資本的回收，都是一項極為艱難的工作。在這個過程中，只要有一個環節出現問題，P2P企業的營運就有可能由此陷入困境，甚至淪落到跑路走人或者破產清算的悲慘結局。

當然，解決上述一切問題的關鍵在於建立起完整而發達的社會信用體制。如果對於任意一個希望通過網貸項目從自己處獲得信貸支持的P2P網貸企業而言，都可隨時、隨地地調用相關行為人的信用檔案，通過對相關行為人之前信用狀況的統計、考核和評估，自然可以建立起一整套完整的信貸風險預判和監測體系，借此最大限度地控制P2P網貸項目的信用風險。

在信用紀錄被視同生命般重要的歐美國家，每一名公民自一出生就擁有一個獨有的社會保障號，並在此之上，附註著一生中各種信用紀錄，小到過馬路闖紅燈、乘坐公共交通工具逃票、考試作弊，大到各種信用違約、商業欺詐以及犯罪紀錄。所有被認為能夠反映該行為人的信用紀錄的事件都將被永久性地記錄其中，而且這些信用紀錄並不是被保存於警察局、聯邦調查局、美國聯準會這樣的政府機構的層層資料櫃中，而是對全體公民都完全開放的。每一名公民都可以輕易地調閱他人的信用紀錄，因此，在進行商業合約洽談、經濟協作、工作招聘，甚至交友、結婚等行為之前，很多人已經習慣調閱對手的信用紀錄，以求瞭解其信用狀況。

當一名行為人由於個人錯誤導致自己的信用紀錄被記入一筆負面紀錄之後，他可能需要用一生時間對其承擔責任。特別是如果發生過一些相對嚴重的信用違約之後，該行為人可能一生都不再可能申請到貸款，找不到理想的工作，甚至自己創業開公司都不可能接到大的合約訂單。正是由於這種信用紀錄的普遍性和公開性，反而導致每一個人都不敢隨意地違約，哪怕是通過網路這樣的虛幻的交易方式所形成的資金借貸關係。

正由於此，在歐美國家的**P2P**網貸發展過程中，**P2P**網貸平台只需要調閱貸款申請人的信用紀錄，就可以相對容易且低成本地對貸款給該申請人的信用風險做出簡單的評價，並由此推動眾多**P2P**網貸項目的順利開展。

中國式P2P的區域化發展道路

在中國由於並不存在完備的信用檔案的支持，對P2P網貸項目的信用風險的考核只能建立在網貸平台對貸款申請者的信用調查和評估上。如果仍然倣傚歐美國家，採用完全建立於虛幻的網路平台之上的全國性的P2P網貸平台的營運模式，只會導致P2P網貸對於貸款申請者的調查，要麼只能流於形式，不能深入下去，要麼就會由於地理空間的限制，出現調查週期漫長、調查成本迅速增長等問題。這些都會完全與P2P網貸的自由性和便捷性的設計原則相悖，從而使得相應的網貸平台的發展陷入困境。

也正因為此，中國的P2P網貸不應該只擁有網路一個媒介與平台，而是應該選擇虛實結合，網路與經濟實體同步建設，同步發展。同時，其發展的視角，至少是網貸項目的選擇不應該基於全國性，而應更多地從地理位置或者行業的集中度考慮，選擇一些地域性項目，如偏重於某省或者某兩三個省市的項目，或者僅僅選擇比如煤炭行業、紡織行業等營運單位相對熟悉的領域的貸款申請者來參與網貸項目。

之所以強調在網路層面之外，同步建設實體信貸平台，一方面是因為這樣做可以擴大P2P網貸平台的資產規模，消除投資者對其自身信用狀況的擔憂，增強其在市場中的競爭力，而另一方面，由於如果要保證網貸項目的資金安全，P2P網貸平台需要對貸款申請人的資信狀況及還款能力進行實地考察，而實體平台比純粹的虛幻的網路平台更加適於營運客戶調查、客戶管理以及借貸資本的回收等日常性事務。

從某種意義來說，在中國，**P2P**網貸的發展需要兩條腿走路：網路網貸平台的建設，用於借貸項目的發佈、借貸資本的籌集與償還；而實體信貸平台則需要更多地專注於網貸項目背後的一些實際性日常事務，如客戶資信調查、信用報告發佈、客戶管理等工作。通過雙軌發展，實現線上線下工作的有機對接，提升網貸項目的資金營運安全，將成為推進中國的**P2P**產業健康發展的有效武器。

同樣，也正是考慮到對貸款申請人的信用狀況的實地信用調查的煩瑣性，如果在**P2P**網貸平台建設之初就將其定位為全國性或者全行業的網貸平台，那麼可能網貸平台身處北京卻需要對新疆的網貸申請項目進行評估，這不僅會極大地增加對申請人實地信用調查的時間和金錢的花費，影響網貸項目的經濟效益，更容易由於資訊的不對稱、不透明而造成實地調查卻沒能瞭解到貸款申請人的真實情況，從而出現被其欺騙蒙蔽的現象。為了提升**P2P**網貸的營運效率，特別是提升實地信用評價的準確度，降低信用調查的營運成本，採取收縮營運範圍的方式將會更為有效。

其實，在阿里巴巴的互聯網金融的發展過程中，它的阿里小貸在相當長一段時間內所選擇的發放貸款的範圍僅僅局限於浙江一省境內。可以想像，以阿里巴巴在互聯網金融領域中的江湖地位，它在開發網路信貸業務時都不敢直接選擇接受全國範圍的貸款申請，而是將貸款人局限於其總部所在的浙江省內，其用意已經不言自明了。

事實上，上述阿里小貸與現實生活中火爆發展的**P2P**有著極大的相似之處。當然，阿里小貸發放貸款利用的是自有資金，因此就省去了在網路上發佈借款資訊和信用評估、接受投資人的投資申請的步驟。也正因為使用的全是自己的資金，如果出現信用風險，發生損失的將是阿里巴巴自己的資金，這更導致阿里小貸在進行客戶的貸款資格審查時需要特別小心謹慎。阿里小貸與**P2P**網貸最大的相似之處就在於通過網路媒介，接受客戶的貸款申請，並通過網路手段進行審核與貸款的發放。當然，在所有看似簡單的線上工作之外，線下的客戶信用調查與評估更是決定其信用風險的關鍵所在。

如果把發放貸款的領域集中於一個相對狹小的領域，比如類似於阿里小貸的一省範圍，或者是**P2P**網貸平台所熟悉的某一個行業領域，網貸平台就可能會更瞭解向其提出貸款申請的客戶情況。對一些知根知底的優質客戶，**P2P**網貸平台甚至可以倣傚實體的銀行給予它們一定額度的信用授信，在信用授信範圍內的信貸申請免於信用調查，可以作為推薦項目直接在網貸平台上發佈。即使對一些不太熟悉的新客戶，網貸平台一方面既可以進行現場實地調查，另一方面如果在貸款申請者的業務夥伴中擁有網貸平台熟悉的優質客戶，那麼網貸平台也可以從其信任的優質客戶處曲線調查瞭解對方的信用狀況，這也許比到相應貸款申請者處進行實地調查效果更好。通過收縮信貸範圍，將其集中於網貸平台更熟悉的範圍之內，將能更有效地提升網貸平台網貸發佈與運作的效率。

P2P的未來發展

當然，並不是說P2P網貸就不能發展為全國性的資金信貸平台，只是至少在當前P2P網貸已經深陷信用危機之際，仍然激進地盲目提出發展全國性綜合網路信貸平台並不現實。對於一些原來只是集中於某一區域或者某一領域的P2P網貸平台而言，如果前期營運得當、發展迅速，完全可以再將其業務擴充到其他區域。但是，它們仍然不適宜在統一的業務管理之下，簡單地進行業務擴張，而是更加適宜像銀行在其他地區開設分行一樣，成立專門的信貸機構以在新的領域、新的區域開展新的信貸活動，由其完全專注於這一新領域的信貸活動的開展。

當某一P2P網貸企業通過長期的發展形成覆蓋全國的信貸網路之後，它將形成在統一的行政管理之下，活躍在不同區域、不同領域的多個獨立營運的P2P網貸分支，各個P2P網貸分支僅專注於在本領域或者本區域的信貸審核、管理與發放，而不能滲透到其他網貸分支的業務範圍。而在統一的行政管理中樞的領導下，不同的P2P網貸分支又可以實現資金、人員等資源的統一調配和協調管理。

在上述模式下營運的P2P網貸，必將演化為通過網路媒介開展業務的新型銀行體系的建設。它需要對信貸發放領域的專注，講求營運效率的提升，需要實現資源的共享與協調，這將帶來更為健康、穩定發展的P2P。

事實上，由於P2P網貸中的信用欺詐的大量出現，P2P在中國已經演化為金融騙局的代名詞。如果完全沿用歐美完全網路營運的P2P網貸發展模式，將很難扭轉這種社會偏見，P2P的發展之路也將越走越窄。筆者所設想的網路與實體金融同步建設、線上線下協調發展、從單一領域向更為廣闊的發展領域逐步演進的發展模式，儘管偏重於保守，然而，這卻是重塑民眾對P2P網貸的信任的重要選擇，也只有通過相對保守的穩健營運的發展思維，提升P2P網貸項目的安全性，P2P網貸在中國的發展之路才有可能越走越寬。

CHAPTER

16

收放自如：虛擬貨幣的矛盾集合

虛擬貨幣的規模選擇

傳統貨幣政策的弊端

作為當代網路經濟中最成功、也最引人關注的虛擬貨幣，比特幣之所以產生於次貸危機最嚴重的二〇〇八年，興起於歐債危機達到頂峰的二〇一三年，是有著其內在的原因的。正是因為這兩次自二十世紀三〇年代大蕭條以來最嚴重的經濟危機的出現，歐美各國不得不選擇所謂的量化寬鬆貨幣政策，以求向深陷危機的經濟注入資本，刺激經濟發展，緩解危機的衝擊。然而，這些量化寬鬆貨幣政策的一個重要的影響就是削弱了當代全球經濟中最重要的兩種貨幣，也就是美元與歐元的市場地位。這才產生了市場對於一種新型的、不會受任何危機的衝擊、更不會受任何一個國家的經濟政策所左右的貨幣的尋求，而比特幣恰好迎合了這些市場需求，從而獲得了發展的最佳契機。

只要略微懂得一些西方經濟理論的人都可以很容易理解為什麼被西方國家視為挽救經濟的治病良藥的量化寬鬆貨幣政策卻會削弱美元和歐元的市場地位。當危機來臨時，所有人、所有企業都收縮過度。為了防止自己面臨更為嚴峻的經濟形勢，誰都不敢消費，誰也不敢投資，整個國民經濟的需求迅速下滑。可是如果沒有消費，沒有投資，特別是歐美各國在國際貿易領域還是逆差國，那麼，在推動經濟發展的所謂三駕馬車——消費、投資和出口方面，歐美各國其實都已經沒有辦法重新啟動了。

當經濟不能通過自身的調節機制實現平穩運作時，就需要政府採取強有力的政策，給國民經濟打上一記強心針，利用外部刺激來推動中國經濟發展。在危機之中，政府最常採用的只有兩記致命絕招。

政府的第一記絕招叫作燒錢，學名擴張性財政政策。老百姓不是不敢消費，不敢投資嗎，沒事，我們政府負責花錢，由政府加大公共設施建設的力度，增加對民眾的收入的補貼，或者減稅，以此來鼓勵老百姓大膽地花錢，通過政府和民眾大家一起花錢來增加社會總需求。只要商品都賣出去了，工廠就又能開工了，工人就有工作、有工資可拿了，當然經濟就可以恢復發展了。

政府的第二記絕招叫作印錢，也就是通常所說的擴張性貨幣政策，或者說本次危機以來經常所說的量化寬鬆貨幣政策。在危機之中，不僅老百姓沒錢可花，銀行體系內也沒錢，大家就是想從銀行貸點錢出來應應急，也根本貸不到款。那可怎麼辦呢？好辦，只要政府開動印鈔機，拚命地多印些鈔票，再通過央行進入商業銀行體系，讓商業銀行把這些增量資金貸出去，這樣，民眾貸到錢之後，手上就又有錢了，又可以盡情地消費、投資、享受生活了。

然而，印鈔票並不是好事。不是說政府只要沒錢了，那就印些鈔票，手上就有錢了，什麼財政赤字問題也就可以解決了。問題可不是那麼簡單。當政府增加鈔票發行時，整個社會的經濟領域流通的貨幣就多了。如果社會財富沒有增加，那麼貨幣增加的結果不是推動財富增長或者收入增長，而是稀釋了社會財富，通過物價的變動，導致了貨幣購買力的貶值。比如說，在社會財富沒有發生變化的情況下，假設政府印刷的鈔票增加了一倍，那就意味著現在兩塊錢只能當一塊錢用了。

事實上，現在全球流通的貨幣基本上都是紙幣，而紙幣的真實印刷成本可比這一張張紙幣實際代表的價值要小得多。因此，在很多國家特別是調節本國經濟的能力相對有限的發展中國家看來，為解決本國經濟發展的困難，最簡單的辦法就是印鈔票。通過印鈔票來增加政府的資金實力，稀釋政府的債務負擔，從貨幣擴張中獲得大量收益。這就是為什麼二〇一〇年以後，非洲的辛巴威會出現惡性通貨膨脹，哪怕鈔票都印到10000億辛巴威元了，可是一張帶有一串0的10000 億元辛巴威鈔票卻只能買到一個麵包。這樣的物價水準，以及由此造成的經濟秩序的混亂就可想而知了。

比特幣確定數量上限的意義

正是由於兩次嚴重的經濟危機迫使政府採用量化寬鬆貨幣政策來應對危機，最終導致貨幣價值的持續貶值，才更引起民眾對政府控制貨幣發行、影響貨幣實際經濟價值的更大關注。也正由於此，比特幣在設計過程中特別將其規模鎖定在兩千一百萬枚的上限範圍。

對於全球經濟中的比特幣的支持者而言，擁有規模上限的比特幣，無疑可以消除以往的濫發紙幣所造成的通貨膨脹。從這個方面而言，發行規模自動鎖定恰恰成為比特幣的價值得到世界各國民眾認可的最大保障。至少因為流通規模的自動限定，比特幣將永遠不可能出現價值稀釋，只會因為認可度的持續上升造成國際市場需求的提升，從而出現比特幣價值的穩步提升。這也讓更多人把它視為價值投資或者保值增值的重要工具。

然而，真正限制比特幣成為真正的全球貨幣的最大障礙也正在於其規模的自動鎖定機制。可以想像，既然比特幣的數量是有限的，不可能隨著社會需求的增長而出現供給的增長，那麼，如果它真的成為世界貨幣，其價值能夠得到世界各國人民的普遍認可並被廣泛應用到商業交易之中，則必然會由於其稀缺性導致其價值的持續上升。在這樣的機制下，作為比特幣的持有者，與其把這種稀缺的經濟資源作為貨幣花費出去，因此喪失其所有權，以及這種所有權可能帶來的潛在的巨大價值增值，不如囤積居奇，長期持有比特幣而等待其價值上升。

比特幣中的貨幣理論

如果所有比特幣玩家都擁有相同的想法，都把比特幣作為一種價值投資手段而長期持有下去，不拿它作為交易所使用的貨幣支付出去，長期以來，必然導致比特幣大量流出流通領域，流通領域的比特幣供給迅速減少，以至根本不可能再充當起交易媒介和價值尺度的貨幣職能。

無論如何，即使是虛擬貨幣，其真正的價值也只有在當作貨幣，在實際的經濟交易過程中充當價值尺度或者流通手段才能體現出來。把貨幣作為一種價值儲藏手段固然也是貨幣的一個附加屬性，然而，這種價值儲藏更多是為了實現買賣交易的脫離，為了便捷現代商品交易而存在。比如，在原始社會尚沒有貨幣存在時，當一個人使用山羊換得其他人的大米時，在這種以物易物的商品交換過程中，交易者出售山羊與購買大米是同時進行的，是不可能分離的。然而，在貨幣產生之後，交易者完全可以先出售山羊來獲得一定的貨幣，然後他可以隨意決定購買大米的時間，此時商品交易中的買和賣就可以完全分離了。如果交易者出售山羊得到一個金幣，而他一個月以後可以使用這一個金幣購買到五袋大米，那是因為金幣擁有價值儲藏的職能，它在一個月之後的購買力水準與一個月之前不會有太大的變化，其價值是穩定的。因此，當行為人持有貨幣的時候，它其實就獲得了一種便捷的儲藏自身的經濟價值的手段，而這種價值儲藏的手段恰恰是源於它被作為貨幣。可是，隨時作為流通手段而應用到任何商品交易過程中並不是貨幣最關鍵的基本職能，而只能屬於由其流通手段職能衍生出來的附加職能。

比特幣的確擁有普通貨幣所擁有的各種貨幣屬性。它可以充當流通手段，在商品交易過程中扮演交易媒介的角色。比特幣的交易者也可以用比特幣來代表一定的經濟價值，從而賦予它價值尺度的職能。如果你擁有比特幣後，暫時不願意使用，也可以先持有它，等待以後在其他交易中再使用它，它的經濟價值也會保持不變，因此它也擁有價值儲藏的職能。

比特幣數量限制的問題

由於比特幣自身的數量限制，這反而大大地制約了其在現實經濟中的應用。儘管比特幣交易基本已經得到世界各國政府的默許，但它仍然只能作為少數網路玩家所追捧的小眾流通手段。即使如此，當其得到市場關注之後，在短短不到一年時間內，其價值就從二三十美元上漲到一千美元。可以想像，如果它真的能夠取代美元、歐元成為當今世界的關鍵貨幣，且其價值得到全球所有民眾的認可，其價值至少還將翻十倍以上。其不斷飆升的價值預期，一方面將繼續刺激持有者囤積居奇的想法，限制比特幣進入流通領域的數量，而另一方面，比特幣供應的不足，又將進一步提升其市場價值，而它不斷上升的價值，又將限制其在小額經濟交易中的使用。

當然，現有比特幣的兩個巧妙的設計，可以在很大程度上延遲上述現象的出現。首先，比特幣擁有最完美的價值分拆機制。正如古代大金元寶可以熔解為小金塊或者小金豆進行小額交易一樣，比特幣提供了最多可以分拆為一億分之一枚比特幣的最小的交易單位。這就意味著即使一枚比特幣的價值被炒作到了一億美元，它仍然可以進行最小單位為一美元的商品交易。據此推算，兩千一百萬枚比特幣的數量限制，如果只要滿足最低一美元的商品交易，那麼其總價值規模上限就可以達到兩千一百萬美元，這可以很大限度地滿足當前的絕大多數經濟交易的需要。然而，如果每一次交易都只使用一種貨幣的一億分之幾或者一千萬分之幾個單位，那麼這種交易單位的複雜程度就足以嚇退大多數使用者了。假如比特幣真的被應用到現實的商業領域，那麼我們就會發現，超市中幾乎每一種商品的價格標籤上都是小數點後一串0，對於消費者識別商品價格、計算交易金額都會帶來很大的不便，而這種不便也將阻礙比特幣在現實中的使用。

第二個巧妙的設計是比特幣的挖礦機制。儘管比特幣的上限是兩千一百萬枚，但它不是自一開始就把所有的比特幣全部推向市場，而是先少量投入流通，通過對於每一筆交易的自動網路驗證，而自動生成新的比特幣。也就是說，在它的價值被廣泛認可、大量比特幣交易進入網路之後，它的自動網路驗證機制將會生出更多的比特幣，用來滿足更大的市場需求。這就是比特幣玩家中所流行的挖礦機制。即使比特幣已經被世界各國玩家大量接受，但是目前所挖出的比特幣的總量僅有一千萬枚，而預期兩千一百萬枚的規模上限將在一百多年之後的二一四〇年才能達到。

由於挖礦機制的存在，比特幣在流通過程中並不是像很多人想像的那樣，是完全沒有彈性、不能自動調節的。當需要的人多了，比特幣交易多了，比特幣網路驗證當然也就會多起來，以此可以創造出更多的比特幣參與經濟流通。當然，由於參與挖礦的礦工也多了，每一名礦工能通過挖礦獲得的比特幣的數量將是持續下降的。正是通過這樣的自動調節機制，才能保證比特幣的數量與社會需求保持相對一致，既能夠滿足社會市場需要，又可以保證比特幣的價值。

然而，如果我們能夠理解金屬貨幣為什麼退出流通，也許我們將更容易理解比特幣的未來。大家都知道，在一百多年之前，世界各國還是普遍以金幣、銀元等作為流通貨幣。儘管同時各國也在發行紙幣，但是在很長一段時間內，紙幣只是代表金屬貨幣充當交易的媒介，其價值仍然是由政府所規定的紙幣的含金量所表示。可是為什麼，現在除了少數紀念幣或者輔幣外，金屬貨幣已經基本退出了流通領域呢？

答案很簡單，因為金屬貨幣的供應需要受這些金銀礦藏數量的限制，已經無法滿足持續發展的全球經濟的需要了。如果還是使用金屬貨幣作為交易媒介，必然會在全球經濟中廣泛出現錢荒與銀荒，反而會阻礙現代經濟的發展。

馬克思曾說過，資本主義產生以來，在短短一百年內，創造了超過此前歷史的社會財富。而事實上，現代的經濟規模比起資本主義剛剛誕生的最初一百年，更是天壤之別了。儘管經濟規模可能已經擴張了數百倍、數千倍，而金、銀等貴重金屬的開採規模比起數百年前卻沒有太大的增長。事實上，僅僅中國的接近四兆美元的外匯儲備規模已經遠超人類歷史以來的黃金開採總量。如果還是以黃金或者白銀作為價值尺度，這些貴金屬的實物供給的限制，必然會導致流通中由於缺乏貨幣，很多商品交易無法進行下去，最終阻礙社會經濟的發展。

就目前而言，比特幣的數量限制並不會使得它的價值飆升上天，也不會阻礙其在一些愛好者之間充當商品交易的價值尺度，如比特幣咖啡館、比特幣捐助等更是成為一種時尚的代表。然而，由於社會經濟的飛速發展，現代中國的經濟規模比起三十年前改革開放之初已經不知道擴大了多少倍。如果放眼以後的一百年、一千年，也許我們後人所能夠創造的財富更是我們現代人所無法想像的。因此，擁有兩千一百萬枚絕對數量限制的比特幣，即使能夠滿足當前的經濟需求，它能夠永久地滿足人類的交易需求嗎？它能夠在一百年抑或一千年之後，仍然擁有足夠的流通性，保證經濟交易的順利完成嗎？

虛擬貨幣的流通規律

事實上，虛擬貨幣的產生更應該得益於網路經濟的發展。在現代生活中，藉助於第三方支付和行動支付手段，包括很多人習慣使用的信用卡的廣泛使用，我們使用真實貨幣進行經濟交易的機會其實越來越少了。在很多時候，我們所看中的只是現實貨幣的價值尺度功能，只是依賴這些真實貨幣為各種琳琅滿目的商品執行定價職能，而交易與結算被更多地賦予了網路手段。這也使得基於網路機制創造出新的虛擬貨幣成為可能。

我們所熟悉的虛擬貨幣是由一些經濟主體所推出的，僅在本企業內部可以充當交易或結算工具，可以替代真實貨幣進行交易的企業內部虛擬貨幣。大家相對熟悉的有阿里巴巴的支付寶「集分寶」、騰訊「Q幣」、盛大魔獸「世界金幣」等。這些虛擬貨幣的發行與投放往往取決於企業自身的經營戰略選擇，從某種程度來說，它們的發行其實更多是源於人為的決策。

正如西方經濟學的最基本的假設條件所言，人總是理性人、經濟人，總會在經濟決策中最大限度地維護自己的利益。這也導致人為控制的虛擬貨幣的發行，無法避免過於濫發所導致的價值貶值，這恰恰是民眾對虛擬貨幣最大的顧慮所在。

從某種意義來說，之所以是比特幣而不是Q幣成為世界各國所公認的虛擬貨幣，正是由於人們對於人為控制機制的不信任，而更多地寄希望於自動調節、自發控制的非人為機制。從這個方面來說，比特幣的規模限制，不會受人為影響，這恰恰是比特幣最大的優點。

然而，正如本書所深入分析的那樣，這種絕對的規模限制更加容易導致這種貨幣供給的缺乏彈性，使得貨幣供給與經濟發展出現明顯的脫節，反而制約了這種貨幣的普及與發展，也成為比特幣「阿基里斯之踵」。

虛擬貨幣體系的構建

其實，在虛擬貨幣的發展過程中，倣傚以往的布列敦森林體系（Bretton Woods system），構建起一整套新型的虛擬貨幣體系似乎更為理性。可能很多熟悉世界經濟的人都知道，在第二次世界大戰結束之後，美國為了領導戰後的世界經濟格局，四十四個國家在美國的布列敦森林開會，並通過了美國所提出的布列敦森林體系方案，確定了戰後三十年的全球經濟格局，也就是布列敦森林體系。

簡單地理解，布列敦森林體系就是要確定美元在全球經濟中的關鍵貨幣地位，它規定美元的含金量，以及明確一盎司黃金等於三十五美元的固定兌換關係，規定美元對黃金是可承兌的。也就是說，你拿黃金來，我就按這一比例給你美元；同樣，你要是給我美元，我也承諾按相同的比例出售黃金給你。這樣，美元就成為黃金價值的唯一標準，而其他貨幣只是規定含金量，規定與美元的匯率。這樣，就確立了黃金—美元—其他貨幣的全球金融格局，美元成為連接起其他貨幣與黃金的價值標準。這樣的機制，直到二十世紀七〇年代的兩次石油危機導致美國沒有能力繼續保持美元與黃金的穩定兌換關係，才最終被打破。

由於虛擬經濟的發展，貨幣的交易媒介和價值儲藏職能已經被大大弱化，然而，其價值尺度的職能仍然在現代經濟中發揮巨大作用。那麼，虛擬貨幣的推出就不應該高調地希望在所有層面上替代現有貨幣的經濟作用和經濟價值，虛擬貨幣的推出完全可以在貨幣職能被弱化的交易媒介和價值儲藏領域做文章。

就好像在布列敦森林體系中，除美元之外的其他貨幣必須綁定在美元之上以體現其自身價值一樣，虛擬貨幣在制定之初，如果能夠倣傚布列敦森林體系的機制，把其自身嚴格地綁定在某一關鍵貨幣或者流通領域的主要貨幣之上，保證其價值的穩定，那麼就可以用這些被綁定的貨幣的價值來保證虛擬貨幣的價值穩定。無論是像比特幣這樣的自動流通機制，還是像Q幣這樣的人為發行機制，只要保證虛擬貨幣與所綁定貨幣的價值的穩定兌換關係，那麼貨幣的發行規模其實就可以實現自動調節。當虛擬貨幣不足、流通中對虛擬貨幣的需求上升時，要保證這種穩定的兌換關係，必然需要引入新的虛擬貨幣。同樣，如果虛擬貨幣過多，其價值呈現出下降的趨勢，為了保證它與所綁定貨幣的穩定兌換關係，又需要回收一部份虛擬貨幣。通過這樣的自動調節機制，也是可以保證虛擬貨幣的價值穩定的。

只要虛擬貨幣的價值穩定，民眾對其價值擁有強大的信心，那麼，在網路經濟中，它完全可以替代真實貨幣，而充當起交易媒介和價值儲藏的職能。從這方面來說，支付寶集分寶已經很好地證明了這一點。當一個集分寶被明確地鎖定為一分錢時，支付寶用戶當然樂於接受集分寶作為價值的代表，用於現實的經濟交易中。

但是，如果虛擬貨幣僅僅定位於替代傳統真實的貨幣的角色，那麼，對於消費者而言，既然我既可以使用真實貨幣進行經濟交易，也可以使用虛擬貨幣，即使使用虛擬貨幣，也只是替代真實貨幣交易，那麼我為什麼還要不怕麻煩地使用虛擬貨幣呢？我乾脆就使用真實貨幣豈不更好？

如果只是保證虛擬貨幣與真實貨幣的兌換關係，那麼虛擬貨幣永遠只能作為跟隨者而存在，沒有實現對於真實貨幣的趕超的可能性。要想真正實現虛擬貨幣的發展，就必須在虛擬貨幣的流通中體現出真實貨幣所無法實現的獨特優勢。只有擁有競爭對手所不具備的競爭優勢，虛擬貨幣才有可能在跟隨過程中尋找機會，最終實現對真實貨幣的取而代之。

因此，當前中國的虛擬貨幣發展的最大障礙在於如何創新虛擬貨幣運作機制，保證在經濟交易中，虛擬貨幣能夠比真實貨幣更加便捷，或者在價值儲藏過程中，虛擬貨幣能夠獲得比真實貨幣更高的收益率。而實現這一點的關鍵就在於第三方支付與網路理財的機制創新。也許虛擬貨幣成功的關鍵並不在於虛擬貨幣本身，而在於互聯網金融的整體發展與資源的整合。

誰來推出虛擬貨幣

虛擬貨幣的流通機制

目前，市場上流通的虛擬貨幣主要有兩種機制：一是以比特幣為代表的數位貨幣，它們並沒有真正的發行部門，而只是產生於網路，並通過一種自動生成與自動驗證機制自動地運轉。而另一種機制則更廣為人知，像我們生活中很多超市的積分兌換、手機話費積分兌換、信用卡積分兌換，以及在網路經濟中流動的阿里巴巴支付寶集分寶、騰訊Q幣等等。這些虛擬貨幣往往是建立在特定企業的營運基礎之上，作為該企業營運的一部份而存在。這些虛擬貨幣由這些企業發行，而其自身價值也往往由相應企業規定，並由企業的信用來擔保。

可能相對而言，大家更願意接受第二種虛擬貨幣模式，這也是現實貨幣發行流通的普遍模式。正如我們所看到的，一個國家的貨幣往往是由它的貨幣發行當局所壟斷，比如中國的中國人民銀行、美國聯準會、歐洲央行等，貨幣的價值也是由這些貨幣發行單位背後的國家形象來擔保。

大家可以想像，我們錢包裡的每一張鈔票的真實發行價值其實都遠小於它在經濟交易中所能夠代表的經濟價值，這也是為什麼在任何一個國家假鈔都屢禁不止的原因之所在。之所以我們願意接受由中國人民銀行所發行的鈔票，而不願意接受由一些製造假鈔的犯罪分子在小作坊中製造的偽鈔，原因也正在於，這些鈔票背後是否擁有一個強大的權力或者信用的價值保證。

我們願意接受由政府貨幣發行部門所發行的貨幣，是因為我們相信在鈔票背後的國家權力和政府信用。當政府過度透支政府信用之後，民眾也會喪失對貨幣的信心，這也就導致我們所看到的一些惡性通貨膨脹的產生。而惡性循環又會反過來影響民眾對政府的支持，影響政治局勢的穩定。

同樣的道理，如果發行貨幣的企業擁有強大的市場影響力和巨大的經濟實力，那麼，它所發行的代替真實貨幣進行流通或者充當交易媒介的虛擬貨幣的價值也容易被民眾所接受。人們之所以信任這些貨幣，根本的原因還是在於信任其背後的企業形象和企業實力，因此，實際上是由企業信用來擔保虛擬貨幣。

其實，可能很多人並不知道，在一些市場化營運的國家，曾經貨幣的發行也是完全市場化的，也就是說，我們可以允許很多銀行自行發行貨幣，並由它們來充當社會經濟交易的媒介。我們可以想像，只有那些社會聲譽極好、經濟實力雄厚的銀行才有能力發行貨幣。比如說，我是一個窮光蛋，然後我自己註冊一家銀行，隨便買一台打印機，就可以發行自己銀行的鈔票，那豈不是發財的好辦法？可是，因為你沒有信譽，不會有人接受你所發行的鈔票，那麼你印再多所謂的鈔票，但沒人接受，那也只是製作精美的花紙片而已。

而另一方面，即使一家銀行發行的鈔票被民眾廣為接受，當這個銀行經營陷入困境、出現資不抵債的支付困難時，它自身的信用就將受到重挫。此時，民眾就會自發地選擇出售這家經營困難銀行發行的鈔票，轉而持有經營更加穩健的銀行的鈔票。因此，經過長期的大浪淘沙，即使是一些非國家壟斷貨幣發行權的國家與地區，在這些國家與地區真正流通的貨幣也只是通過激烈的市場競爭之後能夠倖存下來、最具市場聲譽的銀行所發行的鈔票。

同樣的道理，既然代表虛擬貨幣價值的往往是背後的企業信用和企業形象，如果企業營運得當，發展勢頭迅猛，那麼，沒問題，它所發行的虛擬貨幣也會廣為民眾接受。可是如果它的經營陷入困境，那麼更令它感到雪上加霜的就是，大家都不再願意持有它所發行的虛擬貨幣，而選擇在虛擬貨幣的交易市場中將其變現，或者兌換為其他商品。

從這個方面來說，由特定企業所發行的虛擬貨幣，因為背後擁有一個強大的企業形象，它的價值往往更容易判斷，而更容易被民眾所接受。只要企業營運得當，同時虛擬貨幣的發行秩序井然，虛擬貨幣的價值就可以保持穩定，它的流通也會相對順暢。

網路虛擬貨幣的信用基礎

而另一種虛擬貨幣的類型，才是真正產生於網路、發展於網路的真正意義上的虛擬貨幣。它沒有發行單位，沒有價值保證，在很多時候，它只是表現為一種複雜的電腦程式、一種計算機代碼。

它沒有標準的價值參照，沒有具體的應用範圍，可以說完全是一種處於無序狀態下自然生成的網路虛擬貨幣。

保證像比特幣這樣的純粹的虛擬貨幣的流通價值的，只能是用戶對其運作機制的信心。只有用戶認可它交易的安全性、價值的穩定性、結算的便捷性，認同使用它進行一些相關的經濟交易結算將比使用真實貨幣更有優勢，人們才會選擇持有它，並在經濟交易中使用它。

正如前面介紹的那樣，之所以比特幣能夠在網路上贏得越來越多的公眾的認同，完全在於在危機之中，公眾對於傳統的貨幣擴張造成的貨幣購買力下降的政府政策的不認同。而比特幣不僅由於存在著絕對的數量限制的自我限制，從根本上消除了貨幣自產生以來就始終存在的貨幣數量增長帶來的通貨膨脹問題，而且它更在這方面走向了極限，把其發行、價值保證和流通都完全交給了比特幣自身，不允許任何一個個人或者機構對比特幣的產生和流通施加任何影響，倡導一種絕對的自主性和自由性。

比特幣所具有的絕對的自由在很大程度上迎合了網路經濟發展所體現出來的無拘無束的自由主義精神，甚至是無政府主義的精神，從技術層面上贏得了網路從業人員的認同。雖然比特幣最早只是作為眾多網路技術人士之間的小玩具，卻逐漸從實驗室中的技術人士之間，延伸到了更為廣泛的網路世界。

可以毫不誇張地說，除了最早使用比特幣的這些網路技術人員，包括現代經濟中在比特幣市場上可以毫不猶豫、一擲千金、大肆收購比特幣的眾多投資者在內，對比特幣的真正的運作原理並不明瞭。在當前的比特幣市場投資中，瀰漫著濃烈的投機心理，恰恰是比特幣營運的這種無政府主義式的絕對自由，給予了市場對於比特幣的價值的看漲心理。事實上，眾多投資者並不在乎比特幣是不是最為科學、最為合理的虛擬貨幣，也不在乎它是否擁有完善的流通機制，更不在乎它的價值是否擁有完備的信用保證，似乎僅僅不受政府干預這一點就足以使它傲視所有其他貨幣類型，保證其價值的穩定。這可能也源自民眾對貨幣政策被引入經濟學理論體系之後，持續的政府貨幣擴張帶來的貨幣價值縮水的反感或者不信任。然而，這並不能從技術上或者從經濟上解釋比特幣這種爆發式的成功。

畢竟，比特幣的價值完全來自公眾對它未來保持增值的信任，除此之外，它不存在任何的實際經濟價值。從某種意義來說，只要擁有這種信任，哪怕是盲目的迷信活動，無論其信任寄托的只是簡單的一個電腦程式、一張古畫，還是一枚古幣，其結果都一樣。然而，事實上，由於信任的載體並不具有真實的經濟價值，這種信任在很大程度上是虛幻的。一旦它被打破，其價值的下跌則是相當可怕的。

可能很多人都聽說過十五六世紀的荷蘭鬱金香風暴。在這場風暴中，一棵小小的鬱金香球莖的價格一度被炒作到數千金幣，價值相當於當時一個三口之家三四十年的生活費總值。而在這次風暴中，決定鬱金香價格的，恰如比特幣市場一樣，只是一種盲目的信任機制。最後的結果是，當市場缺乏足夠的購買力支撐之後，短短數月之間，鬱金香的價格就跌到了高峰期的數百分之一的低位。

當然，並不意味著對比特幣的投資也是一種絕對的非理性投機，也不代表著比特幣價格可能出現類似於鬱金香的暴漲暴跌。然而，如果事實上由於內在機理的限制，存在著絕對的數量限制的比特幣根本不可能充當起未來的世界貨幣的角色，比特幣身上所寄托的巨大的市場期望落空之後，比特幣的價值也就難以保持了。

與同一時期眾多的其他網路虛擬數據貨幣相比，比特幣的設計中擁有著很多天才的、獨具匠心的巧妙設計，這也是它能夠從數萬種不同類型的虛擬貨幣中脫穎而出，成為唯一得到世界市場認可，能夠在全世界自由流通與交易的貨幣的根本原因。

然而，與現實生活中的紙幣一樣，無論是擁有發行單位的虛擬貨幣，還是像比特幣一樣純粹的自由主義貨幣，它們自身都不擁有真實的價值，決定其價值的只能是民眾對它們的信心。當擁有發行單位時，這種貨幣的信心往往更多地來源於民眾對相關企業、相關經濟主體的營運的信心，特別是對這些經濟主體未來盈利能力與資產價值的信心。而這些經濟主體的未來盈利和現有資產又可以反過來充當這些虛擬貨幣的價值保證。從這方面而言，這種擁有發行單位的虛擬貨幣的價值實際上是更值得信任的。在優勝劣汰的市場機制之下，當發行單位的經營陷入困境時，就會挫傷公眾對其發行的虛擬貨幣的信心，進而影響這些虛擬貨幣的流通，自然而然地就實現了對於劣質企業的虛擬貨幣的自我淘汰。在這樣的競爭機制下，倖存下來的虛擬貨幣將是最為值得信賴的虛擬貨幣。從某種程度來說，這樣的虛擬貨幣的創造機制，也是最值得推崇的虛擬貨幣的產生機制。

與之相對，像比特幣這樣的絕對的自由主義的虛擬貨幣，人們甚至至今都不知道創造比特幣的中本聰是何許人也，它的身世與技術原理都瀰漫著濃濃的神秘感。也許正是這種神秘感支持了比特幣的市場表現，然而，在很大程度上，支持這種純數據貨幣流通的只能是虛幻的信心。在沒有價值保證的前提下，這種信心只能來源於民眾對於相信它可以發展成為未來貨幣，甚至取代美元、歐元在國際金融領域的地位的一種盲目的樂觀信任。如果這種信任無法兌現，那麼它可能會變得一文不值。這種虛幻的貨幣投資固然可能蘊藏著巨大的獲利機遇，然而，其中的風險也是更值得提醒市場關注的。

從比特幣的價格在很短時間內從二三十美元飆升至一千美元，然後迅速下滑至六七百美元，繼而長期盤整來看，市場對比特幣的後期走勢已經明顯出現分歧。這也標誌著推動它一路走高的市場信心已經不再堅定，這也許正是對比特幣這種自由主義虛擬貨幣的風險的一種警示。

虛擬貨幣的價值認同

虛擬貨幣的價值

隨著網路經濟的日益興盛，虛擬貨幣作為互聯網金融的一個重要組成部份，也得到了很多網路企業以及公眾的認可，從而在網路中得到廣泛應用。事實上，伴隨著阿里巴巴和騰訊兩大網路巨頭在第三方支付包括行動支付端的爭奪，二者所推出的具有虛擬貨幣色彩的支付寶集分寶、Q幣、滴滴打車紅包等互聯網金融產品已經廣為中國消費者所認識。

而另一方面，比特幣的異軍突起、其價值的暴漲暴跌更是吸引了眾多的市場關注，包括傳說之中的中國大媽，也開始把投資的目光投向了比特幣投資領域。比特幣作為一種最成功、價值在全球市場得到最廣泛認可的虛擬貨幣，其至尊的江湖地位也無人能撼。

然而，事實上，幾乎所有虛擬貨幣的應用領域都相當有限。即使是號稱得到世界市場廣泛認可的比特幣，它能夠作為交易媒介而應用的範圍也寥寥無幾。儘管一度曾經傳說，在中國有人組建比特幣咖啡廳，有房地產商接受比特幣購房，紅十字會等慈善機構接受比特幣捐贈，甚至筆者曾經看到有新聞報導過，有一對外國夫婦僅僅通過比特幣消費，沒有花費一分錢真實貨幣，就實現了環球旅行。然而，這些新聞似乎炒作的意味更重於其實際意味。如果比特幣真的能夠被廣泛應用於現實生活的經濟交易中，那麼上述事件也就不再成為新聞了。之所以成為新聞，恰恰在於其發生的偶然性與稀少性。

其實，想必活躍在比特幣交易市場中的很多投資者並不清楚比特幣的技術原理，甚至都不知道比特幣是什麼。他們之所以選擇購買比特幣，完全在於他們相信比特幣的價值能夠持續上漲。對於他們而言，只要投資的資產價格可以上漲，能夠給他們帶來投資收益，他們根本不在乎投資的是以電腦數據形式存在的比特幣，還是證券市場的股票，抑或是傳銷市場中的某一更為虛幻的商品或資產。

從很大程度來說，比特幣的交易甚至像擊鼓傳花。其實所有人都不清楚比特幣未來到底是否能夠扮演起未來貨幣的角色，很多人甚至不在乎明年或者十年以後，還是否仍然存在比特幣。對他們來說，真正有意義的是，買入，然後以更高的價格賣出。只要在自己持有比特幣期間，比特幣市場不會發生突發性事件，特別是突發性崩盤，他們就根本不在乎比特幣的未來。

正是在這樣的思想的指導下，很多人的確對比特幣當前的價格走勢擁有強烈的信心。他們的確看不透比特幣未來五年、十年甚至更長時間之後的變化，他們也不清楚在網路虛擬貨幣領域未來到底會出現什麼樣的變化，更多的投資者只關注在自己投資比特幣期間，是否會出現市場變動。

虛擬貨幣價值的認同

作為一種設計精妙的網路虛擬貨幣，比特幣的確擁有很多其他虛擬貨幣難以企及之處，這也就決定著它贏得了包括網路技術人士在內更多的市場認同，從而在商業領域得到更為廣泛的應用。

然而，我們必須看到，即使是前面所介紹的接受比特幣交易的一些商業場所，它們也不是完全依賴於比特幣交易，而只是在現實的貨幣交易之外，特別接受比特幣交易。從某種意義而言，它們只是普通商戶，只是由於經營者對比特幣的營運相對感興趣，認同它的價值，同時，考慮到接受比特幣的巨大的廣告效應，因此大打接受比特幣結算的廣告牌。即使接受比特幣結算，相信這些商家真正接受的比特幣結算的業務佔其全部業務量的比重可能連百分之五都達不到。也許一個咖啡廳一兩個星期才會出現一兩筆使用比特幣結算的咖啡消費，那麼對於經營者而言，即使完全損失了這幾杯咖啡的款項對其也沒有大的影響。然而，接受比特幣結算所帶來的廣告效應，以及其宣傳的噱頭所帶來的談資，對於這家咖啡廳所產生的巨大的潛在經濟效益則是相當巨大的。

事實上，無論是在中國，還是在比特幣交易更為頻繁的美國、日本，接受比特幣的價值、認同比特幣交易的，仍然只是非常少的一部份人，比特幣只能作為一種小眾交易方式而出現在現實的商業社會中，而不是如我們所想像的那樣，可以廣泛應用於現實生活中。

而由具體的經濟主體所創造的虛擬貨幣的流通領域則更為有限，它們往往只能在發行它們的經濟主體的業務範圍內予以使用。比如支付寶集分寶其實就是一種應用相對廣泛的虛擬貨幣，藉助於阿里巴巴所建立的龐大的互聯網金融帝國，它幾乎可以在阿里巴巴的所有互聯網金融的版圖之內起作用，可以用於網路購物，可以用於行動支付，可以用於信用卡還款或者生活繳費。然而，即使作為這種應用最為廣泛的虛擬貨幣，其整個使用仍然僅僅局限於阿里巴巴的版圖之內。

的確，很早就有一些網路企業以Q幣或者支付寶集分寶充當網路獎勵，甚至用這些虛擬貨幣給員工發工資。然而，與上述比特幣的應用一樣，這些都不是主流，並不能代表這些虛擬貨幣的整體市場表現。可以想像，如果一個企業給員工的所有工資都以Q幣或者支付寶集分寶的方式發放，在不存在合法的變現機制的情況下，必然會受到員工的普遍抵制。

虛擬貨幣更應該是一種網路中流通的貨幣

其實，正如前文所提出的觀點一樣，虛擬貨幣本來就不應該直接作為現實貨幣的完全替代者而存在。它產生於網路終端，因此它的最佳使用領域，也應該在網路終端。像比特幣那樣，宣傳在咖啡廳、在購房時使用比特幣，在很大程度上是一種誤導。在現實生活中，虛擬貨幣能否替代真實貨幣而應用於消費結算？得益於銀行結算體系的建立，既然使用真實貨幣進行結算也相當便利，而且真實貨幣的價值更加穩定，不會出現像比特幣那樣的價格的暴漲暴跌，你憑什麼說服交易者放棄真實貨幣，卻選擇風險更大的虛擬貨幣？

與現實生活消費結算不同，在網路中，真實貨幣的結算，也必須依賴於第三方支付，或者網路銀行等金融網路化，或者互聯網金融。在這裡，真實貨幣的結算的便利性是無從體現的。而網路虛擬貨幣往往正是產生於這種網路結算與網路支付之中。如果說它可以以一種更為便捷的方式存在，使得使用者能夠從中獲得高於真實貨幣消費的愉悅心理，那麼，它就有可能成功。

然而，問題就在於，即使是在網路領域，一種虛擬貨幣往往只能在一個經濟體系內使用，不同虛擬貨幣結算之間缺乏有機的橋樑。比如我現在擁有支付寶集分寶，想用它來購買騰訊的Q幣，這樣就很難實現了。事實上，對於當前中國互聯網金融領域幾家領導企業而言，它們自己以及競爭對手都已經形成了龐大的網路產業帝國，再充滿敵視地選擇封閉的方式，限制資源在不同企業之間的流動，阻礙不同的第三方支付或者虛擬貨幣之間的聯通，在抑制競爭對手的同時，其實也限制了自己的發展。

聯則共通，只有通過發展主要的網路領導企業之間的經濟協議，實現它們在不同的第三方支付、行動通信、虛擬貨幣等領域的合作，實現資源在不同企業之間的順暢流通，推動虛擬貨幣價值的統一、交易平台的一體化、結算體系的共通，最大限度地實現虛擬貨幣應用領域的推廣，甚至在現有的多種虛擬貨幣的基礎之上，建立起橫跨多個網路企業甚至暢通中國互聯網金融的統一的虛擬貨幣，才真正有可能建立起一個在網路領域取代真實貨幣的未來的數據金融貨幣，這也才是虛擬貨幣發展的真正的趨勢。

天下大勢，分久必合。中國的五千年歷史已經充份證明了這個顛撲不破的歷史規律的真實性，而在互聯網金融中，這樣的規律也將同樣生效。當前的群雄割據的互聯網金融世界，看上去熱鬧，然而，由於市場的分割，很多網路企業只能在同一層面上與其他企業展開激烈的競爭，而這樣的競爭固然可以實現優勝劣汰，確定優質企業的領導地位，然而，這樣的競爭卻是低效率的。

對於任何一個市場，包括今天自由放任的互聯網金融領域，人才是力量，強才是品質。只有推動網路企業之間的兼併重組，實現不同互聯網金融企業之間的資源共享與協調，特別是在第三方支付與虛擬貨幣領域，撤除現有的競爭壁壘，實現彼此之間的資源協調，甚至考慮組建貫通多家網路領導企業的第三方支付平台和虛擬貨幣，實現資金結算的貫通，才能形成足以替代真實貨幣的市場競爭力，在網路終端結算領域，發揮出其便利性、自由性、高效性，而這也將是互聯網金融發展的魅力之所在。

國家圖書館出版品預行編目 (CIP) 資料

互聯網金融：新世代的金融革命 / 姜達洋作 .
-- 第一版 . -- 臺北市：風格司藝術創作坊，
2015.12
面；　公分
ISBN 978-986-92628-1-1(平裝)

1. 金融業 2. 金融管理 3. 中國

561.92　51217-18　104027452

金融理財03

互聯網金融——新世代的金融革命

作　　者：姜達洋
編　　輯：苗龍
發 行 人：謝俊龍
出　　版：風格司藝術創作坊
106 台北市安居街118巷17號
Tel: (02) 8732-0530 Fax: (02) 8732-0531
http://www.clio.com.tw
總 經 銷：紅螞蟻圖書有限公司
Tel: (02) 2795-3656 Fax: (02) 2795-4100
地　　址：台北市內湖區舊宗路二段121巷19號
http://www.e-redant.com
出版日期／2015 年 12 月　第一版第一刷
定　　價／399 元

ISBN 978-986-92628-1-1　　Printed in Taiwan